教育部人文社会科学研究规划基金项目资助
（项目编号：12YJA630030）
华北水利水电学院高层次科研启动项目资助
（项目编号：201095）

企业集团财务协同控制研究

Study on Financial Cooperative Control of Enterprise Group

冯自钦 著

经济管理出版社
ECONOMY & MANAGEMENT PUBLISHING HOUSE

图书在版编目（CIP）数据

企业集团财务协同控制研究/冯自钦著. —北京：经济管理出版社，2012.8
ISBN 978-7-5096-2091-5

Ⅰ. ①企… Ⅱ. ①冯… Ⅲ. ①企业集团—财务管理—研究—中国
Ⅳ. ①F279.244

中国版本图书馆 CIP 数据核字（2012）第 204898 号

组稿编辑：何　蒂
责任编辑：杜　菲
责任印制：黄　铄
责任校对：蒋　方

出版发行：经济管理出版社
（北京市海淀区北蜂窝 8 号中雅大厦 A 座 11 层　100038）
网　　址：www. E-mp. com. cn
电　　话：（010）51915602
印　　刷：北京广益印刷有限公司
经　　销：新华书店
开　　本：720mm×1000mm/16
印　　张：15
字　　数：296 千字
版　　次：2012 年 9 月第 1 版　2012 年 9 月第 1 次印刷
书　　号：ISBN 978-7-5096-2091-5
定　　价：38.00 元

前 言

在经济组织的演变过程中，为适应社会化人生产和参与市场竞争的需要，企业集团通过并购、联合和重组的方式，逐渐超越了一般性中间组织的界限，实现了由小到大、由弱到强的转变，以应对风险，共享资源，实现规模经济、范围经济和协同经济，这已经成为当今市场经济的主导，对于一个国家或地区的经济乃至综合实力的强弱具有决定作用。 观我国企业集团，近年来，整体规模进一步扩大，资产总额和销售收入持续强劲增长，在国际竞争中的整体表现呈良性发展趋势。然而，限于资源、技术和能力的约束，我国大部分企业集团在世界竞争环境的人范围内还处于劣势地位，整体协同创造价值的能力仍需大幅度提高，突出表现在战略性适应环境的能力、配置资源的能力和协调利益关系的能力等多个方面。

在企业集团的发展过程中，协同管理创造价值一直是理论工作者的研究热点，多数研究者从协同效应、公司治理和财务控制的角度对企业集团问题进行了研究，提出了相应的协同管理模式或治理控制体系，对于改善企业集团的价值创造能力具有一定的促进作用。如 Michael Porter（1985）从价值链的角度研究了协同效应，提出了“竞争性价值创造”的协同效应含义。Kaplan 和 Norton 的平衡计分卡从整体性财务战略的视角，提出了将远景、战略分解成为财务、顾客、内部流程、学习与成长的评价衡量机制。Henderson 和 Venkatranlan 在战略一致性过程模型和扩展的战略一致性模型基础上，提出了著名的 BP-ISP 战略匹配模型。然而，无论在理论上还是实证上都缺乏系统性的企业集团研究成果，尤其在财务协同控制的机理、价值效应模型和价值效应评价体系等方面表现更为突出。

本书在对国内外学者近年来在企业集团协同管理理论、财务控制理论和价值效应理论及应用方面研究成果总结的基础上，沿着“基本理论→机理→模型→评价体系→实证分析”的研究路径，主要探讨了企业集团财务协同控制的内在机理和系统作用关系、企业集团财务协同控制的价值效应模型和企业集团财务协同控制的价值效应评价问题。首先，结合企业集团的耗散结构特征、协同竞争特征和动态耦合特征，界定了企业集团财务协同控制的经济学内涵论述了企业集团理论、财务理论、白组织理论、复杂系统协同控制理论的内容和指导意义。其次，从财务协同控制的必要性分析入手，研究了财务协同控制与价值效应的关系，分析了企业集团财务协同控制的动因、关键要素和能力空间，系统探讨了企业集团财务协同控制系统的作用关系。最后，采用问卷调查和结构方程模型的方法对企业集团财务协同控制的价值效应模型进行了研究。同时，为了有效分析和识别企业集团各维度的价值效应，本书建立了企业集团财务协同控制的价值效应评价指标体系、模型体系和评价流程，并结合我国设备制造行业进行了实证分析，其研究结论具有一定的指导意义。

本书的出版得到了教育部人文社会科学研究规划基金项目资助（项目编号：12YJA630030）、华北水利水电学院高层次科研启动项目资助（项目编号：201095），在此表示衷心的感谢。限于时间仓促及作者水平有限，书中难免有不足和疏漏之处，敬请读者批评指正！

作　者

2012 年 6 月 19 日

目 录

第一章 绪 论

企业集团是由西方经济联合体演变而来，通过并购、联合、重组而成，以资产和契约为主要纽带的多法人联合体，是当今市场竞争的主力和市场经济的决定力量。鉴于企业集团组织形式的特殊性和复杂性，财务协同控制问题已经成为其竞争演化进程中不可回避的战略性难题，也是理论工作者探索研究及党和政府密切关注的重要研究课题，其理论成果对于推进企业集团的可持续发展具有重要的指导作用。

一、研究背景

无论是自然界还是人类社会都处于普遍联系和不断变化的发展之中，各事物、各要素与系统之间无不存在着协同现象和竞争活动。正是协同和竞争的作用，才使现实世界呈现出动态的普遍联系和变化发展的繁荣景象。人类进入21世纪，快速变化的外部经济环境使企业的竞争压力变得越来越大，大量企业在生存与发展的边缘线上痛苦挣扎。从国内外成功企业发展的轨迹中不难看出，企业要想实现长期的发展战略目标，必须充分利用有限的战略资源来构建持久的竞争优势。而这种竞争优势的形成和维系需要环境选择的影响力、资源配置的推动力和利益相关者支持力的协同作用。协同竞争发展中的财务环境适应能力、财务资源配置能力和财务利益均衡能力，构成了企业价值创造中的基本财务能力骨架。为了应对风险，共享资源，实现规模经济、范围经济以及协同经济，战略联盟、虚拟组织、企业集团、产业集群等多种形式的结盟与联合成了现代市场经济的有机组成部分，对于社会的稳定和经济的发展起到了巨大的促进和支撑作用。企业集团是具有企业和市场双重属性的中间性组织，[①] 是企业在适应环境过程中的组织创新产物，它的价值创造能力的协同性和持久性构成了其基本的生存特性。

在现代市场经济运行体系中，毫无疑问，企业集团居于核心地位。一方面，企业集团的发展状况决定着一个国家或地区的经济乃至综合实力的强弱。从全球范围看，世界500强大企业集团多集中于发达资本主义国家，如美国、日本、德国。从我国看，区域经济发展的不平衡与企业集团的数量、规模和经营情况正相关，如北京、上海、江苏、浙江、山东、广东等地区，2007年10亿元以上营业收入的企业集团数量占全国总数的62%（见图1-1），排在前500强的企业集团数目占全国的65.2%，很大程度上促进和带动了这些地区的经济发展。另一方面，企业集团的破产与经营失败对社会的负面影响巨大。从多米诺骨牌效应[②] 的角度分析，企业集团的内外部价值链延伸较长，不仅涉及外部供应链上的关联企

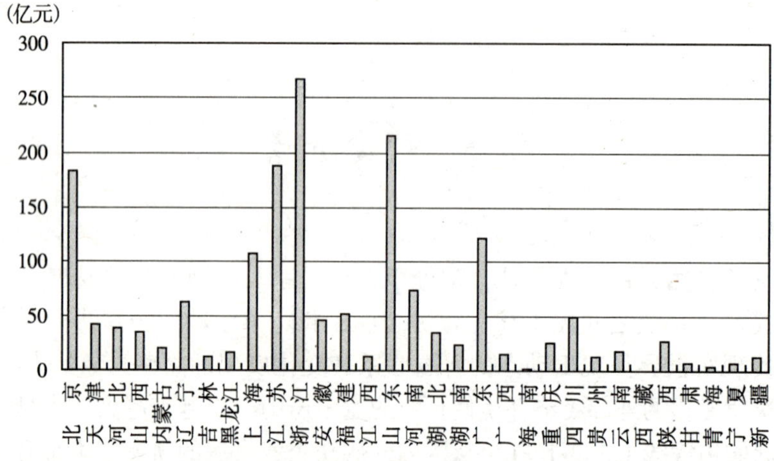

图1-1 2007年我国营业收入10亿元以上企业集团的分布状况

---

① 中间性组织是指组织与市场之间的一种组织存在形式，是在信息技术的支持下，企业之间建立在信用基础之上，以合作为目的，依靠价格机制和权威机制配置资源，具有网络特性的相对稳定且普遍存在的一种契约安排。从经济学角度来看，它是一种合作竞争型的准市场组织。从制度经济学的视角看，它是介于市场和企业之间的一种制度安排。从分工经济学的视角看，它的企业组织间的关系由相互之间的生产和服务过程中分工关系所决定。从行为经济学的视角看，它的各企业组织的加入是一种自组织行为。从组织结构的视角看，它具有虚拟性，它与实体公司之间存在显著的区别。它兼具了科层权威机制的计划性与市场价格机制的竞争性与市场机制的竞争性、效率性双重优势。一方面它克服了市场失灵，防止交易费用过大；另一方面，它又克服了一体化组织失灵，防止组织费用过高，从而达到交易费用和组织费用的最小化和效率的最大化。

② 多米诺骨牌效应（Domino Effect）就是在一个相互联系的系统中，一个很小的初始能量能够产生一连串的连锁反应，导致一系列事情的连贯发生。

业、内部成员企业，而且往往会波及矿产、金融、制造等行业，在行业内外引起连锁反应，导致大批关联企业危机或破产，大批工人失业，使社会经济陷入萧条状态。如 2002 年美国世界通信、联合航空、环球电信等企业造成的“破产效应”，引起了美国企业界的极大震荡，给已经出现复苏迹象的美国经济以沉重的打击，阻碍了美国经济的复苏进程。从蝴蝶效应[①]的角度分析，自 2006 年以来的美国次级贷款危机[②]逐步波及了世界各个角落的企业集团，导致了整个世界经济形势的阶段性萧条状况。

现代企业集团是伴随着生产力发展到一定阶段所形成的先进组织形式，是适应外部环境和内部条件变化的组织不断自我完善的创新产物。自 20 世纪 80 年代以来，伴随着经济结构的转型和战略性调整，为适应生产力发展的需要，我国先后出现了一大批由并购形式组建的企业集团。到如今，我国企业集团从最初主要是靠政府的行政手段进行组建以来，已经进入了优化配置和协同发展时期。近年来，我国企业集团的整体规模进一步扩大，资产总计和销售收入持续强劲增长，在国际竞争中的整体表现呈良性发展趋势。如 2007 年我国前 500 家大企业集团年末资产总计达 260079 亿元，比上年增长 27.29%；实现营业收入 180836 亿元，比上年增长 22.82%；实现利税 24316 亿元，比上年增长 35.92%。但我国企业集团与世界 500 强企业集团相比仍有较大差距，2007 年我国前 500 家大企业集团的营业收入、利润总额、资产总额、劳动生产率和人均利润分别只相当于世界 500 强企业的 12.67%、11.85%、7.79%、27.46%和 27.59%。如百联集团的资产利润率不到沃尔玛的 1/80，联想集团的资产利润率不到 IBM 的 1/5。因此，我国企业集团的整体协同创造价值能力仍需大幅度提高。我国大企业集团与全球 500 强领先者资产利润率差距对比如表 1– 1 所示。

表 1–1 我国大企业集团与全球 500 强领先者资产利润率差距对比

序号	行业	部分全球 500 强行业领先者	资产利润率①(%)	中国大企业集团行业领先者	资产利润率②(%)	差距①/②
1	零售	沃尔玛	8.1	百联	0.1	81.00
2	炼油	埃克森美孚	17.3	中石化	3.0	5.77
3	电气	西门子	2.7	海尔	1.9	1.42

① 蝴蝶效应（Butterfly Effect）原意是指蝴蝶在热带轻轻扇动一下翅膀，遥远的国家就可能造成一场飓风，被引申为在一个动力系统中，初始条件下微小的变化能带动整个系统长期的巨大的连锁反应。

② 美国次级贷款危机（Subprime Crisis）又称次级房贷危机或次贷危机。它是指一场发生在美国，因次级抵押贷款机构破产、投资基金被迫关闭、股市剧烈震荡引起的金融风暴。它致使全球主要金融市场出现流动性不足危机。美国“次贷危机”是从 2006 年春季开始逐步显现的。2007 年 8 月开始席卷美国、欧盟和日本等世界主要金融市场。

续表

序号	行业	部分全球500强行业领先者	资产利润率①(%)	中国大企业集团行业领先者	资产利润率②(%)	差距①/②
4	通信	日本NT&T	2.8	中国移动	7.7	0.36
5	食品	雀巢	8.2	江苏雨润	6.7	1.22
6	冶金	阿赛洛	11.3	上海宝钢	5.3	2.13
7	化学	巴斯夫	8.9	上海华谊	0.3	29.67
8	建材	圣戈班	3.3	安徽海螺	5.4	0.61
9	工程	布依格	3.6	中国铁路	0.7	5.14
10	保险	荷兰国际	0.7	中国人寿	0.03	23.33
11	贸易	三菱	3.5	中化集团	3.4	1.03
12	烟草	奥驰亚集团	9.7	红塔集团	5.4	1.80
13	医药	辉瑞	6.9	上海医药	1.5	4.60
14	计算机	IBM	7.5	联想集团	1.3	5.77

资料来源：《中国大企业集团年度发展报告》（紫皮书）。

组建企业集团的初衷是为了优化资源配置和实现集团经济，在重组原有企业规模的基础上，发挥“1+1>2”的协同效应。[①] 在国家宏观经济政策的指引下，我国的一大批企业集团产生了良好的协同效应，并在国际国内舞台上起到了“民族企业领头羊”的作用，如海尔集团、联想集团、华为集团都曾被誉为中华民族企业的骄傲。然而，不少企业集团自组建后从未产生“1+1>2”的协同效应，反而出现“1+1<2”的诸多不协调的“噪声”，企业集团成员企业间内耗严重、冲突升级、合作艰难，并将其称为“集而不团，大而不强；貌合神离，步履艰难”。因此，如何从战略高度提高企业集团的综合竞争力，如何有效协调企业集团成员企业间的关系，如何合理有效地配置资源，如何通过冲突消解[②]和风险规避技术来实现企业集团整体价值创造能力的提升，如何有效识别和分析企业集团的协同创造价值水平，已经成为解决问题的核心和关键。

为了探寻和解决企业集团问题的实质，多数研究者立足公司治理结构的改善和财权配置的优化，获得了一系列有价值的研究成果，对于提高企业集团的协同

① 协同效应（Synergy Effects）一般被解释为“1+1>2”或“2+2=5”的功能放大作用，可表现在生物、化学、经济等领域，在经济领域主要是指企业生产、营销、管理的不同环节、不同阶段、不同方面共同利用同一资源而产生的整体效应。对于企业集团来说是指集团化后能够增强整体竞争能力，导致净现金流量超过单体公司预期现金流量之和，或者集团业绩比单体公司独立存在时的预期高。

② 冲突消解（Conflict Resolution）是一种基于多代理、多目标的协同设计冲突处理方法，多用于多智能体系统（MAS）、集成制造系统（I-MES）、虚拟组织（VO）等的冲突解决。冲突一般可以采用数学的方法和人工智能的方法进行消解：对于可以表示为多目标决策的冲突问题，可以应用多目标决策进行解决；对于模糊问题，可以引入模糊决策技术，进行多目标模糊决策。

创造价值能力有着非常重要的促进作用。然而，由于企业集团问题的复杂性，“财务”、“协同”与“控制”不能完美兼顾，导致了大量研究者难以突破原有既定的研究框架，无论在理论上还是实证上都缺乏相关理念的指导，关于企业集团的理论性和应用性研究成果仍然值得期望。“协同控制”是一项既传统又现代的应用技术，是以协同为目标的控制手段或以控制为标准的协同效应获取方式，它在军事、人工智能、机械制造等领域已经得到了广泛应用。在企业集团的管理领域，“协同控制”虽然没有被正式提出，但多数的研究成果已经是在部分地基于这一视角下获得的。随着计算机技术、网络技术的快速发展，制约“协同控制”的技术“瓶颈”必将得到有效解决，“协同控制”作为有效的管理技术和方式也必将在企业集团的协同管理领域得到广泛应用。本书在对“财务协同”、“财务控制”研究的基础上，试图将“财务”、“协同”与“控制”有机地结合进来，形成财务协同控制的研究框架，并认为企业集团财务协同控制是公司财务管理研究的纵深发展，是企业集团协同竞争演化过程中的基本需要，是核心竞争力的根本体现。因此，研究和解决企业集团发展进程中的财务协同控制问题尤为必要。

二、研究的目的和意义

探索企业集团财务协同控制问题是增强理性认识，发挥资源优势，促进企业集团和谐发展的根本需要，是实现规模经济、范围经济与协同经济的前提和保障。本书的研究无论是在理论上，还是在实践上都具有重要意义。从理论上讲，这是将财务协同理论和财务控制理论融合起来的纵深探索。在企业集团大型化、利益主体多元化、外部环境易变化的大气候下，企业集团呈现出了一般企业所不具备的复杂非线性组织特征。对于企业集团表现出的复杂性财务协同控制关系，需要运用科学的理论和方法进行深入的分析和研究，形成科学的系统认识，以指导企业集团的生产经营活动，丰富和完善财务管理理论。从实践上讲，必须从提高我国企业集团财务竞争力的高度开展本书的研究，探讨企业集团财务协同控制规律，推进我国企业集团的环境适应能力、资源配置能力和利益均衡能力的提高，使我国企业集团在全球信息时代的市场竞争中处于优势地位。

本书的研究旨在探讨企业集团财务协同控制问题，在理论分析的基础上，深入发掘企业集团财务协同控制的机理及其价值效应的一般规律，其研究意义具体表现在以下几方面：

（一）理论意义

1. 对企业集团财务协同控制的研究，是协同理论与财务理论融合的纵深探索

协同理论认为，千差万别的系统，尽管其属性各不相同，但在整个环境中，各个系统间存在着相互影响和相互合作的关系。如企业间相互竞争的作用，以及系统中的相互干扰和制约等。协同理论主要研究远离平衡态的开放系统在与外界有物质或能量交换的情况下，如何通过内部协同作用，自发地出现时间、空间和功能上的有序结构。协同理论具有广阔的应用范围，它在物理学、化学、生物学、天文学、经济学、社会学以及管理科学等许多方面都取得了重要的应用成果。应用协同论方法，可以把已经取得的研究成果，类比拓宽于其他学科，为探索未知领域提供有效的手段，还可以用于找出影响系统变化的控制因素，进而发挥系统内子系统间的协同作用。本书运用协同论的有关原理探讨企业集团财务协同控制问题，是协同理论在企业集团财务管理中的具体应用，对于推进协同理论和财务理论的融合发展具有一定的作用。

2. 对企业集团财务协同控制的研究，能够丰富和完善财务管理理论

企业集团的财务是一个独立而综合的完整系统，它通过资金融通贯穿企业集团所有的经营和管理活动之中，是整个企业集团管理的灵魂所在。由于财务管理的复杂性，企业集团在重大财务决策面前时常需要有效的财务管理理论进行指导。企业财务管理理论研究的是企业经营活动过程中一般规律的理论，它由起点理论、基础理论、目标理论、运行理论等多个层次构成，它们相互联系，互为铺垫，循序推进财务理论研究向纵深方向发展。在财务管理的实践中，由于财务管理理论的发展并不完善，财务协同控制的失败仍然是约束企业集团发展和导致集团关系破裂的第一杀手。从不同的角度探讨企业集团财务协同控制问题，能够进一步发掘企业集团财务协同控制的一般规律，推进企业集团的价值管理水平，是企业集团财务管理理论的延伸和扩充。

（二）现实意义

1. 有利于企业集团环境适应能力的提高，保障持续经营

企业集团犹如行驶于大海中的联合舰队，需要多种要素的相互配合和正确的航向指引才能顺利远航，而由于外部环境的多变性、内部资源的有限性以及信息的不对称性等因素的影响，财务运作失效往往成为企业集团的直接杀手。一个大型企业集团的成功能够带动相关行业中数个企业的发展，对经济的贡献表现为大的正向价值溢出效应，而一个大型企业集团的瓦解或破产，就会像定时炸弹一样引起社会的恐慌，对经济的冲击表现为强烈的负向价值抑制效应。外部环境是构

成企业集团的外生变量，它对企业集团的作用表现为“自然选择”。“适者生存、不适者淘汰”是市场经济的基本竞争法则。波特的五种力量竞争模型充分说明了企业集团面临竞争环境的残酷性和复杂性。通过对企业集团财务战略协同控制及其价值效应研究，能够增强企业集团在适应环境中对财务作用的认识，有利于提高企业集团的环境适应能力，促进企业集团的持续经营。

2. 有利于企业集团资源配置能力的提高，促进资源的优化配置

企业集团在本质上是一定资源的集合体，正是这一定资源在时空上按相对一定的规则动态地组合在一起才构成了企业集团及其运作的基础和前提，离开了一定的资源及其有序而动态地组合，企业集团就不可能存在和运作。显然，由一定的资源组合而形成的企业集团的生存与发展能力，即企业集团竞争力取决于相互密切联系的两个方面：一是企业集团所拥有的资源数量和质量；二是企业集团对资源的定向整合能力。而这两方面都需要财务活动的协同控制支持，没有有效的财务活动，企业集团无法获取足量的优质资源，无法对资源进行定向整合，企业集团的资源也无法实现价值转换。因此，企业集团的财务活动是资源配置的前提和保障，也是资源配置能力形成的基础。企业集团是更加复杂化的资源集合体，其资源配置的复杂性远远超过一般企业。通过对企业集团财务资源协同控制及其价值效应研究，能够增强企业集团在资源配置中对财务作用的认识，有利于提高企业资源配置能力，促进企业集团资源的优化升级。

3. 有利于企业集团成员企业间利益关系的改善，实现企业集团的经营目标

企业集团是由多个成员企业构成的中间性组织，是一个主要靠资产和契约为纽带联结在一起的多种利益关系集合体，集团公司与成员企业之间以及成员企业与成员企业之间都存在着复杂的利益关系，这就要求企业集团在追求整体价值最大化的前提下必须兼顾成员企业的发展。从价值效应的角度分析，企业集团存在的目的是追求长期的、整体的利益和为利益相关者创造价值，这必然要求企业集团通过财务活动来进行盈余管理和价值分配，以保障集团公司与成员企业的利益，促进协同共赢。然而，由于多种原因的影响，企业集团内部矛盾和冲突必然存在，造成的结果是增加代理成本、集体决策成本和风险承担成本，在利益关系上可通过“掏空”、“搭便车”等行为的发生而损害集团公司或成员企业的利益。通过对财务关系协同控制及其价值效应研究，能够增强企业集团成员企业在协同竞争中对财务作用的认识，有利于提高企业集团利益协同能力，实现长期经营目标。

4. 有利于企业集团风险防范能力的提高，有效应对金融危机

21 世纪以来，随着市场结构的转换、产业结构的升级、政府政策的更迭、新的科学技术的开发与应用，企业集团所处的环境和面临的信息日渐呈现出“不

确定性”特点，企业集团战略制定和实施往往伴随着模糊性、不连续性和高风险行为。机遇和风险已经成为影响企业集团生存与发展的一把双刃剑。同样身处险境的企业集团，有的能够逆流而上，披荆斩棘，成为行业的佼佼者，有的却貌似强大，崩溃于须臾之间。秦池的失败、长虹的委靡、三鹿集团的倒下、Lehman Brothers Holdings 的倾覆、General Motor Corporation 的破产危机等都是鲜活的案例。2008 年，次贷危机的多米诺骨牌效应酝酿了华尔街金融风暴，能够像瘟疫一样在全球金融行业快速传染。受其影响，美国资产规模在 10 亿美元以上的多家重磅型企业集团倒闭，我国沿海的众多中小企业集团也频频爆发资金链断裂。这些破产的企业集团，表面上看原因各不相同，但是深入分析就会发现，它们背后有着共同的因素值得探讨和研究，那就是企业集团发展过程中财务协同控制能力和价值效应的弱化或错位。本书通过深入研究企业集团财务协同控制问题，能够为企业集团风险管理提供指导，以增强企业集团的风险防范能力。

本书在对国内外相关研究成果归纳分析的基础上，针对企业集团发展过程中财务协同控制及其价值效应的理论性和技术性难题，主要围绕两大问题开展研究：其一，企业集团财务协同控制的内在机理和系统作用关系是什么，用什么样的价值效应模型来表示？其二，企业集团财务协同控制的价值效应如何评价，采用什么样的评价模型和指标体系？本书在对企业集团财务协同控制基本理论归纳分析的基础上，进一步探讨了企业集团财务协同控制的机理，定量研究了企业集团财务协同控制的价值效应模型，设计建立了企业集团财务协同控制的价值效应评价指标、评价模型和评价流程，并进行了实证分析，以期提出有价值的关于企业集团财务协同控制问题的解决思路，丰富和完善企业集团财务管理理论，其研究成果可作为企业集团和政府管理部门的决策参考。

三、国内外相关研究综述

企业集团是社会化大生产发展到一定阶段，适应市场竞争需要而形成的中间性组织，是组织创新的产物。一个世纪以来，企业集团化趋势引起了世界各国的广泛关注，研究和探讨解决企业集团发展中的相关问题成为理论工作者争相探索的重要课题，国内外已经涌现出了大量的研究成果，提出了多种理论。把握相关理论成果的研究脉络，可以为本书的研究提供积极的理论借鉴意义和方法论基础。根据文献资料的整理和分析结果，本书主要从一般协同理论及协同应用研究、企业集团的内涵及成因研究、企业集团的协同理论研究、企业集团的财务控制理论研究以及企业控制的价值效应研究现状进行梳理和综述。

(一) 一般协同理论及协同应用研究

“协同”(Synergy) 一词起源于古希腊，表示一个系统因大量子系统的协调一致而引起系统结构的质变，产生系统新的结构和功能。汉典网 (http: //www.zdic.net) 将协同解释为四个方面的含义：协调一致、和合共同；指团结统一；协助、会同；互相配合。韩明安主编的《新语词大词典》将协同解释为“构成系统的要素或与系统之间的协调和同步作用。”协同的目的就是为了系统整体的同一性、结构的稳定性、进化的有序性和功能的最优化。协同是自然界动态发展的基本规律之一，也是人类认识世界改造自然的基本动力，正是协同现象的普遍存在才推动了人类文明的不断进步。然而，人类对协同的认识并不是从一开始都很明了，而是随着时空的转换呈现动态演进的过程。在中国古代，人们就十分重视不同事物之间的协作现象和协同作用，对协同的理解主要是从“和顺”、“协作”等角度出发。如《后汉书·桓帝纪》有“内外协同，漏刻之闲，桀逆枭夷。”《后汉书·吕布传》有“将军宜与协同策略，共存大计。”东汉的王充在《论衡》中提出了“天地合气，万物自生”的元气自然论。明末的王夫之在《周易外传》中阐述了“分二为一”与“合二以一”的观点。这些哲学命题都是“协调一致，和合共同”初始协同观的直接表述。

在管理领域，对协同的理解和认识是按照历史的演进逻辑进行的，可以概括为三个阶段：协作→协调→协同。协作是与劳动分工紧密相连的系统观念，主要表达的是团结合作之意。较早系统论述协作在企业管理中重要性的是亚当·斯密 (Adam Smith) 和马克思 (Karl Marx)。亚当·斯密在《国富论》(1876) 中首次提出劳动分工的概念，探讨了劳动分工、劳动技巧和劳动生产率的关系，提出了“虽然在没有严格劳动分工的时代就存在简单的协作，但劳动分工则对协作提出了更高要求”的思想。马克思则是在《资本论》中论述了协作加速了单个资本向联合资本的转化，从而使资本主义古典企业向现代企业过渡，同样表达了协作能够提高生产效率的思想。法国古典管理理论学家亨利·法约尔 (Henry Fayol) 在《工业管理与一般管理》(1916) 中提出了协调管理的思想，认为“协调就是指连接、联合、调和所有活动及力量”，是企业经营管理的六大职能之一，它是通过工作之间的和谐配合而达到一种平衡行动，来推进管理职能的发挥，实现企业目标。随着经济学、管理学的发展，协调的内涵不断扩充，协调经济与协调管理成为社会发展不可低估力量，协调也因其普遍性而成为管理中跨越各种职能的核心要素。马隆和克若斯通 (Malon 和 Crowston，1994) 等人通过对“协调”的多学科研究进行整理、移植和发展，建立了“协调理论”，并将协调定义为活动间的相互依赖性管理。安索夫（Ansoff，1965）提出了企业发展中的协同概念，明确了协同在管理中的地位和作用。赫尔曼·哈肯（Hermann Haken，1976）系统地论述了协同理论，建立了协同学，[①]使协同学成为一门系统科学。

协同现象是协同主体能动性地适应自然的外在表现形式，协同规律是协同系统的作用方式和内在机制。透过协同现象把握协同规律，一直是理论研究者追求的学术境界。自古代到现代，从国内到国外，丰富的文献资料给我们展示了不同的协同思想。综观国内外的研究成果，本书将学术上对协同的认识归纳为四种观点："古典协同观"、"静态协同观"、"动态协同观"和"耦合协同观"。"古典协同观"是从管理的职能角度出发，将协同解释为协调、合作与同步。"静态协同观"认为协同是通过资源的共享而带来的功能与效率的提高，并可简单表达为"$1+1>2$"或"$2+2=5$"。"动态协同观"认为协同能够改变和创造资源，进而为企业带来长期竞争优势，可表达为"$V_{a+b}>V_a+V_b$"。"耦合协同观"认为协同是一种耦合创新机制，是通过发挥系统内子系统的耦合作用而为企业带来长期的竞争优势。四种协同观，虽然阐释的内容不尽相同，但在逻辑上存在关联性，是一个相互影响、相互作用的统一体系（见图 1-2）。从逻辑上看，协同观是遵循"古典协同观→静态协同观→动态协同观→耦合协同观"的时空演化规律，是一个循序渐进的认识深化过程。从作用关系上看，"古典协同观"是其他协同观的形成基础，其他协同观是"古典协同观"的纵深发展；"静态协同观"是"动态协同观"和"耦合协同观"的初始表现，"动态协同观"和"耦合协同观"是"静态协同观"的扩展与深化；"动态协同观"是"耦合协同观"形成的前提保障，"耦合协同观"是"动态协同观"的高级表现形式。

法国的亨利·法约尔（Henri Fayol）可称得上是"古典协同观"的代表人物，他认为要经营好一个企业，不仅要改善生产现场的管理，而且应当注意改善有关企业经营的六个方面的职能：技术职能；经营职能；财务职能；安全职能；会计职能和管理职能，并将"协调"作为一项管理职能提出来，奠定了协调管理的思想。行为科学的代表人梅欧（Elson Mayo）认为现代大工业必须解决三大任务：将科学和技术应用于物质资料生产；系统化地建立生产经营活动的秩序；保障合作与协调的组织工作。并指出三大任务的协调平衡是组织成功的前提条件。美国管理学家玛丽（Mary）认为协调是管理的核心，组织运行的关键是组织与个人的

① 协同学亦称协同论或协和学，是 20 世纪 70 年代初由联邦德国理论物理学家赫尔曼·哈肯创立的，它是研究协同系统从无序到有序演化规律的综合性学科。它的研究对象是由多子系统组成的、能以自组织方式形成宏观的空间、时间或功能有序结构的开放系统，主要内容是用演化方程来研究协同系统的各种非平衡定态和不稳定性（又称非平衡相变）。

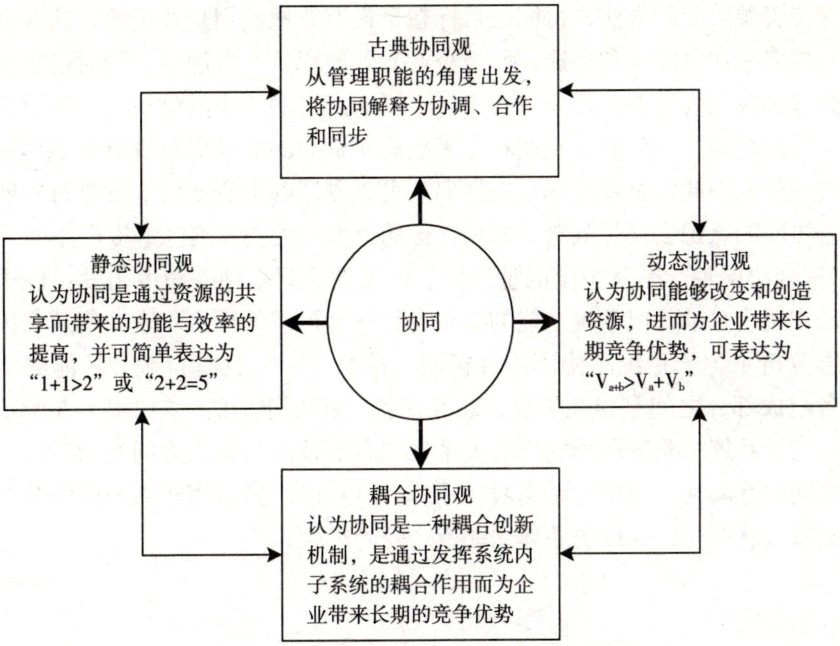

图 1-2 学术上对协同认识的基本观点

协调。

安索夫（Ansoff）是“静态协同观”的代表人物，他从战略的角度确立了协同的经济含义，并将协同解释为相对于各独立组成部分进行简单汇总而形成的企业群整体的经营表现。他借用投资收益率来对协同进行分析，提出了超加性协同理论模式。假设企业群中有 n 家企业，第 i 家企业生产的产品年销售收入为 S_i，生产这种产品的费用成本为 O_i，企业投资为 I_i，则该企业的投资收益率为：$ROI_i=(S_i-O_i)/I_i$。企业群的总销售收入 $S_T=\sum_{i=1}^{n}S_i$，整体运营成本为 $O_T=\sum_{i=1}^{n}O_i$，总投资为 $I_T=\sum_{i=1}^{n}I_i$，则企业群的整体投资收益率为 $ROI_T=(S_T-O_T)/I_T$。如果企业群中的企业组合成一个公司，投资总额仍保持为 I_T，由于协同的作用可以使新公司的销售收入 $O\geqslant O_T$，费用成本 $S\leqslant S_T$，从而使新公司的收益率 $ROI\geqslant ROI_T$。

伊丹广之（Itami）是“动态协同观”的代表人物，它将协同解释为企业隐形资产的使用，认为隐形资产是企业竞争优势不竭的来源。他在《启动隐形资产》（1987）一文中，将企业的资产划分为实体资产和隐形资产，指出只有当企业开始使用它的隐形资产时，才有可能产生真正的协同效应。伊丹广之认为，协同理论的研究不仅要讨论静态的、一个阶段内的资源匹配方法，而且要讨论动态的、长期保持资源匹配的方法，协同的目标在于最有效地利用企业资源，这些资源可以通过战略来加以改变和创造，而当企业有效使用这些资源时，同时也正在创造新的资源。并认为动态的协同效应来自不同时点上的两个战略组合，企业战略选择的实质就是为了同时满足现在和未来战略对资源的需求而对现有的隐形资产组合进行调整。因此，企业应尽量选择那些可以创造隐形资产的业务进行发展，带着动态协同的意识去设计战略，并尽自己的最大努力去发展隐形资产。

“耦合协同观”是从系统的整体性、依赖性、共生性等角度出发，以子系统的相干作用为基础，以系统功能的改善为目标而形成的观点。李曙华从系统功能的角度分析了各子系统的协同耦合机制，认为“一切具有自调节功能的整体系统，各组成部分之间是相互生成、相互依赖、相互作用的”。如图 1–3 所示，子系统一与子系统二是一种功能耦合关系，二者的输出与输入之间互为条件，当子系统之间的互动性、有机性越高时，系统整体功能越强；当子系统间的某个环节出现脱节或断裂时，系统的整体功能就会受到影响。

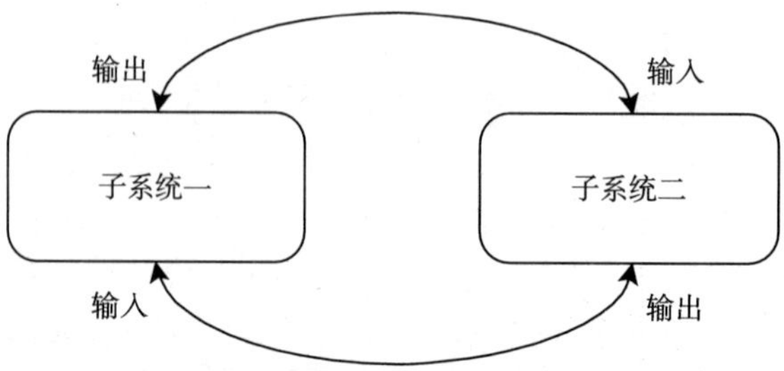

图 1–3　系统功能的协同耦合

不同领域中的协同应用表达了不同的协同思想。在军事上，协同通常指在统一的作战意图和计划下，各兵种、军种之间和各部队之间，密切配合、相互支援的行动。厉新光等人主编的《军事大辞海》中对协同的解释是各战区、各军兵种部队之间在作战行动上的协调配合，并将协同分为战术协同、战役协同和战略协同。同时指出，现代化条件下的作战，情况变化迅速，参战军的兵种多，技术装备复杂，密切协同极为重要，只有协调一致，才能发挥整体力量，克敌制胜。在医学上，协同表达了“阴阳平衡”、“相生相克”的道物协同互补观。在商务活动中，协同与商务往往作为一个整体概念——协同商务（Collabortive Commerce）并被解释为：将具有共同商业利益的合作伙伴整合起来，通过对与整个商业周期中的信息进行共享，实现和满足不断增长的客户需求，同时将满足企业本身的活动能力通过对各个合作伙伴的竞争优势的整合，共同创造和获取最大的商业价值以及提供获利能力。在计算机应用方面，计算机支持的协同工作（Computer Supported Cooperation Work，CSCW）作为一个整合性技术被广泛应用，它是在计算机技术支持的环境下，如何保障一个群体协同完成一项共同任务的技术。CSCW技术是一门交叉学科技术，涉及的领域非常广泛，其中包括计算机网络通信、并行和分布式处理、数据库、多媒体、人工智能理论等。它具有分布性、开放性、异步性、自动支持性、工作协同性、信息共享性和异质性等特点。随着创新理论研究的不断深入，人们越来越认识到创新过程的复杂性，单从单一的要素出发已很难解释创新的系统行为，于是基于系统整体对创新过程进行研究引起了人们的广泛重视，并由此推动了创新协同方面的研究。近年来，随着现代技术的广泛应用，协同管理成为提高组织绩效的手段，如客户关系管理（CRM）、企业资源规划（ERP）、供应链管理（SCM）等多种系统和管理软件的应用大大地提高了工作效率。

（二）关于企业集团的内涵及成因研究

关于企业集团的内涵和成因研究一直是理论界探讨的主要问题。由于各国企业集团的发展状况、性质和特征存在一定差异，企业集团的概念没有统一，其内涵特征也因此不尽相同，但总体上大同小异。对企业集团的成因研究是随着对企业和市场的认识深化而向纵深方向发展，国外的经济学理论奠定了成因理论的基础，国内的研究成果则构成了成因理论的具体表现形式。

1. 关于企业集团的内涵

欧美发达资本主义国家一般没有企业集团的具体定义，而是将采用企业集团组织形式的企业统一称为跨国公司或大企业，这些企业一般是在资本主义反垄断法实施后，由以契约和协定为联结纽带的“卡特尔”、“辛迪加”以及由单一法人形态的“拖拉斯”和“康采恩”等演变而来，通过兼并、收购的方式不断壮大，主要是为了适应内外环境不断进行制度创新的结果。小艾尔弗雷德·钱德勒在《看得见的手——美国企业的革命》一书中，将企业集团定义为：“由一组支薪的中高层经理人员所管理的多单位企业，即可适当地称为现代企业。”随着一大批类似企业集团性质的企业相继出现，对企业集团的研究开始兴起。20 世纪 30 年代，日本学者荒宪治郎、内田纠夫等人最早从结构和职能两个角度将企业集团解释为多数企业保持相对独立性，并相互持股，在融资关系、人员派遣、原材料供应、产品销售、制造技术等方面建立紧密联系而协调行动的企业集体。日本企业集团的特点是企业集团内部相互持股，相互派遣董事，进行系列融资，并形成了有机的产业配置和风险分散承担机制。同时，随着一批大型重工业企业和电子工业企业的发展，由于生产经营的需要，这些企业开始以投资、控股等方式联合一些技术和业务上有联系的中小企业，并逐渐扩大规模和实力，最终形成了母子关系型企业集团。

在我国，企业集团的定义和内涵经历了一个渐变的演进过程，主要是从20世纪80年代自愿组建的经济联合体，演进为90年代初期的主要活动实行“六统一”的企业集团，又演进为90年代后期的实行以资本为主要纽带的母子公司体制的企业集团。1987年，国务院制定了《关于组建和发展企业集团的几点意见》，第一次正式使用了“企业集团”的概念。1991年以后，国务院出台了《关于选择一批大型企业集团进行试点的请示》、《试点企业集团审批办法》、《乡镇企业组建和发展企业集团的暂行办法》、《关于国家试点企业集团登记管理实施办法》等一系列相关法规，推动了企业集团的建设。1998年4月，我国国家工商行政管理局发布的《企业集团登记管理暂行规定》中指出，企业集团是指“以资本为主要联结纽带的母子公司为主体，以集团章程为共同行为规范的母公司、子公司及其他成员企业或机构共同组成的具有一定规模的企业法人联合体”。

2. 关于企业集团的成因

企业是现代市场经济赖以生存和发生的组织形式，企业集团是企业为适应环境变化而形成的中间性组织，具有企业和市场的双重属性。自从亚当·斯密在《国富论》中提出劳动分工的概念之后，企业的性质成为了古典经济学和新古典经济学探讨的焦点。马歇尔（Marshall）在《经济学原理》（1890）中把企业看成是一个抽象的生产者，并提出了内部经济与外部经济的概念。科斯（Coase）在《企业的性质》（1937）一文中，首次使用交易成本的概念对企业的本质做出了解释，认为企业本质上是价格机制的替代物，它的规模界限存在于“在企业内部组织一项交易的成本等于通过公开市场上的交换方式进行同一交易的成本或在另一企业内组织它的成本”。威廉姆森（Williamson）在交易分析的基础上，发表了《经济组织比较：两种可替代的独立结构分析》（1981）一文，指出，在纯市场与纯科层两极之间存在一种“杂交”（Hybrid）的制度形式，这种制度形式随着交易表现的不同而不同。当交易的不确定性、交易频率和资产专用性较低时，协调交易制度形式就是市场；而当三者都较高时，企业就会出现；若三者都处于中间位置时，就会出现具有企业和市场优点的“杂交”制度形式。兰逊（Larsson，1993）在威廉姆森分析的基础上对交易的维度进行了修正，认为市场原则和组织原则能够同时存在，作为企业间契约的网络是“看不见的手”和“看得见的手”相互之间的“握手”。迈克尔·迪屈奇（Michael Dietrich，1994）将交易的收益引入分析框架，对企业和市场的效率进行了分析，对比发现企业比市场更具成本优势，如果有一种新的建立在长期合作和信任基础上的制度形式就能使外部购买成本向下移动，而又同时获得外部购买的高收益。

理查德森（Richhardson，1972）从企业间能力互补的角度进行了研究，指出企业与企业之间存在着分工，任何一种产品和服务的提供都需要几个甚至更多的企业协作完成，有协作就需要协调，这种协调关系需要建立在合理的组织安排基础上。日本学者丸川知雄在其发表的《关于企业集团中间组织产生的理论依据》(1972) 一文中指出，企业与企业之间的关系可以采用介于一体化和偶然而短暂的市场交易关系的各种形式，特征是企业之间互相保持独立性的条件下，建立比较长期而稳固的交易关系。马克思指出："竞争是通过商品便宜来进行的。在其他条件不变时，商品的便宜取决于劳动生产率，而劳动生产率取决于生产规模。"道格拉斯·诺思和罗伯斯·托马斯 (Douglass North 和 Roberts Thomas，1973) 则认为，创新、规模经济、教育和资本积累不是经济增长的原因，而是经济增长的结果和表现，有效的经济组织才是经济增长的关键。因此，组织必须能够有效地驱使个体努力从事合乎社会需要的活动，使个体经济实力变成私人收益接近社会收益率。

我国企业集团的成因理论主要是吸收和借鉴新古典经济学的理论和制度经济学的交易费用学说。在这样的研究思路下，多数学者把企业集团的出现归结为企业在发展过程中对企业规模经济的追求，认为企业集团可以减少因企业规模扩大和市场范围扩大而增加的交易费用，是在规模经济的扩大、交易费用的节省、范围经济的扩展等多种因素作用下得以形成和发展的。袁宁在其博士论文《企业集团的成因研究——基于分工与专业化角度的分析》(2003) 中指出从规模经济性、范围经济性、速度经济性、集合效应性以及交易费用节省等角度分析企业集团成因的局限性，并从分工和专业化的角度对企业集团的形成原因进行了分析，认为企业集团是社会分工和专业化进一步发展的产物，是一种把市场、企业和政府等制度安排的某些职能通过多种联结方式有机地结合在一起的准科层组织。通过不同单体企业的集团化 (企业集团化)，市场、企业和政府的某些功能专门地由企业集团来执行，这就决定了企业集团具有不同于市场、企业和政府的特定功能。覃秀基 (2005) 通过对西方企业集团化发展研究，指出生产要素的积聚结果是形成一个个企业组织，而企业化的发展又带来组织的积聚，从而形成一个又一个企业集团，并认为企业集团发展存在如下功效：大大降低交易成本，节约各种费用，提高效益；将分散的企业和分散的生产要素积聚起来，可以更好地实现优化重组，使资源获得最优配置；可以消除非集团化分散状态造成的无序竞争破坏力；可以产生企业积聚、集中所形成的综合实力。宋航和薛爽 (2006) 通过对一系列文献的回顾，从五个角度对企业集团存在的原因进行了分析，认为企业集团的成因是控制权最大化、替代市场失灵、相关资源、政府政策的影响及减少竞争。

（三）关于企业集团的协同理论研究

协同竞争的深入发展使企业间的竞争行为出现了两个新的特点：一是竞争模式发生了根本性转变，不再单纯表现为单个企业间的较量，而是表现为价值链上相关企业组成的系统间的竞争，即价值链与价值链之间的竞争，从而增加了企业之间竞争行为的系统复杂性；二是竞争内容产生了质的飞跃，不仅表现在对市场和资源的争夺上，还表现为对协同竞争系统内领导地位的争夺上，因为系统内的关键企业将影响并决定整个系统的发展方向。企业集团是更为复杂的中间性组织，具有企业和市场的双重属性，其协同竞争的力量既来自内部又来自外部，这种复杂关系给理论研究增加了难度。国内外关于企业集团协同理论的研究涉及多个方面，本书主要从企业集团协同效应、企业集团协同经济和企业集团协同管理三个方面进行综述。

1. 企业集团协同效应理论研究

自 20 世纪 60 年代安索夫提出企业发展中的协同概念之后，协同一直是西方大型公司在制定多元化战略、策划并购重组行动，建立跨国联盟或合资企业时所依据的一个重要的基本原则。安索夫在其《公司战略》一书中指出，协同是指相对于各独立组成部分进行简单汇总而形成的企业群整体的经营表现，可简单地表达为“2 + 2 = 5”。并认为协同效应可以用四种变量来描述：增加了的销售收入、降低了的运营成本、压缩了的投资需求以及各自的变化速度。西德斯图加特大学的理论物理学教授赫尔曼·哈肯（Hermann Haken，1976）在研究激光理论的基础上，系统地论述了协同理论，建立了协同学。

随着企业生存环境的快速变化，合作与竞争成了企业生存与发展的决定力量，越来越多的企业认识到了协同的重要性，并从合作与互补的角度寻求答案。波特（Michael Porter）发表了《竞争优势》（1985）一书，从价值链角度对协同效应进行了研究，强调了“协同作用”的重要性，给“协同效应”赋予了“竞争性价值创造”的含义。日本学者伊丹广之（Itami）在其著作《启动隐形资产》（1987）中，将协同进一步细分为“互补效应”和“协同效应”两部分，并认为协同就是搭便车，是通过隐形资产的使用实现的，由于这种协同效应很难被对手复制，因而可以给公司带来更为持久的竞争优势。柴特基（Chatterjee，1986）将协同效应分为合谋的、经营的和财务的协同效应三类。卢巴金（Lubatkin，1987）将协同效应分为技术的、货币的和多角化的协同效应三类。尼顿（Niden，1993）则通过实证的方法对成功完成的并购提出如下计算协同效应相对值的线性模型：

$$Synergy = \alpha_0 + \alpha_1 Wk + \alpha_2 Host + \alpha_3 Cash + \alpha_4 Mlx + \alpha_5 Mult + \alpha_6 Tndofr$$

罗伯特·巴泽尔和布拉德·吉尔（Robert Buzzell 和 Bradley Gale，1987）通过

研究发现，协同不同于独立组成部分进行简单汇总而形成的业务表现，而是一种企业群整体的业务表现，它是通过相关性，共享等方式联结起来的。维斯顿（Weston）则是通过研究并购企业的效率差异，提出了“管理协同”、“经营协同”和“财务协同”，并认为财务协同也是引发混合兼并的一个重要因素，并将协同效应价值度量的理论模式定义为 $V_{a+b} > V_a + V_b$。罗伯特·卡普兰和戴维·诺顿（Robert Kaplan 和 David Norton，1992）从平衡计分卡中提出了财务协同的维度，并认为企业集团的收益来自两方面的协同效应：投资人的投资天赋；财务的价值创造来源于实施有效的治理体系，监督和引导旗下企业以及管理层来获得长期的业绩。因此，高度多元化的集团价值定位包括了出色的资本配置和风险管理能力。Meyer、Milgrom 和 Robert 在对多角化经营企业的研究中发现，单一经营企业很少产生净资产为负的现象，而作为多角化经营企业在资不抵债时仍能继续生存的可能性便大大增加，因为多角化经营企业可利用其他方向上的盈利对亏损进行补贴。

我国学者对企业集团的协同效应首先是从并购中的财务协同效应方面进行研究。张仕明（2001）认为，财务协同效应是指企业兼并给企业财务带来的效益，这种效益的取得不是由效率的提高而引起的，而是由税务、会计处理惯例以及证券交易等客观规律作用而产生的一种纯金钱上的效益。企业购并的财务协同效应主要表现在充分利用自由现金流量，减少资金需求，实现合理避税，引起股价上涨，降低融资成本。林仲翀（2005）研究了企业并购的财务协同问题，认为财务协同效应，主要是指并购给企业财务方面带来的效益，这种效益的取得不是由经营活动效率的提高引起的，而是由税法、会计处理准则以及证券交易等内生作用所产生的一种纯现金流量效益。并认为财务风险的积极规避也是影响财务协同效应的一个十分重要的因素，进而构建财务协同效应的新概念框架，分析了影响财务协同效应的财务风险规避系数，进一步剖析财务风险在并购财务协同中的作用。张喜柱（2006）认为，企业并购的主要目的是为了实现并购协同效应，其不仅包括管理协同和经营协同，也包括财务协同。企业并购中的财务协同效应主要来源于筹资、投资、经营活动和避免破产而产生的协同效应，这些财务协同效应通常采用未来现金流量贴现法予以计量。吴芹（2006）认为，财务协同效应主要是指并购后财务整合给企业在财务方面带来的种种效益，使并购后的企业集团获得最大限度的目标利润，实现企业集团内部的资源优化配置。主要表现在以下几方面：合理避税；融资成本的降低，财务能力的提高；资本需求量的减少；自由现金流量的充分利用。

其次是专门对企业集团管理协同效应进行研究。傅元略（2003）以企业集团的现金流量表及其特性为基础，揭示了企业集团资产、负债和权益协同管理与企业集团现金流协同效应的关系，建立了度量经营活动现金流协同效应的模型，分析了模型中效应参数之间的关系，提出了企业集团的投资现金流和融资现金流协同效应度量的命题，并对企业集团智力资产对经营活动现金流协同效应的贡献进行了探讨。应可福和薛恒新（2004）对企业集团管理中的协同效应进行了研究，分析了企业集团的组织协同、财务协同、资产协同、信息协同、管理协同、业务协同、技术协同等效应，提出了发挥企业集团协同效应的途径，即从选择好成员企业、重构企业集团流程、重组企业集团组织机构、建立和完善企业集成化协同信息管理系统及培植集团文化等方面着手。胡柏枝（2006）对企业集团财务战略协同进行了研究，认为企业集团是因企业边界的扩大而介于市场和企业之间的能够降低内部交易成本并产生经济协同效应的先进组织形式，协同效应的产生需要协同管理手段的驱动。企业集团实施财务战略协同的内容主要包括四个方面：财务战略与企业战略的协同；管理模式中的集权与分权的协同；企业集团内财务活动的协同；企业集团财务关系的协同。雷新途（2007）分析了代理成本、财务协同效应与财权集中程度的关系，构建出企业集团财权配置的均衡模型，揭示了财权配置的决策机理以及决策敏感因素。并以此为理论指引，论证了适合浙江民营企业集团财权配置模式的基本定位，以及对投融资决策权的具体配置方案进行了设计。顾保国和方晓军（2004）从协同力的角度对企业集团共有资源配置进行了研究，解释了企业集团协同力的内涵，分析了资源、能力和核心竞争力对企业集团协同力的影响，提出了“协同力—资源配置—经济绩效”的企业集团协同经济理论模型。王焕梅（2007）对企业集团的财务管理协同效应进行了研究，主要分析了基于企业集团现金流的财务协同管理效应、投资现金流的协同效应、融资现金流的协同管理效应和智力资产协同管理的现金流效应，指出企业集团应对集团成员实施基于现金流量的财务监管和评价，以实现企业集团财务协同。

2. 企业集团协同经济理论研究

从现代系统科学的观点看，企业的整个经营和运作活动是由若干相互联系、相互作用的部分组成的系统。企业运营战略作为一个系统，主要由业务经营战略、资源战略和组织战略三个子系统构成。当各个部分按照资本经营原则协同行动时，可以促进企业的业务结构、资源结构和组织结构的有序演化（优化），从而产生费用的节约，这种现象就是协同经济（曾晓洋，1999）。弗里曼（Freeman，1987）在对英国、日本等国的技术政策对经济绩效影响研究的基础上，提出了技术—经济协同进化范式。国外对企业集团协同经济的研究，往往是融合于对规模经济和范围经济的研究之中，专门的协同经济研究成果不多。

曾晓洋（1997）认为，为了实现企业资本最大限度的增值，企业业务经营战略的主要任务，就是将企业所能支配和控制的资本合理地配置于相应的产业或业务，从而优化业务结构，实现协同经济。这主要包括以下具体途径：经由相关多元化获得协同经济；经由纵向一体化获得协同经济；经由业务投资组合战略获得协同经济。同时，企业可以通过组织结构的内外优化、资源结构的优化产生协同经济。朱沁夫等（2000）探讨了生产要素协同作用与企业效率的关系，指出经济增长中不仅包括生产要素的各自贡献，而且包括各种生产要素协同作用的贡献（余值）。生产要素协同作用水平决定经济增长率和余值的大小。生产要素协同水平差异形成的条件包括：组织的有效性；人的利益上的相干性；技术适应性；要素间比例的合理性。企业高效率的充要条件是生产要素间的有效协同。顾保国（2003）对企业集团的协同经济进行了研究，提出了企业集团的规模、范围和协同的复合经济模型。认为协同经济是在企业集团的规模、范围、外界环境等条件不变的前提下，由于企业集团各种投入要素的相互耦合所导致的单位产品成本的下降，表现为企业集团管理收益递增，即企业集团管理收益增加的幅度大于管理成本扩大的幅度。进而指出，企业集团也存在着协同经济与协同不经济问题，最优协同的理论模型是：企业集团在一定环境中因生产要素相互之间的密切耦合，提升其经济绩效；但是企业集团内部生产要素不能有效协同时，就会导致企业集团经济绩效下降。王浩和卢勃（2005）对企业集团协同经济与文化协同机制进行了分析，得出了只有充分发挥企业集团的协同经济效应，加强企业集团文化协同机制建设，才能更好地实现企业集团“1 + 1 > 2”的协同效应结论。

3. 企业集团的协同管理理论研究

全球著名咨询公司 ARC 提出了协同制造管理战略，建立了协同制造管理（CMM）模型，针对制造企业研究了如何以现有投资为基础，以业务流程管理（BPM）为中心，发挥技术的杠杆作用来实现制造企业集团内部和外部的协同。罗伯特·卡普兰和戴维·诺顿的平衡计分卡（BSC）从整体性财务战略的视角，提出了将远景、战略分解成为财务、客户、内部流程、员工学习与成长的评价衡量机制，并利用特定的信息化平台以保障企业战略的有效执行。Henderson 和 Venkatraman 在战略一致性过程模型和扩展的战略一致性模型基础上，提出了著名的 BP–ISP 战略匹配模型（Strategy Alignment Model，SAM），为财务协同战略的执行提供了理论支持。

程虹和刘晓霞（2004）通过对协同管理双层模型与企业应用价值研究，提出了协同管理的核心价值体现在四个方面：资源协同扩大资源使用范围，降低成本；技术协同，提高资源的使用效率，增强合作能力；制度协同搭建企业协作平台；关系协同减少交易费用。孙永利（2005）针对我国企业财务管理信息化发展现状与存在问题，提出了“企业财务管理信息化协同模式”新思路，试图扩展企业财务管理的信息来源，解决企业财务管理信息协同（传递与共享）的问题，提高财务信息的质量，从而增强企业财务管理决策的可靠性。高晶和关涛（2007）从战略柔性的角度对企业集团的协同机制进行了研究，指出企业集团必须建立良好的系统内部和内外协同运行机制，通过资源、能力的协同来增强企业集团的战略柔性。张瑞君等（2007）针对企业集团财务战略的执行力进行了研究，指出企业集团财务战略执行力弱化的重要原因是信息孤岛的存在和信息治理的缺失，强调管理思想与信息技术的有机融合能为企业集团财务管理创新的 IT 规划、管理软件选型和信息系统的构建提供理论支持。王海林（2007）对企业集团的管理信息化进行了研究，建立了集团财务信息化模型，并认为企业集团财务管理信息化必须坚持全局把握、分层实施的原则，才能真正消除信息孤岛，提高效率。迟丽华（2008）对 ERP 战略下的财务协同进行了研究，认为制约 ERP 成功应用的重要因素是传统的财务管理模式，要实现财务协同必须从四个方面对传统的财务管理模式进行再造：再造财务管理理念；再造会计流程；推行全面预算管理，实施会计实时控制；转变会计职能，重新规划财务人员角色定位。

（四）关于企业集团的财务控制理论研究

现代财务理论认为企业理财的目标是股东财富最大化，在一定条件下也就是企业价值最大化。财务控制总体目标是在确保法律法规和规章制度贯彻执行的基础上，优化企业整体资源综合配置效益，厘定资本保值和增值的委托责任目标与其他各项绩效考核标准来制定财务控制目标，是企业理财活动的关键环节，也是确保实现理财目标的根本保证，所以财务控制将服务于企业的理财目标。企业集团财务涉及理财目标、理财环境、财务治理、投融资管理、资本运营管理等多个方面，已经形成了多维框架体系，研究成果也正随着时间的推移不断涌现。结合研究目标，本书主要从一般财务管理理论研究和财务治理理论研究两个方面进行综述。

1. 关于企业集团的一般财务管理理论研究

早期的财务管理是作为微观经济学的一个分支而诞生的，它是属于微观经济理论的一个应用学科。财务管理是研究企业货币资源的获得和管理，具体地说就是研究企业对资金的筹集、计划、使用和分配，以及与以上财务活动有关的企业财务关系。对企业集团来说，财务管理是企业集团财务战略的重要组成部分，是为了实现企业集团整体经营目标，而对企业集团经营过程中的财务活动进行计划、组织、协调与控制的管理工作总称，它涉及筹资管理、投资管理、收益分配、风险控制、业绩评价等多方面内容。企业集团财务管理理论是伴随着一般企业财务管理理论的演变与发展而逐渐形成的。

国外财务管理理论的产生萌芽可以追溯到 15~16 世纪。当时，在地中海沿岸的一些城市商业已迅速发展，商业企业经营的产生和发展需要商业资本，因此，出现了一些商业组织向社会公众筹资入股，按股份分红，这就是最原始的企业财务活动。17~18 世纪，随着资本的原始积累和生产规模的扩大，股份公司逐渐发展成为一种典型的企业组织。尤其是 19 世纪 50 年代以后，随着西方国家产业革命的完成，制造业的迅速崛起，企业集团化造成企业规模的不断扩大，企业集团生产经营发展所需的资金越来越多，股份公司迅速发展，专业化的财务管理应运而生。财务管理实践的发展，促使财务管理的理论和方法逐渐成形。最早较为系统地研究公司财务管理问题的著作是美国财务学者格林（Thomas Greene）于 1897 年出版的《公司财务管理》（*Corporation Finance*）一书。1910 年，米德（Edward Meade）也出版了《公司财务管理》（*Corporation Finance*）一书，进一步研究了与公司外部筹资有关的其他问题，标志着财务管理理论的初步形成。1920 年，斯通（Arthor Stone）出版了《公司财务策略》（*Financial Policy of Corporation*）一书，进一步推动了财务管理理论的发展。

普遍认为，国外财务管理理论发展主要经历了四个阶段：19 世纪末至 20 世纪初的筹资财务管理理论阶段、20 世纪 30~50 年代的资金营运管理理论阶段、20 世纪 50 年代末至 80 年代的投资财务管理理论阶段以及 20 世纪 80 年代以后的以资本运作为重心的综合管理理论阶段。在筹资财务管理理论发展阶段，主要是随着资本主义的发展，企业集团迅速壮大，竞争更加激烈，有效筹集企业发展所需要的资本并合理安排资本结构成为财务管理的核心问题。在资金营运管理理论发展阶段，主要是随着西方经济大萧条的出现，企业集团在日常经营和对外扩张的过程中日益面临资金周转困难、支付能力下降的难题，多数企业集团因陷入财务困境而相继破产。为了解决企业集团的生存与发展问题，合理运用企业集团拥有或控制的经济资源，提高企业集团的偿债能力，加强财务分析和规划，提高资金的使用效益已经成为财务管理的重心。在投资财务管理理论发展阶段，主要是随着西方经济的复苏，企业集团规模越来越大，生产经营日趋复杂，市场竞争更加激烈，企业集团为了在竞争中维持生存和发展，投资决策在企业财务管理中逐渐取得主导地位。这一阶段的财务管理理论主要有：马柯威兹（Markowitz，1952）的投资组合理论（Portfolio Theory）、夏普（William Sharpe，1970）的资本资产定价模型（CAPM）、罗斯（Stephen Ross，1976）的套利定价理论（APT）等。在以资本运作为重心的综合管理阶段，主要是随着市场经济特别是资本市场的不断发展，财务管理开始朝着综合性管理的方向发展。主要表现在：财务管理被视为企业管理的中心；财务管理广泛关注以资本运作为重心的资本筹集、资本运用和资本收益分配，追求资本收益的最大化；财务管理的视野不断拓展，新的财务管理领域不断出现；计量模型在财务管理中的运用变得越来越普遍；电子计算机的应用促进了财务管理手段的重大变革，大大提高了财务管理的效率。这一阶段的主要理论有委托代理理论、所有者财务理论、财务治理理论、超产权理论等。

国内企业集团财务管理理论是吸收和借鉴国外一般企业财务理论，大胆运用现代经济学的定量分析、动态分析、实证分析等方法，结合我国企业集团的发展阶段和财务特征逐步形成和发展起来的，研究的涉及面较广。本书仅就相关的部分理论观点进行阐述。

干胜道（1995）提出了所有者财务问题，将传统的企业财务看作经营者财务，并分析了所有者财务与经营者财务在财务主体、财务目标、财务职能和财务对象等方面的差异，他于 1998 年出版了《所有者财务论》一书，进一步解释了其理论思想。他认为两权分离后股东面临着股票的持有、购入、抛售、收益等独有的财务问题，股东最关心的是资本的保值和增值，必须有一套合理的指标体系来考核经理们的经营业绩。谢志华（1997）从出资者财务的角度论述了两权分离后出资者与管理者的关系，并对出资者财务的特点和管理内容进行了分析，提出了“在产权制度的改革中，必须建立出资者对经营者的财务约束机制，新形成的产权机制才能真正发挥作用”的观点。吴树畅（2003）以不确定性作为起点和逻辑线索，从相机财务状态评判、相机财务机会识别、相机财务政策选择、相机财务行为选择、相机财务治理等角度，系统地研究了不确定性条件下相机财务理论模型及其对实践的解释和预测作用，构建了相机财务行为选择的分析框架。柯荣蒲（2004）对企业集团的管理体制进行了研究，分析了企业集团的战略管理、管理模式、领导体制、经营体制、激励约束机制等。提出了“有效的组织制度应是适应经济效益水平发挥最大化要求的一种制度安排与制度结构”的观点，并认为管理体制是一种协调股东和其他利益相关者关系的制度安排，它取决于股权安排形式；管理模式是内部资源配置的制度安排形式，它取决于企业集团战略。陈月明（2007）等人对企业集团的财务问题进行了研究，并按照相关的基本理论、财务管理体制、财务管理行为、财务管理机制四个模块进行了分析，探讨了企业集团的财务管理体制、投资管理、融资管理、资金集中管理、资本运营策略和财务风险管理等，指出企业集团财务管理需要协调多种外部关系和内部关系，并要突出整体性、战略性、长期性和制度性。

2. 关于企业集团的财务治理理论研究

企业集团是由多个相对独立的法人企业组成的具有企业和市场两种特性的中间性组织，这种依靠产权和契约为主要纽带的层级结构给集团管理带来了复杂性，主要表现在：企业集团各个主体的财务活动具有相对独立性，集团公司与成员企业在追逐利益的情况下可能存在冲突；企业集团财务资源的有效运用，既依赖于各成员企业内部对其财务资源的有效配置（体现为资产经营），又依赖于财务资源在集团范围内各成员企业间的有效配置（体现为资本经营）；企业集团财务管理的多层次性决定了财务控制是财务管理的核心。因此，如何维系企业集团的财务关系，如何提高企业集团的财务运作效率一直是理论界探讨的焦点，国内外公司财务治理理论的形成与发展丰富完善了企业集团的财务管理理论。

国外关于企业集团财务治理理论的研究没有形成独立的体系，而是融合于公司控制理论之中。新古典经济学将企业视为简单的生产函数，主要解决的是技术约束下的投入产出问题，它是建立在人的完全理性、完全信息、市场完全竞争、交易费用为零等一系列假设基础之上，企业所有者和经营者之间可以形成一种无私的信托关系，公司的所有权和控制权是合二为一的，因此无须治理。以威廉姆森（Williamson）为代表的新制度经济学则以交易成本为研究视角，提出了企业与市场的资源配置和协调机制，认为合约规定着交易双方的行为方式、利益格局和条件变化时的再谈判规则，并由此形成一系列不同的治理结构。美国学者莫迪利亚尼和米勒（Modigliani 和 Miller，1958）在《美国经济评论》上发表的《资本成本、公司财务与投资理论》一文中提出了 MM 理论，考察了资本结构与企业价值的关系，创建了现代资本结构理论的开端。詹森和梅克林（Jensen 和 Mekcling，1976）提出了资本结构的契约理论，从公司治理角度建立了强调资本结构与经营者行为之间关系的代理成本模型，得出当股权边际代理成本等于边际债务代理成本时，公司资本结构最优的研究成果。美国经济学家罗斯（Ross，1977）最早系统地将不对称信息理论引入资本结构和股利政策的分析中，开辟了信号传递理论在财务领域的应用。梅勒斯（Myers，1984）在罗斯的不对称信息对企业资本结构影响理论的基础上，进一步考察了不对称信息对企业融资成本的影响，提出了“优序融资理论”（Pecking Order Theory）。[①] 威廉姆森（Williamson，1988）发表了《公司财务与公司治理》（*Corporate Finance and Corpoaret Governance*）一文，在比较交易费用经济学与代理理论分析方法基础上，阐释了公司融资方式受交易费用影响的因素主要是资产的特性。指出，应综合考察公司财务与公司治理问题，如负债与股权融资，不仅是可相互替代的融资工具，更是可相互替代的治理结构。该文为进一步综合研究公司财务与治理问题奠定了理论基础。1991 年 11

---

① 1984 年，Myers 和 Majluf 根据信号传递的原理推出了优序融资假说，其假设条件是：除信息不对称外，金融市场是完全的。优序融资理论放宽了 MM 理论完全信息的假定，以不对称信息理论为基础，并考虑交易成本的存在，认为权益融资会传递企业经营的负面信息，而且外部融资要多支付各种成本，因而企业融资一般会遵循内源融资、债务融资、权益融资的先后顺序。该理论的主要结论：公司偏好于内部融资；公司净现金流的变化一般体现了外部融资的变化；随着外部融资需求的增加，公司的融资工具选择顺序是：从安全的债务到有风险的债务；每个公司的债务率反映了公司对外部融资的累计需求。

月，世界第一部公司治理原则文献——卡德伯瑞（Cadbury）报告在英国产生，阐明了公司治理中财务的重要性。

西方理论界对公司财务和公司治理研究已经具有了融合研究的趋势，产生了财务治理理论的萌芽。但是由于西方国家的经济体制及西方理论界对实证研究方法的倚重，对于财务治理领域的独立研究没有能够深入，没有正式提出财务治理的概念，没有建立起完整的财务治理理论体系。财务治理概念是由我国学者首次提出的，并取得了初步的研究成果，建立了财务治理理论的研究框架。国内学者对财务治理领域的研究主要集中在以下几个方面：财务治理的概念含义，财务治理的主体、客体，财务治理机制，财务治理的核心——财权的含义与配置。此外，国内学者结合企业集团组织的发展，专门研究了企业集团的治理机制问题。

伍中信（1999）研究了财权与产权的关系和协调机制，提出了财权流理论。认为财务治理结构是产权的核心，它是以财权为基本纽带的一套制度安排，体现了各主体的相互约束、相互制衡关系，目的是为了提高企业的理财效益。杨淑娥（2001）阐述了财权的静态配置与资本结构的动态调整。认为"财务治理结构"是一种静态的理解，具体表现为财权配置结构和利益关系。它是由两类财务治理主体、多维度的财务治理客体及一系列财务治理中的经济利益关系构成；而"财务治理"则是从动态上看，一方面表现为财权配置中的动态制衡和激励约束机制的形成，另一方面表现为新的债权人和投资人的加入——融资结构的形成以及对现有资本结构的调整和改善。汤谷良（2002）认为，财务治理是指公司的所有者、相关利益者之间的财务决策权力及其相应的责任和义务的制度安排，其重点是股东大会、董事会、经理人员和监督机构之间确立一种企业财务决策机制及由此形成的约束和均衡控制关系，保证公司重大决策的可靠性和成功率。彭正新（2003）在其博士学位论文中运用协同学、自组织理论将单模激光方程拓展为公司治理方程，提出了公司治理的效率主要取决于制度、执行以及监督三个因素，并将企业集团分为外部治理、中间治理和内部治理三个层面。武立东（2003）在其博士论文中，针对企业集团治理机制展开一般性研究，从网络组织视角出发，综合性地提出了能够比较全面地解释企业集团治理机制的一般性分析框架。林钟高和王锴（2005）在《财务治理——结构、机制与行为研究》一文中，以产权制度为财务治理的主权基础，财务分层、本金理论、财务分权决策为理论基础，激励约束是财务治理的前提，试图建立一套满足财务规律的治理理论框架，讨论了财务治理模式、财务决策、财务监督、财务激励、信息披露、财务治理创新等问题。张荣武（2007）在其博士学位论文中以"契约理论"和"财权流理论"为基础，从财务治理环境、财务治理结构、财务治理机制方面对财务治理效率问题进行了研究，构建了"利益相关者共同治理与相机治理耦合机制"。

（五）关于企业控制的价值效应研究

价值效应是企业控制的基本战略目标，多数的研究者主要是从企业控制权转移的视角研究企业的价值效应，并从企业外在动因和结果来分析企业兼并后的效率和价值来源，主要包括三个理论观点，即效率动因理论、剔除无效内部人理论和非效率动因理论。效率动因理论认为，企业兼并可以通过以下效应的实现来提高价值创造能力：①由于高效率的公司对低效率的公司注入管理资源，企业可以通过外部资源的介入而使低效率的管理得到改善，从而实现管理协同效应。②由于企业规模的扩大、多元化经营，兼并可以导致规模经济和范围经济的出现，从而实现经营协同效应。③由于投资机会和内部现金流上存在互补性，兼并可以使内部资金从边际收益率低的企业向边际收益率高的企业转移，提高内部资金的分配效率，从而实现财务协同效应。④通过战略规划，兼并可以使企业战略更具有长远性和价值性，并且重新审视和利用潜在的管理能力，也可以使企业获得扩充其现有管理能力所需的技能，能使企业更好地适应环境的变化，从而实现战略调整效应。如詹森（Jensen，1984）的研究发现，兼并使公司的控制权得到了转移，可以提高企业的运营效率，从而为企业和社会创造价值。剔除无效内部人理论主要是从公司治理的角度来阐释兼并导致企业价值的提高。非效率管理理论、代理理论和自由现金流假说为企业控制权转移的价值效应提供了外部治理机制，这些理论事先假设了目标企业的所有者或者股东已无法更换公司的内部人，而兼并可以有效清除无效率管理者。詹森（1986）研究发现，代理成本能够导致管理者与股东在自由现金流支出方面的冲突，当代理成本很大时，兼并作为最后一种外部控制手段可以降低交易成本而为公司带来价值。然而，非效率动因理论认为，兼并活动不一定能改变企业的经营状况，因此也不是企业价值的来源，主要原因是兼并只能是财富在利益相关者之间转移的价值再分配，它可能因投机活动而导致过度负债，损害所有者权益，加剧金融体制的脆弱性（Felix Rohatyn，1986），也可能因管理者自大（R. Roll，1986）而无法改善目标公司的经营管理。

我国学者对企业价值效应的研究体现在多个方面，主要是从控制权转移的兼并、多元化以及战略影响和价值效应评估方法等。陈文浩、姜萍和朱吉琪（2005）研究了创新战略对公司价值效应的影响，认为公司的价值不仅受自我战略的影响，还受行业竞争对手反应策略的影响，战略替代和战略互补的竞争互动性质与公司价值有显著的相关性。向冠春和田力（2006）从债务融资与税收、财务危机和代理成本等方面分析了企业的价值效应。研究表明，债务融资因能够减少内部经营者可支配自由现金流量而降低代理成本，且随着债务融资比例的增加边际债务危机成本将递增。杨安华（2006）对我国上市公司并购的价值效应进行了研究，分析了上市公司并购价值效应及其变化趋势，建立了DEA中长期价值效应评估模型、短期投机价值效应和中长期投资价值效应BP神经网络判断模型。张方方（2007）采用EVA值和EVA比例树法对我国2002年发生兼并的企业价值效应进行了研究，结果发现大部分企业的EVA值自兼并起连续两年下降，原因在于正价值效应的公司价值来源主要是营运资本和固定资本利用效率的提高，负价值效应的公司价值损毁的主要原因在于业务收入和经营成本的恶化。龚玉荣和刘延平（2007）从资源、市场势力和代理成本的角度探讨了企业多元化经营的动因及价值效应，构建了多元化水平与企业价值的联立方程，得出了企业多元化经营折价的结论。林建秀（2008）研究了公司治理水平与价值效应的关系，认为拥有高质量的公司治理能够使企业通过获得外部融资、降低融资成本、优化资源配置来实现公司价值的提高。但公司治理水平对提高企业价值的作用也不是既定的，好的公司治理是否具有价值效应还取决于诸多因素，必须通过完善的法律制度、经济和金融环境以及政府行为来强化企业提高治理水平的内在激励。李月婷（2008）对多元化经营的价值效应进行了研究。研究表明，在公司治理框架下考虑双重代理冲突对多元化经营的影响，多元化经营的价值效应存在折价现象。

（六）简要评述

财务协同控制问题是企业集团协同竞争演化进程中的关键问题，仅从静态协同效应角度或者从“集权还是分权”的治理模式来研究其实质，已经远远不能满足现代企业集团发展的需要。相应地，突破传统的研究框架，从动态的、演进的多维视角，结合现代理论和技术开展研究，已经成为国内外学者的共识。从对国内外的研究现状分析中不难发现，关于企业集团研究中存在的问题和发展动态主要表现在以下几方面：

1. 对财务协同控制的经济含义需要通过经济学分析进行统一和明确

以前的多数研究主要是对财务治理和财务协同效应进行研究和概念界定，而把财务协同控制仅视为一种合作与竞争并存的财务职能关系。财务协同控制的内涵丰富，当前研究中的描述虽然大致体现了财务协同控制所具有的一些特性，但还不够明确，而这一概念的明确化对于企业集团协同竞争战略的制定和实施具有重大的指导意义，因此对财务协同控制内涵的科学描述是研究的主要焦点之一。企业集团这一先进的组织形式，是伴随生产力的发展而不断自我完善的产物，它依赖于按自组织原理所构成的协同模式实施。在网络经济环境下，企业集团财务协同控制研究，已冲破“管理协同、经营协同、财务协同”三大协同效应理念的限制和束缚，在全球经济一体化的今天，在我国企业集团逐步走向世界的今天，应从更广的平台、更宽的维度来探索和理解“财务协同控制”。

2. 对企业集团财务协同控制关系的复杂性认识需要深化

企业集团本身就是由多个子系统构成，具有非线性、动态性和难以预测性等特征的复杂系统。在协同竞争系统中，由于企业集团是建立在协同与竞争这两种完全对立的逻辑基础之上的，因此就更增加了财务协同控制关系的复杂性，并对建立在静态和线性基础上的财务治理模式带来了极大的挑战。当前理论界对于企业集团财务协同控制关系所表现出的复杂性认识还不是很充分，对财务协同控制论述主要是针对其中的某一个方面进行的。企业集团财务协同控制应体现以下两个方面：①企业集团是按一定的协同控制规则，相互默契形成有序结构的“自组织”，而不是“拉郎配”式的“他组织”。靠外部指令作用而形成的带有政府“拉郎配”式色彩的企业集团，从成立之日起就带有“先天不足”的缺陷。②在网络经济环境下，企业集团财务协同控制的价值效应实现，必须冲破将协同效应划分为“管理协同、经营协同、财务协同”三大协同效应理念的限制与束缚。企业集团财务协同控制具有时空多维性、主体多样性、效应溢出性、控制广泛性等复杂性系统所具有的特性，财务协同控制系统中的各个方面相互作用并且会对系统的长期走向产生深远影响。

3. 对企业集团财务协同控制机理需要全面把握

企业集团财务协同控制涉及面广泛，不仅涉及财务战略的协同控制、财务资源的协同控制，而且涉及财务关系的协同控制，这种协同控制关系是一种立体的、多元的时空组合体系，需要从多个层面、运用多个相关理论进行剖析，才能真正领会和把握其价值效应运行机制。多数的研究虽然突破了静态层面的理论研究框架，从动态发展的协同竞争演化中探究问题的实质，但由于没能把握财务协同控制的维度特征，研究的片面性显而易见。同时，多数的研究仅局限于企业集团的单个财务协同效应层面，而应用经济学原理从多个层面对企业集团财务协同控制进行全面的分析和研究并不多见，因而对财务协同控制的机理认识和把握存在较大的局限性。把握企业集团财务协同控制机理，必须认清以下几方面：①财务协同控制是发挥规模效益的前提。企业集团的核心企业，通过向其他成长企业控股和参股，来支配比自身大几十倍的资本，只有发挥财务协同控制功能，才能按统一的战略目标来集中运营资本，从而显示资本规模的杠杆效应。②财务协同控制是发挥经营规模效益的基础。企业集团的核心企业与集团内部各成员企业之间进行专业化分工与协作，把产品中结构相近、工艺相似的零部件集中进行批量生产，才能引导各成员企业避免盲目无序竞争，使生产达到经营规模。③财务协同控制是企业集团发挥市场规模效应的保证。企业集团的生产规模越大，市场需求量越大，利益摩擦越大。只有实行财务协同控制，才能减少内部冲突，增大集团的整体效益。

4. 对企业集团财务协同控制的价值效应定量评价研究需要深入

企业集团财务协同控制的有效性是以价值效应的实现为目标的，不同等级的价值效应水平反映了企业集团财务协同控制的效率和效果，因此，必须寻求有效的价值效应评价分析方法，以保证对企业集团财务协同控制的价值效应能够科学合理地进行评价。企业集团内外部环境日渐呈现复杂性的特点，不同的企业集团因所处的环境不同、所采用的管理方法和手段不同，财务协同控制的价值效应实现程度必然存在较大的差异性，正确识别和评价不同企业集团财务协同控制的价值效应差异性，必然能为企业集团的财务协同管理提供有效的决策参考。同时，财务协同控制的价值效应评价也是企业集团战略定位的有效手段，企业集团可根据评价结果来分析和总结管理协同的关键成功因素和存在的问题，以便于发挥优势，克服不足，推动企业集团财务协同管理水平的进一步提高，从而保证财务协同控制的价值效应的进一步实现。

5. 对企业集团财务协同控制的研究需要向纵深发展

企业集团财务协同控制是实施协同竞争战略的根本目标。协同竞争虽然是未来企业集团克服自身局限、整合外部资源以获取竞争优势的主要途径，但并非所有企业集团的财务协同控制行为都能产生协同效益，也就是说，企业集团在进行财务协同控制的过程中存在障碍和失效的可能性。企业集团财务协同控制的根基在于战略目标的一致性、资源要素的互补性、利益关系的协调性。就战略目标一致性来说，企业集团必须围绕整体竞争战略，充分发挥财务战略协同控制的功效，将局部利益统一于整体利益，将短期利益融合于长期利益之中。就资源要素的互补性来说，主要是指企业集团充分利用自身的资源，发挥产品类别的互补性、销售区域的互补性等，优化配置、降低成本，促进集团的整体价值创造能力。就利益关系的协调性来说，主要是指企业集团必须充分考虑各利益主体的关系，均衡利益、减少冲突，充分调动各方积极性。将复杂性科学的协同控制理论、竞争演化理论引入到企业集团研究中，从多维视角解决企业集团财务协同控制问题，并利用定量的和结构化的方法进行深层次的分析和研究，探讨企业集团财务协同控制系统的健康有效运行和价值效应的实现与评价机制，达到企业集团整体效益最大化，是研究的纵深发展方向。

四、研究内容与研究方法

（一）研究目标

财务协同控制是公司财务管理的一项基本命题，是企业集团通过财务战略的实施、财务资源的优化配置和财务关系的均衡协调，来充分调动内部价值创造能动性，发挥整体功效的基本手段，是提高企业集团核心竞争力的根本途径。企业集团财务协同控制研究，是以丰富和完善企业集团财务管理理论为目的，旨在为企业集团财务管理提供一套新的思路和方法，主要达到以下目标：

（1）系统梳理企业集团财务协同控制的基本理论，全面把握企业集团财务协同控制的理论特征和一般规律，建立研究的理论分析框架，为研究提供理论支撑。

（2）深入挖掘企业集团财务协同控制的动因、关键要素和能力空间，探讨企业集团财务协同控制系统的作用关系，进一步理清企业集团财务协同控制机理。

（3）在企业集团财务协同控制机理研究的基础上，构建企业集团财务协同控制的价值效应模型，并结合问卷调查和采用结构方程的方法进行定量研究。

（4）设计和建立企业集团财务协同控制的价值效应评价指标体系、模型体系和评价流程，并结合企业集团的实际数据进行实证分析。

（二）研究的主要内容

本书共分七章，其研究的主要内容和结构安排如下：

第一章，绪论。主要论述研究背景、研究目的和意义、国内外相关研究现状及其简要评述、研究内容与研究方法。

第二章，企业集团财务协同控制的基本理论。本章包括6小节：对企业集团的组织特征和财务协同控制进行经济学分析；对企业集团理论进行归纳分析，并对其进行价值透视；对财务理论进行归纳分析，并对其进行价值透视；对自组织理论进行归纳分析，并对其进行价值透视；对复杂系统协同控制理论进行归纳分析，并对其进行价值透视；建立本书的基本理论分析框架。

第三章，企业集团财务协同控制机理。本章包括5小节：进行企业集团财务协同控制的必要性分析，探讨财务协同控制与价值效应的关系；建立企业集团财务协同控制的动因分析模型，分析企业集团财务协同控制的协同经济价值动因、协同关系价值动因和环境适应价值动因；分析企业集团的关键战略协同控制要素、关键资源协同控制要素和关键利益协同控制要素；在对企业集团财务协同控制能力形成分析的基础上，探讨企业集团财务协同控制的能力空间；分析企业集团财务协同控制系统的层次结构和协同耦合关系，建立系统耦合度定量测度模型。

第四章，企业集团财务协同控制的价值效应模型。本章包括5小节：提出企业集团财务协同控制的价值效应概念模型和基本假设；对研究方法进行了必要的阐述，说明了问卷的设计内容和设计过程；对获得的有效样本数据进行描述性统计分析、信度和效度检验；进行结构方程模型的拟合分析、路径关系检验、变量影响效果分析，建立结构方程模型的测量模型和结构模型；得出相应的研究结论。

第五章，企业集团财务协同控制的价值效应评价体系。本章包括4小节：围绕企业集团财务协同控制的价值效应评价目标，建立企业集团财务协同控制的价值效应评价基本框架；结合企业集团财务协同控制的价值效应评价指标体系层次与结构，从财务战略、财务资源和财务关系三个维度设计和建立财务协同控制的价值效应评价指标体系；设计企业集团财务协同控制的价值效应二维矩阵评价的基本模型和扩展模型，建立三维立体评价模型；设计企业集团财务协同控制的价值效应评价数据挖掘流程、指标计算流程和结果分析流程。

第六章，实证分析。本章包括5小节：对企业集团财务协同控制的价值效应评价实证分析管理系统设计原则和基本功能进行阐述，为实证分析的开展奠定基础；对样本数据的获取方式与途径进行分析，并对基础指标数据进行计算和分析；运用样本数据进行企业集团财务协同控制的价值效应二维矩阵评价模型实证分析，得到样本企业集团财务协同控制的价值效应矩阵评价数据和评价类型；运用样本数据进行企业集团财务协同控制的价值效应三维立体评价模型实证分析，得到样本企业集团财务协同控制的价值效应立体模型评价数据和评价类型；得出实证分析的相关结论。

第七章，总结与展望。对全书进行全面总结，归纳和分析研究的主要创新点，指出研究存在的问题和今后研究工作的展望。

（三）拟解决的关键问题

企业集团是市场经济发展过程中出现的高级组织形式，它不仅存在一般企业面临的财务问题，而且存在由其组织结构的层次性和财务对象的复杂性所决定的特殊财务问题，研究和解决制约企业集团生存与发展的关键问题是提高组织运行绩效的根本途径。结合研究目标和研究内容，本书拟解决的关键问题主要有：

1. 企业集团财务协同控制机理

企业集团财务关系的复杂性决定了其财务协同控制问题的客观存在，如何通过对企业集团财务协同控制的动因、要素和能力空间分析，以及对企业集团财务协同控制系统作用关系研究，来理解和把握企业集团财务协同控制机理是企业集团问题研究的关键。本书以研究的基本理论为基础，对企业集团财务协同控制的机理进行分析和探讨。

2. 企业集团财务协同控制的价值效应模型

企业集团财务协同控制是一项复杂性系统工程，决定其有序化的关键子系统间存在着复杂的相关关系，这种关系影响着企业集团财务协同控制的价值效应实现。构建和研究企业集团财务协同控制的价值效应模型是对企业集团问题的深入探索，是企业集团协同管理和价值效应评价的根本需要。本书结合问卷调查，采用结构方程模型方法，对企业集团财务协同控制的价值效应模型进行全面分析和研究。

3. 企业集团财务协同控制的价值效应评价体系

价值创造不仅是企业集团产生和存在的理由，而且是企业集团健康运行的前提。企业集团财务协同控制的价值效应实现对于保障企业集团系统的鲁棒性和价值创造具有基础性作用，及时有效地对企业集团财务协同控制的价值效应进行定量评价又是发挥财务协同控制功效的关键。因此，必须建立有效的企业集团财务协同控制的价值效应定量评价指标、评价模型和评价流程，来分析和识别企业集团财务协同控制的价值效应水平。

（四）研究思路与方法

本书在分析和梳理国内外企业集团相关问题研究的基础上，沿着“基本理论→机理→模型→评价体系→实证分析”的思路，分层次展开研究。主要采用以下几种研究方法：

1. 文献研究法

文献研究法主要指搜集、鉴别、整理文献，并通过对文献的研究，形成对事实科学认识的方法。它的基本步骤是提出课题或假设、研究设计、搜集文献、整理文献和进行文献综述。本书搜集了大量的国内外关于企业集团的研究文献资料，并在此基础上进行比较、分析和归纳总结，提炼出文献的基本论点，找出研究中存在的问题和不足，并在分析和评价过去和现在研究成果的基础上，指出目前的研究水平、动态、应当解决的问题和未来的发展方向，并提出研究的基本观点，为研究的开展奠定基础。

2. 逻辑研究法

逻辑研究法是指研究者在对研究对象的感性认识基础上，进一步形成概念，并以概念为操作的基本单元，以判断、推理为操作的基本形式，以辩证方法为指导，间接地、概括地反映客观事物一般规律的理性思维过程。它主要包括演绎推理法、归纳推理法、实验法和比较研究法等。本书结合大量的企业集团相关研究资料，在理论分析和比较的基础上，紧紧抓住企业集团这一研究对象的关键特征，进行归纳总结和逻辑推断，使研究结论更具普遍适用性。

3. 问卷调查法

问卷调查法是研究者通过事先设计好的问题，让被调查者作出回答，通过对问题答案的回收、整理、分析，获取有关信息和资料的一种方法，它是用书面形式间接搜集研究材料的一种调查手段。问卷调查法的优点在于简便易行，经济节省，调查涉及的范围较大，有利于对被调查者的平均趋势与一般情况进行比较分析。结合研究的问题，本书采用问卷调查的形式，开发和设计了企业集团财务协同控制研究的调查问卷，对部分企业集团的有关人员进行了调查，对获得的资料采用结构方程的方法进行处理，并得出相应的研究结论。

4. 定性分析与定量研究法

定性分析是对研究对象进行“质”的方面分析，具体地说是运用归纳和演绎、分析与综合以及抽象与概括等方法，对获得的材料进行加工，从而去粗取精、去伪存真、由此及彼、由表及里，达到认识事物本质、揭示内在规律的目的。定量研究是指搜集用数量表示的资料或信息，并对数据进行量化处理、检验和分析，从而获得有意义的结论的研究过程。本书在对企业集团财务协同控制机理定性分析的基础上，进一步研究企业集团财务协同控制的价值效应模型、价值效应评价体系，并通过数据处理和分析，得出相应的研究结论，确保研究的质量和深度。

本书的研究思路与技术路线如图 1–4 所示。

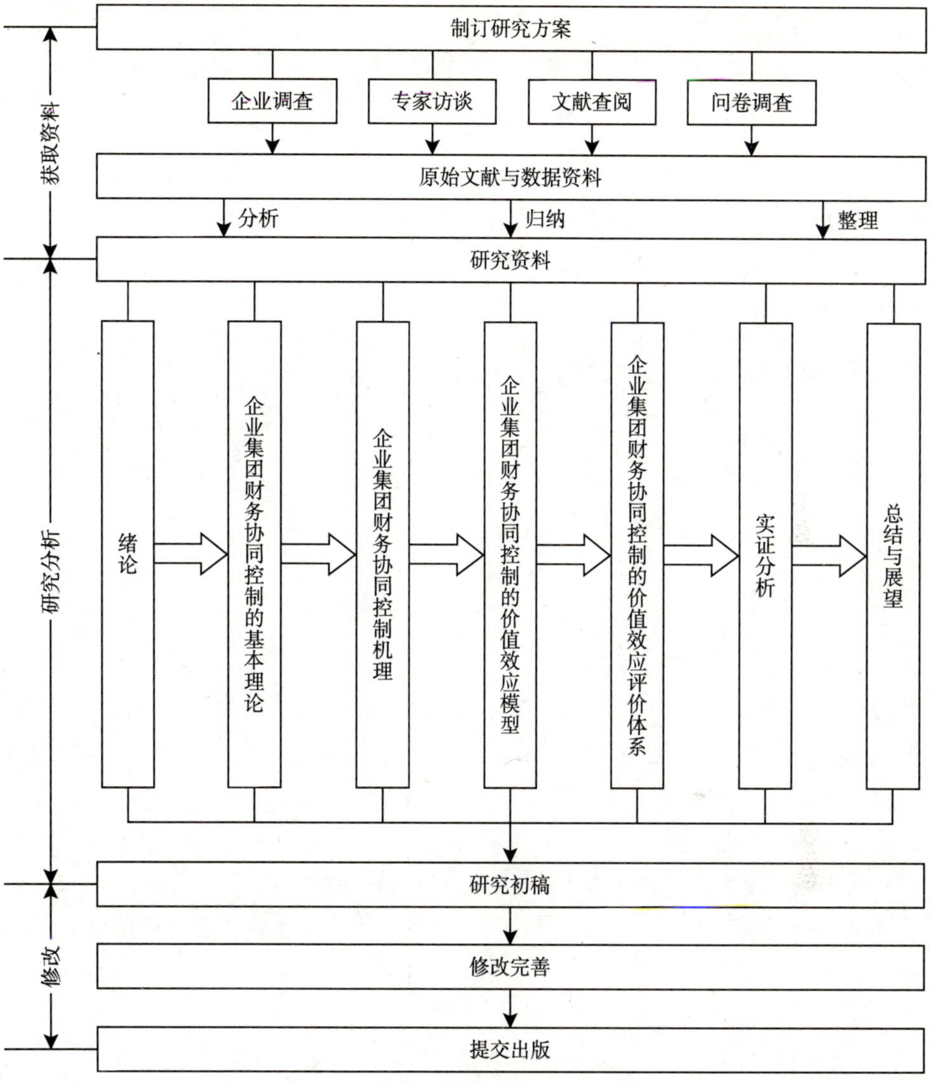

图 1-4 本书的研究思路及技术路线

第二章　企业集团财务协同控制的基本理论

企业集团财务协同控制的基本理论是指适合于分析或解释企业集团财务协同控制问题和指导研究开展的理论总称，主要包括企业集团理论、财务理论、自组织理论和复杂系统协同控制理论。本章主要按照企业集团财务协同控制的经济学分析和理论透视两条路径展开。首先对企业集团的组织特征和财务协同控制的内涵进行经济学分析，然后在对企业集团财务协同控制的理论透视基础上，构建企业集团财务协同控制研究的基本理论分析框架（见图 2-1）。

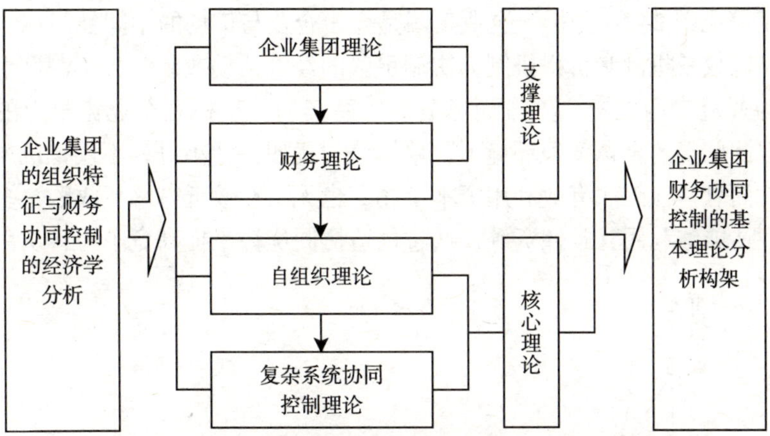

图 2-1　企业集团财务协同控制的基本理论分析逻辑框架

一、企业集团的组织特征与财务协同控制的经济学分析

（一）企业集团的经济学分析

企业集团是指以现代企业制度为基础，以资本为主要联结纽带，以母子公司架构为主体，由母公司、全资子公司、控股子公司、参股公司及其他成员企业或机构，以集团章程、集团战略为共同行为规范而组成的具有一定规模和多层次结构的多法人企业联合体。企业集团是现代企业制度下的高级组织形式，包括母子型企业集团、财团型企业集团、契约型企业集团等多种类型，它的产生和发展是企业与市场相互作用共同演化的结果。现代企业集团经过长久的发展呈现出了多方动因和多维特征，其复杂性已经远远超出传统意义上的企业集团。从对市场的替代作用（见图 2-2）分析，企业集团是介于企业与市场的中间性组织，它的经济本质是以权威机制和价格机制为协调手段的经济活动或组织分工制度形式，主要表现为通过专用性资产安排而形成的关系契约。从提高企业竞争力的角度分析，在波澜壮阔的全球竞争环境下，单体公司犹如一叶小舟，不仅抵抗风险能力非常弱，而且往往无法有效利用资本市场，也无法有效抵御恶意收购，多元化企业集团往往能够利用互补性资源，通过创造协同优势来提高竞争力，从而有效抵

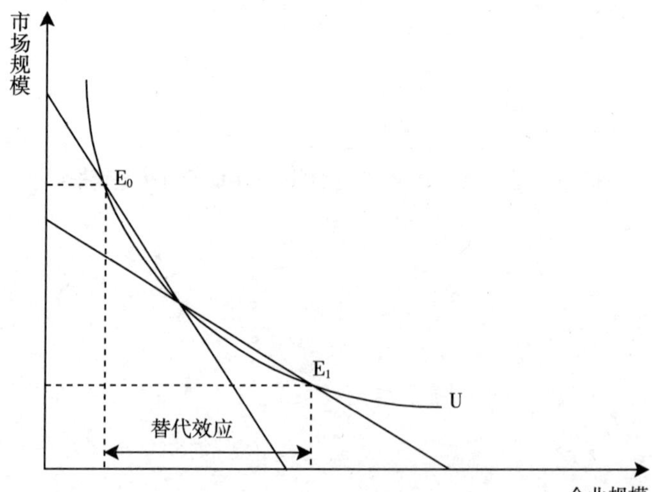

图 2-2　企业对市场的替代效应

御风险。从企业价值角度分析，企业集团追求的是实现资源一体化的整合价值效应，这种价值效应体现了短期与长期、局部与整体的协同关系，最终表现为协同经济性和价值涌现性。从企业关系角度分析，企业集团是以多方共赢为特征的利益共同体，集团公司与成员企业间是互惠互利的共生关系，是协同基础上的竞争，也是竞争基础上的协同，企业集团内部各利益相关者有着各自的经济理性，并凭借资本所有权参与公司治理。

（二）企业集团的组织特征分析

企业集团因其具有多元化组织、多种联结纽带和多层次结构等特征，构成了一个非常复杂的系统，该系统由多层次的子系统构成，同时又是社会大系统中的一个子系统。本书在现有文献研究的基础上，建立了企业集团系统的一般模型(见图 2–3)。通过模型分析可知，企业集团是以集团公司为核心层、以控股企业为紧密层、以协作企业为松散层组成的宏观环境系统中的经济子系统，该子系统通过不断地与外部环境交换物质、能量和信息，并通过内部的价值创造活动实现战略目标。企业集团的组织成员来自内外的两种约束力量，并通过内部的组织规则和协同控制来增强外部竞争实力。同时，企业集团系统是以集团公司核心层为

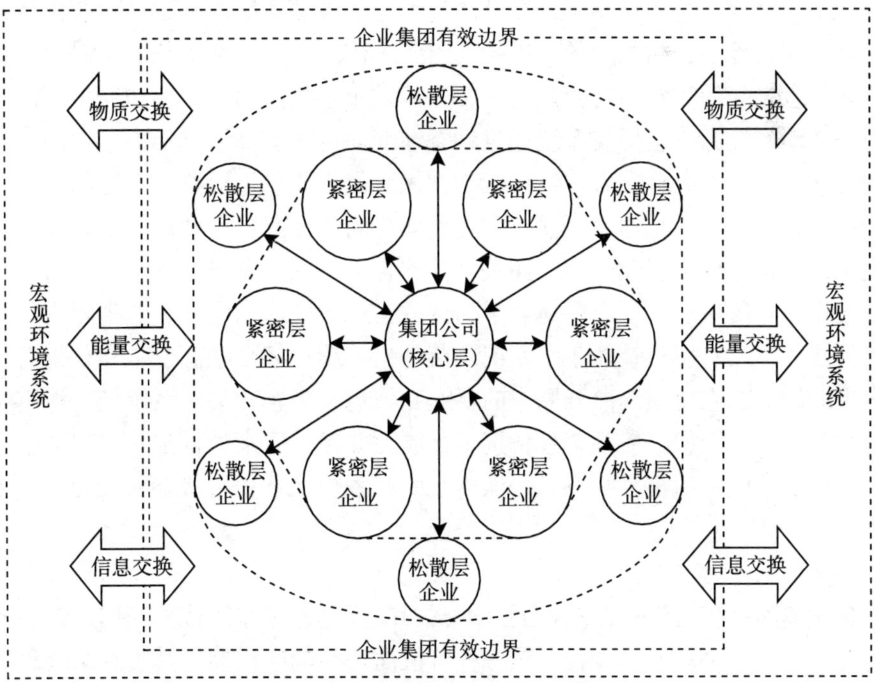

图 2–3 企业集团系统的一般模型

中心、以紧密层企业和松散层企业为成员的企业聚合体，系统将单体企业系统的异构组织转变为同构的企业集团组织，使构成企业集团系统的企业子系统间具有结构上和功能上的相似性，因而能够促使企业集团系统形成高度的协同性。系统通过企业间的协同作用，可以产生出附加效益或附加效率，从而形成整体效益或效率大于部分之和的价值涌现结果。

企业集团具有复杂的组织特征，本书将其归纳为：耗散结构特征、协同竞争特征和动态耦合特征。

1. 耗散结构特征

普利高津（Ilya Prigogine）的耗散结构理论指出，耗散结构是系统有序之源，而一个系统由混沌走向有序并形成耗散结构必须具备四个条件：开放系统、远离平衡态、非线性相互作用、存在涨落且涨落有序，这为研究企业集团系统的运行规律提供了有力的理论支撑。首先，企业集团是一个开放的经济系统，与外界环境、内部环境和市场之间不断地进行着能量、物质和信息的交换。从内部看，企业集团存在不可逆的熵增过程（即 $dis > 0$），这一过程最终会因系统熵达到最大而使系统处于最无序的平衡态。当开放的企业集团系统与外部环境进行物质、能量和信息交换时，就能将外部的负熵流（$des < 0$）源源不断地引入系统，从而抵消系统的熵增，使系统总熵减少，并通过自发的破缺功能从无序进入有序的耗散结构状态。其次，企业集团是一个远离平衡态的经济系统。在这一系统中始终存在着可能来自母子公司之间的不平衡、财务主体之间权利与责任的不对等及企业利益相关者之间的利益不均衡。这些不平衡是企业集团通过财务协同控制产生价值效应的动力之源，会促使系统通过动态演变而达到更高级的形态。再次，企业集团内部各要素之间存在着非线性相互作用。由于信息不对称、多层结构以及复杂利益关系的存在，企业集团多方财务主体之间的相互作用和影响不是简单的线性关系，而是体现为复杂的非线性关系。这种关系在序参量的支配下，通过正反馈放大作用，使系统表现出整体大于局部的宏观效应。同时，企业集团内部存在涨落且涨落导致有序。企业集团系统涨落是指系统中某个状态变量和行为对平均值发生的偏离，它使系统离开原来的状态和轨道。当企业集团系统处于稳定状态时，涨落是一种干扰，使系统具备抗干扰能力并保持原来的稳定状态；当企业集团系统处于不稳定的临界状态时，涨落会引起系统从不稳定状态跃迁到一个新的有序状态。

2. 协同竞争特征

企业集团系统运作是靠多种要素的密切配合，通过非线性相互作用，在随机涨落力驱动下的协同建制过程，是一种价值涌现的响应机制，其宏观结果表现为一种效应放大，微观作用表现为子系统的相干交互过程与功能跃迁，实际上是一个协同竞争的过程。在企业集团复杂系统中，各子系统间既存在各自独立的运动方式，也存在相互联系、相互影响的整体化运动方式，表现为复杂的协同竞争关系。一方面，成员企业作为独立的法人组织，自主经营，自负盈亏，具有相对独立的利益，在某些情况下因利益冲突而表现为激烈的竞争关系。另一方面，成员企业作为集团的子系统，与集团公司是一种共生共赢关系，由于利益追求上的一致性而表现为协同合作的整体优化关系。企业集团在与外界环境进行物质、能量与信息交换的过程中，通过自身的协同控制能力来不断地调整内部协同竞争关系以适应环境变化，并通过系统的协同控制作用推进企业集团的系统演化。本书认为企业集团内部竞争程度与协同控制能力呈反向函数关系，而内部协同程度与协同控制能力呈正向函数关系。如图 2-4 所示，当协同控制能力为 F_1 时，企业集团内部竞争程度大于内部协同程度（即 $C > S$），当协同控制能力为 F_2 时，企业集团内部竞争程度等于内部协同程度（即 $C = S$），当协同控制能力为 F_3 时，企业集团内部竞争程度小于内部协同程度（即 $C < S$）。因此，企业集团内部的协同竞争关系要求协同控制能力的提高。按照协同学理论，在企业集团协同竞争演化的过程中，序参量起决定性支配作用，它不仅规定了企业集团协同竞争演化的方向，而且直接影响着企业集团协同竞争演化的进程。

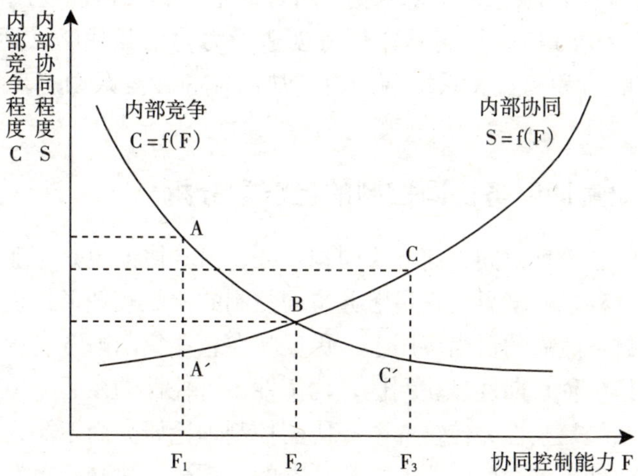

图 2-4 企业集团协同竞争与协同控制能力的函数关系

3. 动态耦合特征

耦合是指两个或两个以上子系统之间存在紧密配合与相互影响，并通过相互作用从而实现系统整体功能的现象，它是两个或两个以上子系统相互依赖于对方的一个量度。动态耦合则包含了系统随时间的动态演进、协同发展以及反馈纠偏的过程，是系统自适应性的综合反映。企业集团是一个复杂的自适应系统，系统内部存在多个子系统，在系统协同发展的过程中，由于各子系统要素彼此之间存在着利益关联关系和性质匹配关系，从而导致了它们的相互影响、相互作用，并最终决定和影响着企业集团整体价值创造的协同进程和效果。按照耦合效度可将企业集团的耦合划分为功能耦合、要素耦合和关系耦合三大类。功能耦合主要是反映企业集团子系统功能的完整与健壮情况，并通过子系统功能的协同发挥来保证企业集团系统整体功能的改善。企业集团协同发展是靠多个子系统的功能耦合实现的，任何子系统的功能缺失或功能下降都会影响系统的整体功能。要素耦合是企业集团构成要素的匹配性反映，是发挥企业集团互补优势的基础。企业集团构成要素的互补性决定了要素耦合的强弱，并因此对企业集团系统产生影响。企业集团需要的是大量的高质量互补要素，任何要素质量的下降都会对企业集团整体价值创造能力产生影响。关系耦合则体现在企业集团利益均衡方面，反映在利益相关者专用性资产的使用上。企业集团的多维利益关系要求协同管理的任务是协调利益和改善关系，从而最大限度地发挥系统的关系能动效应。

另外，企业集团的组织特征还表现为可控性、价值性等多个方面。企业集团协同发展的基础是建立在所拥有的资源柔性以及更大范围内的协调优化与有效集成，因而具有可控性。可控性是企业集团财务协同自组织价值涌现机制的基本属性，是靠内部调节的自组织行为表现。同时，企业集团协同发展目标是依靠协同过程和协同价值效应来提高整体价值创造能力，增强战略性适应环境能力、资源优化配置能力和利益关系协调能力，从而提高在复杂动态环境下的整体竞争优势。

（三）企业集团财务协同控制的经济学分析

与创新协同、管理协同、商务协同相一致，财务协同也是企业集团发展过程中所要达到的一种战略境界，它是财务协同控制的宏观表现形式之一，它不仅体现在企业集团财务战略的恰当应用上，更反映在企业集团财务资源与财务关系的优化融合上，是一种长期性、获利性、均衡性、可控性的核心竞争能力。鉴于财务协同控制关系的复杂性，传统的财务协同控制理论研究尚不深入，财务协同控制的概念没有明确等多种原因，本书从动态的、耦合的协同观出发，对企业集团财务协同控制进行经济学分析，挖掘财务协同控制的基本特征。

1. 现有研究对财务协同控制的界定及内涵缺失

对于财务协同控制的概念，学术界没有给出统一明确的定义。多数的研究是从企业兼并的角度对财务协同效应进行概念阐释。刘诗白和邹广严主编的《新世纪企业家百科全书》中指出，财务协同效应理论认为兼并起因于财务方面的目的，在具有很多内部现金但缺乏好的投资机会的企业，与具有较少内部现金但有很多投资机会的企业之间，兼并可以降低交易费用，并低成本地促使资金在企业内从低回报项目流向高回报项目。这种理论还认定，在一个税法完善的市场经济体系中，一个合并企业的负债能力，比两个企业合并前各单个企业的负债能力之和要大，而且还能节省投资收入税，同时认为，起因于财务目的的兼并，会取得节省投资成本和交易成本两个方面的好处，因为企业合并虽然规模显著增大，但筹资成本和交易成本却不会同步增大，甚至可能与兼并前其中某个企业在这方面的成本差不多。在对企业集团、产业集群财务协同效应的研究中，部分学者对财务协同进行了一定的解释。应可福和薛恒新（2004）认为，企业集团财务协同主要是指资金协同，包括资金的数量协同和运作能力协同。姚贞（2008）认为，产业集群中的财务协同可以激活企业的无形资产，提高资产的使用效率，成员企业可以利用规模经济降低单个企业的成本，在融资过程中比单个企业融资具有优势，可以降低交易费用。

从现有的研究文献中可以发现，财务协同效应在理论界已经得到了认可，也是企业集团财务协同控制追求的一个经济效果。因此，如何创造和发挥企业集团的财务协同效应也理所当然地成为研究的焦点。虽然一定的研究成果已经取得，对于推进企业集团财务管理起到了积极的作用，但深入分析可以发现，财务协同效应只是财务协同控制价值效应的一种表现形式，它与管理协同效应、经营协同效应、税收协同效应等共同构成了企业集团财务协同控制的价值效应，同时如何保障企业集团财务协同控制的价值效应实现则是一个更为复杂的理论问题。这首先要求对财务协同控制的经济学内涵有一个全面深入的理解。本书认为，现有的研究对财务协同控制的内涵阐释不够全面和具体，其内涵缺失性主要体现在以下几方面：

（1）静态的、狭隘的财务协同控制主体。多数的研究文献将财务协同控制的主体仅限定在一个企业的财务与另一个企业的财务上，解释的是两个财务相加之后能够带来成本上的节约或对单个企业带来某些好处，这种理解仍然没有摆脱“1 + 1 > 2”的静态协同观范畴。现代企业集团是一个多重财务利益集合体，它不仅靠产权和契约两个纽带进行联结，更是靠财务纽带（财务协同链）的联结而形成统一的整体（见图 2–5），它要求财务协同控制主体的多元化。因此，必须突破静态的、狭隘的财务协同控制主体来理解和研究企业集团财务协同控制问题。

（2）孤立的财务协同控制目标。财务协同效应理论定位的财务协同控制目标主要是因节约费用成本而为企业集团带来的利润增加。本书认为，这种目标定位缺乏系统性和完整性。首先，财务协同控制的目标不仅体现在企业集团短期利益的增加，更反映在企业集团的长期价值创造能力上。这种能力是企业集团持久竞争优势的来源。其次，财务协同控制的目标不仅要满足集团公司的利益，更要体

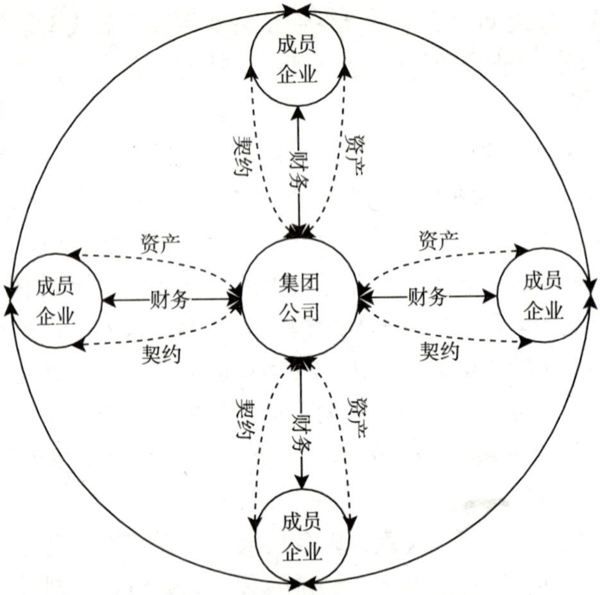

图 2–5　企业集团的多层联结纽带

现利益相关者的价值期望。这种价值期望的满足是企业集团协调关系和提高能动性的根本。最后，财务协同控制的目标还要体现科学的可持续发展观，并将企业集团利益与社会利益和自然资源环境紧密相连。

（3）低效的财务协同控制机制。仅从财务协同效应结果出发建立起的企业集团财务协同控制机制，往往没有过多考虑财务协同控制的机理和价值效应的实现过程，这种理念缺失正是企业集团财务协同控制机制运行低效的关键。财务协同控制是一个复杂的建制过程，它需要多种要素的密切配合，这种配合不仅是靠企业集团的行政指令，更多的是靠自发的内部调节，是一种通过制度约束、技术支持和激励兼容而达到的利益均衡过程。财务协同控制技术是有效发挥财务协同控制机制的保障，因此，必须充分利用现代技术的有利条件，构建高效的财务协同控制平台，使企业集团通过财务协同控制而达到协同战略、优化资源和协调关系，从而产生更大的价值效应和提高综合竞争力。

2. 企业集团财务协同控制的经济含义

对企业集团财务协同控制的研究必须突破"1 + 1 > 2"的静态线性思维惯性，强调系统要素整体协作而涌现出的宏观协同效应，这种财务协同控制机制最终决定了企业集团的整体绩效。按照协同学原理，系统内部各组分之间是通过非线性的相干作用而使结构有序深化的自组织过程。因此，对财务协同控制进行更加深入的考察会发现，财务协同控制的本质上是企业集团内部的一个建制过程，是一种价值涌现的响应机制。企业集团财务协同控制是一个开放系统，系统在演化过程中通过吸收外部负熵并在系统内部组分的非线性相干作用下产生协同效应，在临界点附近通过涨落使系统以自组织方式形成宏观上空间、时间或功能上的有序结构。财务协同控制本质上是一种响应机制，即系统内部诸组分以财务为中心，协同响应并促进价值效应发生与涌现的机制，同时这种机制的形成需要在各组分的非线性相干作用下，在组织内部形成一种激励氛围，使价值效应发生处于一种自觉的状态。

本书认为财务协同控制不仅是简单的财务协同效应问题，还应包括协同控制的主体、协同控制的过程、协同控制的技术方法以及价值效应效果评价等，财务协同效应是价值效应的宏观表现形式之一，是企业集团通过财务协同控制获得价值效应的一部分。因此，财务协同控制是指企业集团通过一定技术实现的财务战略匹配、财务资源优化、财务关系协调的价值涌现机制，是在相关财务要素的有机配合下，通过复杂的非线性相干作用产生单独要素所无法实现的整体功能优化过程，是企业集团长期价值创造和持久竞争优势的自组织实现过程。进一步来分析，财务协同控制可以说是企业集团组织通过财务协同控制而达到的一种宏观效果，而这种效果是集团成员之间，在特定的支撑条件或要素作用下通过协作形成的。在财务协同的组织建制过程中，企业集团应加强内部财务协同控制，并积极开展价值效应的发掘与建设工作，积极营造支持财务协同控制的良好氛围，并以此来促进价值效应的自组织发生。

二、企业集团理论

发展企业集团是党中央提出的战略目标，也是落实科学发展观、改变增长方式、建设创新型国家的重要手段，更是中国企业发展的方向，这是一个理论完善与实践检验的过程。企业集团理论的研究对于推进企业集团财务协同控制问题的解决起到了巨大的支撑作用。鉴于完整的企业集团理论体系尚未形成，本书结合研究的内容，主要从企业集团经济理论、企业集团战略管理理论和企业集团治理理论三个方面进行论述。

（一）企业集团经济理论

1. 规模经济理论

规模经济是指由于经济组织生产规模的扩大，导致单位产品成本降低或产量增加，经济效益提高的经济现象。也就是说，在技术条件不变的前提下，企业生产要素投入量及其组合方式的变化导致企业规模的扩大，进而引起生产批量的变化而取得的增产或节约。钱德勒（Chandler）认为，规模经济可以初步界定为，当生产或经销单一产品的单一经营单位所增加的规模减少了生产或经销的单位成本时而导致的经济。假设企业的生产函数为 $Q=f(x_1, x_2, \cdots, x_n)$，当所有生产要素都增大到原来的 k 倍时，产量变为原来的 h 倍，即 $hQ=f(kx_1, kx_2, \cdots, kx_n)$，当 $h>k$ 时，企业取得规模收益。同理，假定企业生产产量 Q 的总成本为 $C(Q)$，如果对 n 个产出 $Q_1, Q_2, \cdots, Q_n$，有 $C(\sum_{i=1}^{n} Q_i)-\sum_{i=1}^{n} C(Q_i)<0$，企业取得规模收益。规模经济的大小通常以成本关于产出的弹性值来衡量，即

$$e=\frac{dc/c}{dQ/Q}=\frac{MC}{AC} \tag{2-1}$$

当 $e<1$ 时，$MC<AC$，从而平均成本随着产量的增加而递减，生产呈现规模经济。研究表明，规模经济的原因主要是专业化和学习曲线效应，二者均能够大大降低产品单位成本，从而降低企业的平均成本。

2. 范围经济理论

范围经济是 20 世纪 80 年代初由美国学者 Teece（1980）提出，Panzar 和 Willing（1981）以及钱德勒（1990）等人先后使用的概念。范围经济是指企业通过扩大经营范围，增加产品种类，生产两种或两种以上的产品而引起的单位成本的降低。与规模经济不同，它通常是企业或生产单位从生产或提供某种系列产品的单位成本中获得节约。而这种节约来自分销、研究与开发和服务中心等部门。范围经济一般是企业采取多元化经营的理论依据。钱德勒（1999）认为，联合生产或范围经济是利用单一经营单位内的生产或销售过程来生产或销售多于一种产品而产生的经济。假设企业联合生产两种产品 y_1 和 y_2，单个生产时的成本函数分别为 $c_1=f(y_1)$ 和 $c_2=f(y_2)$，联合生产时的成本函数为 $c=f(y_1, y_2)$，则当 $c<c_1+c_2$ 时，生产存在范围经济。范围经济的程度可以通过联合生产对成本的节约来衡量，公式为：

$$c_s=\frac{f(y_1)+f(y_2)-f(y_1, y_2)}{f(y_1, y_2)} \tag{2-2}$$

范围经济能够为企业集团带来生产成本优势、差异化优势、市场营销优势、技术创新优势和抵御风险的优势等。

（二）企业集团战略管理理论

战略管理理论的基本问题是，企业如何利用有限资源来获得并保持竞争优势。1965 年，美国著名战略学家安索夫在其著作《企业战略》一书中开始使用战

略管理一词，将战略从军事领域拓展至经济管理活动中。他指出："战略是贯穿于企业经营与产品及市场之间的一条共同经营主线。它包括四个要素：产品与市场范围、增长向量、竞争优势和协同作用。"1971 年，安德鲁斯（Thomas Andrews）在《公司战略概念》一书中首次提出了公司战略的思想，并将公司战略定义为能够做的（组织优势和劣势）与可能做的（环境机会与威胁）之间的匹配，提出了 SWOT 分析框架，并认为在分析竞争优势时外部环境和内部条件同样重要。随着经营环境的变化，战略管理理论的重点逐步转移到企业竞争方面，特别是 20 世纪 80 年代以来，西方经济学界和管理学界一直将企业竞争战略理论置于学术研究的前沿地位，从而有力地推动了企业竞争战略管理理论的发展，形成三大主要战略管理学派：市场结构学派、核心能力学派和战略资源学派。

1. 市场结构学派

1970 年，市场结构学派（又称环境学派）开始兴起，主要代表人物是迈克尔·波特（Michael Porter）。该学派侧重于从企业外部市场结构进行分析，认为市场结构对企业竞争优势的建立起重要作用，行业吸引力是盈利的主要决定因素，进入障碍决定企业是否拥有持久的竞争优势。这一理论把竞争力的研究从企业内部转向外部市场，强调市场环境与市场结构的变化对企业竞争优势或企业竞争力的影响，克服了能力论的某些缺陷，使竞争力问题的研究视角进一步拓宽。

2. 核心能力学派

1990 年，普拉哈拉德（Prahalad）和哈默（Hamal）发表了《企业核心能力》一文，掀起了核心能力研究的热潮，形成了"核心能力"学派。该理论认为，企业依靠异质性资源（包括知识、技术、财务等）形成独特的能力（具有价值性、稀缺性、难模仿性等特点），并利用这些资源和能力的独特协同方式创造企业的竞争优势。该理论主要强调企业内部条件对于保持竞争优势以及获取超额利润的决定性作用。

3. 战略资源学派

以沃纳菲尔特（B. Wernerfelt）和潘罗斯（E. Penrose）为代表的资源论认为竞争力就是企业具有的价值性、稀缺性、不可复制性的特殊资源以及以低于价值的价格获取资源的优势。针对能力论和市场结构论的缺陷（前者侧重于企业内部的分析，后者专注于市场结构的影响），从资源、能力与市场结合的角度，提出广义的资源观："企业的资源和能力包括企业用来开发、生产和分销产品或服务给消费者的所有财力、物力、人力和组织资源。"

（三）企业集团治理理论

企业集团治理理论是在公司治理理论研究的基础上逐步发展起来的，主要包括企业集团治理问题的产生、企业集团治理边界、企业集团治理的主要内容和企业集团治理机制等方面的内容。

1. 企业集团治理问题的产生

企业集团是在股份制经济和现代公司制度高度发展基础上形成的以资产和契约为纽带、以母子公司关系为主要特征的现代企业的高级组织形式。一方面，企业集团是一个多法人联合体，成员企业具有相对独立性，并享有法律赋予的权利和承担相应的义务；另一方面，企业集团是一个有机整体，成员企业是一种共生共存的关系，并受到内部力量的约束。因此，企业集团治理问题既具有一般企业的特征，又具有特殊性。一般认为，企业集团治理问题产生的原因是由于委托代理问题的存在，从而使委托人不得不对代理人的行为后果承担风险，而解决委托代理问题的实质是剩余索取权和剩余控制权的配置问题。哈特（Hart，1995）在其《公司治理：理论及含义》（*Corporate Governance*：*Some Theory and Implication*）一文中提出了公司治理问题产生的两个必要条件，即：①公司组织成员之间因存在代理关系而可能产生的利益冲突。②公司内部的交易费用不能使代理问题通过一个完全合约来解决。因此，在产生代理问题的情况下，治理问题随之产生，而治理结构的作用就是分配非人力资本的剩余控制权。

2. 企业集团治理边界

企业集团治理边界的确定不仅要考虑资产专用性与交易成本，还要关注核心技术和获取竞争优势等相关要素的经营活动效率范围。确定治理边界的核心思想应该把具有核心竞争优势的活动纳入到整个企业集团中来，即将价值链上能够实现最大增值的环节置于企业集团内部，并借助企业集团成员间的互信与稳定协作关系降低交易成本，企业集团内的各结点也同样依此原则形成其治理边界。从制度经济学分析，企业集团是为了在市场交易中寻求一种交易费用较低且组织管理成本不高的制度安排。因此，企业集团治理边界的确定应符合交易费用与组织管理成本均衡原理，即企业集团治理的目的就是要在企业集团内部节约交易费用的同时如何降低组织管理成本的增量，从而达到企业集团内部成本的最优，以最终保证整个企业集团的稳定发展。李维安等（2001）在对企业集团治理的研究中，提出了治理边界的概念，认为治理边界是治理的对象和范围，是治理客体的界定，即公司权利、责任以及治理活动的范围及程度，它反映了企业真实的权、责关系。

3. 企业集团的治理内容

企业集团的治理内容包括一个非常广泛的范围。从对成员企业控制的角度分析，企业集团在充分考虑整体利益的同时，要兼顾局部利益，促进利益均衡和协调发展。从企业集团的法人治理结构分析，企业集团整体的治理结构要与成员企业治理结构之间协调，合理配置法人治理权。从企业集团的财务控制分析，有效的财务信息流动、规范的财务制度、合理的财权配置、及时的财务监督以及高效的投融资决策等，都是提高企业集团财务运作效率的关键。同时，企业集团治理必须解决多种利益冲突，以达到集团成员企业的协同一致。这些冲突主要包括：股东与经营者之间的利益冲突；大股东与中小股东之间的利益冲突；股东与利益相关者之间的利益冲突。因此，企业集团治理必须建立有效的股东与经营者之间的制衡关系、有效的激励约束机制和完善的信息披露制度。

4. 企业集团治理机制

赵增耀（2002）在《企业集团治理》一书中将企业集团治理机制分为内部治理机制和外部治理机制，并认为内部治理机制是一种权力制衡机制和激励机制，外部治理机制则是由市场和政府控制的治理机制。孙班军等（2002）从公司治理功能层面将企业集团治理机制划分为文化治理机制、行为治理机制和财务治理机制，并认为财务治理是企业集团治理的核心，主要包括：投融资治理机制、审计监督机制、信息披露机制、资本控制机制和激励与约束机制。彭正新（2003）在其博士学位论文《中国国有企业集团治理机制研究》中将企业集团治理分为外部治理、中间治理和内部治理机制。王巍（2007）认为企业集团的内部治理机制包括控制机制、财务治理机制、激励机制和信任合作机制；外部治理机制包括市场监控机制、政府监控机制和其他利益相关者监控机制。

（四）企业集团理论对研究的价值透视

企业集团经济理论、战略管理理论和治理理论是企业集团理论的重要组成部分，对于解决企业集团财务协同控制问题具有重要的理论价值，对于本书的研究起到了宏观理论指导作用。综观企业集团的发展历史，可以发现，企业集团经济是企业价值的根本体现，企业集团战略管理和企业集团治理是实现企业集团经济的基本保障。因此，企业集团财务协同控制研究必须紧紧围绕企业集团经济理论、战略管理理论和治理理论开展。其价值具体表现在以下几个方面：

1. 企业集团的产生和存在目的是追求宏观上的经济表现

企业集团的产生和存在目的是为了充分发挥成员企业的资源优势、技术优势和能力互补优势，归根结底是追求一种宏观上的经济表现。从交易费用的角度分析，企业集团是一种具有市场替代功能的中间性组织，当交易费用的节约大于管理费用的增加时，企业集团宏观上表现为整体大于局部的经济涌现，[①] 而规模经济和范围经济正是这种经济涌现的具体表现形式。然而，规模经济和范围经济的产生不是一个静态整合效应，而是一个动态的、耦合的协同价值效应实现过程，这一过程需要发挥企业集团的整合协同控制优势，以财务为中心的企业集团协同控制必然成为企业集团协同经济实现的基本手段。因此，企业集团财务协同控制是实现规模经济与范围经济的根本途径，而规模经济理论和范围经济理论为企业集团财务协同控制研究提供了宏观经济目标和方向。

2. 协同与竞争是自然界的基本现象，也是经济领域健康运行的重要决定力量

企业集团必须时刻面对来自内外部的协同力量和竞争力量，努力发挥速度优势、资源优势、规模优势，以实现协同价值效应和提高竞争优势。然而，日益激烈的外部竞争环境，复杂多变的内外部关系，给企业集团的生存与发展带来了极大的不确定性，如何不断提高企业集团竞争优势已经成为战略管理的基本内容。企业集团战略管理理论的核心是紧紧围绕资源、能力和市场，以战略的适应性为前提，以整体最优、风险最小和价值最大为财务目标，推进企业集团的竞争能力提高。这一理论围绕的中心思想实际上是一种战略协同控制价值效应的实现机制，是财务协同控制在战略层面上的综合反映。因此，企业集团战略管理理论对于本书的研究具有重要的战略指导作用。

3. 企业集团治理理论的实质是协同控制的价值效应实现过程

企业集团治理理论主要是论述如何通过建立有效的权力制衡机制、激励约束机制以及监控机制等，通过剩余索取权和剩余控制权的优化配置来解决委托代理问题，其实质就是一个协同控制的价值效应实现过程。企业集团治理是建立在多法人关系之上的治理，其有效性体现在如何协同控制好各个利益主体的财务关系，如何通过统一的战略来保持集团整体的先进性和价值性，如何通过资源配置来达到成员企业与集团公司的共同发展，如何通过控制财务风险和解决内部利益冲突来降低损失和促进利益均衡。企业集团财务协同控制问题实质上是企业集团治理理论的纵深发展，它既是财务协同基础上的控制，也是财务协同控制基础之上的治理。因此，在企业集团治理理论的指导下进行企业集团财务协同控制的研究，是发展企业集团治理理论的内在要求。

---

① 涌现（Emergence）也译为突现，是美国圣菲学派的一个基本概念。它是指系统中的个体遵循简单的规则，通过局部的相互作用构成一个整体的时候，一些新的属性或者规律就会突然一下子在系统的层面诞生。它是在复杂系统中的行为主体，根据各自行为规则进行相互作用所产生的没有事先计划但实际却发生了的一种行为模式。它并不破坏单个个体的规则，但是用个体的规则却无法加以解释。涌现性是指那些高层次具有而还原到低层次就不复存在的属性、特征、行为和功能，它的本质是“系统整体大于部分之和”。

三、财务理论

随着现代管理理论的发展，财务理论呈现出多层次、多维度特征，已经形成了多维体系，而财务资源配置理论和利益相关者财务理论作为财务管理理论的分支，也是企业集团财务管理理论的重要部分，对于财务协同控制的研究具有重要的理论支撑作用。

（一）财务资源配置理论

1. 泛财务资源观

传统财务资源通常指的是客观存在的、在一定的技术、经济环境和社会条件下，所有能被企业利用的资本资源，是属于硬资源的范畴。因此，财务资源配置的目标是物质资本的保值和增值。郭泽光等（2002）认为财务资源是指企业所拥有的资本以及企业在筹集和使用资本的过程中所形成的独有的不易被模仿的财务专用性资产，包括企业独特的财务管理体制、财务分析与决策工具、健全的财务关系网络以及拥有企业独特财务技能的财务人员等。在新的理财环境下，财务资源的概念和内涵得到了进一步拓展，并逐渐形成了泛财务资源观。泛财务资源是对传统财务资源观念的拓展，从形态上可分为硬财务资源和软财务资源。其中，硬财务资源是指客观存在的，在一定技术、经济和社会条件下能被企业利用的有形资源，其构成主体是自然资源和传统的财务资源；软财务资源是以智力为基础的或无形的资源，包括知识资源和时间资源等。

2. 财务资源的配置

财务管理的目标就是通过合理地分配资源使其利用达到最优化。Collis 等（1997）认为由于企业的竞争优势是建立在其所拥有的独特资源和在特定环境中对这些资源进行配置的方式上，所以企业必须通过衡量和管理资源来保证竞争优势的可持续性。朱明秀（2007）认为财务资源配置是以企业价值持续增长为目标，并体现了利益相关者利益的价值导向，它不但是企业的财务决策过程，也是企业价值创造的过程，它能够提高资源投入者的感知价值，激发他们进一步投入资源的积极性。财务资源具有稀缺性、价值性、难模仿性、不可替代性等特点，因此，企业必须有效地利用财务资源，在促进价值增值的过程中不断提高竞争优势。财务资源优化配置的标准通常是“帕累托最优”。“帕累托最优的含义是：对于某种既定的资源配置状态所有的帕累托改进均不存在。对于财务资源的配置来说就是在这种资源的配置方式下，这些财务资源所产生的效用或效率已经达到了最大化，任何改变财务资源配置的方式，其后果都必然导致总效用或总效率水平的降低。

（二）利益相关者财务理论

传统股东至上的财务理论认为，企业应以股东价值最大化为终极财务目标。然而，随着利益相关者理论和财务理论的发展，这一观点受到了极大的挑战。弗里曼（Freeman）在《战略管理：利益相关者管理的分析方法》（1984）一书中，明确提出了利益相关者理论，指出利益相关者是包括股东、债权人、雇员、消费者、政府、居民等在内的能对企业经营活动产生直接或间接影响的客体。这些利益相关者与企业的生存和发展密切相关，因此，企业的财务决策必须考虑他们的利益。威廉姆森（Williamson，1984）运用交易成本分析框架，从资产专用性的角度分析了应该优先考虑股东利益的必要性。布莱尔（Blair，1995）将利益相关者定义为“所有那些向企业贡献了专用性资产，以及作为既成结果已经处于风险投资的人或利益集团”。并在其《所有权与控制：面向21世纪的公司治理》一书中指出，公司应该为所有利益相关者而不应该仅仅是为股东的利益服务。琼斯和克拉克森（Jones和Clarkson，1995）试图把代理理论、交易成本理论和契约理论结合在一起来分析利益相关者问题，建立所谓的“中心范式”。米切尔等（Mitchell、Agle和Wood，1997）从影响力（Power）、合法性（Legitimacy）和紧迫性（Urgency）三个维度区分了利益相关者的关系，把利益相关者分为完全型、支配型、依赖型、危险型等七种类型（见图2-6），其中完全型是同时具有影响力、合法性与紧迫性的利益相关者。卡罗（Carroll，1996）认为：从与公司的利益关系分析，利益相关者可分为直接利益相关者和间接利益相关者；从利益相关者的地位分析，利益相关者可分为核心利益相关者、战略利益相关者和环境利益相关者。

程宏伟（2001）指出，利益相关者财务就是企业内部的各经济利益主体以利益相关者财富最大化为基本的财务目标，在资产运营过程中建立的彼此利益促进与制约的财务运行机制。李心合在《利益相关者财务论》（2003）一文中指出，公司财务的价值导向是从股东利益向相关者利益的演进，公司财务的目标是利益相关者价值最大化，并要求利益相关者对公司进行分层次的共同治理。利益相关者财务理论是对利益相关者合作产权理论的发展，其核心要点是认为企业本质上是利益相关者缔结的合约集合，企业的每个利益相关者都对“企业剩余”做出了贡献，应当享有剩余索取权。按照这一“共同治理”逻辑，利益相关者财务理论提出了财务管理主体多元化、目标多元化的观点，并确立了“财务资本与智力资

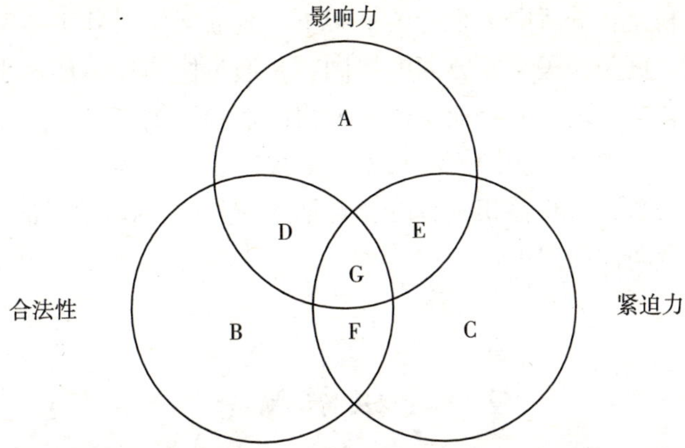

其中：A 代表静态型利益相关者；B 代表自主型利益相关者；C 代表苛求型利益相关者；
D 代表支配型利益相关者；E 代表依赖型利益相关者；F 代表危险型利益相关者；
G 代表完全型利益相关者。

图 2-6 米切尔等人对利益相关者的分类

本”并重的理财思想，将财务理论的研究视野从企业财务扩展到所有者财务、经营者财务和利益相关者财务，丰富和完善了企业财务理论体系。

（三）财务理论对研究的价值透视

财务理论对研究的价值主要体现在以下两个方面：

1. 企业集团财务协同控制是一个复杂的理论和应用体系，涉及多种财务资源、多层财务目标和多方财务关系

从价值创造的角度分析，财务协同是资源最优配置的表现结果，是实现价值增值的宏观表现形式，而财务协同控制则是为了实现这一目标所采取的技术手段。从增强竞争优势的角度分析，财务资源是形成企业核心竞争能力的基础，对企业集团组织运行能力具有决定作用。正如王建民所说，资源的合理配置和有效融合形成能力，而能力的协调与配合就可能上升到核心竞争能力的高度。因此，企业集团财务资源的有效配置是实现价值创造和打造长期竞争优势的源泉，实质上是财务资源的协同机制和协同控制的期望效果。财务资源配置理论提出的泛财务资源观、财务资源最优配置目标、财务资源配置机制等，为本书的研究提供了财务理论支撑。

2. 利益相关者是企业集团“专用性资本”的供应者，其更应享有更多的财务控制权与索取权

利益相关者财务理论提出，在注重财务资本的同时，还应将非财务性资本的其他“专用性资本”纳入财务管理的范围，尤其是非财务性资本所有者向企业投入的“软性资本”或“智力资本”，因此，企业集团的财务应该是与利益相关者

合作的财务。在利益相关者财务理论的框架下，企业集团财务协同实际上是与利益相关者在战略、资源、关系等方面的协同，是通过协同控制技术所达到的期望结果。利益相关者财务理论为企业集团财务协同控制提供了宏观分析框架，指导本书无论从协同控制主体、协同控制技术还是协同控制目标上，必须综合考虑利益相关者的财务关系，将利益相关者的影响纳入财务协同控制的研究中来，保障研究的合理性、全面性和实用性。

四、自组织理论

自组织理论是20世纪60年代末期开始建立并发展起来的一种系统理论，主要包括耗散结构理论（Dissipative Structure Theory）、协同学（Synergetics Theory）、突变论①（Catastrophe Theory）和超循环理论②（Super Circle Theory）等。本书仅就相关的耗散结构理论和协同学理论进行论述。

（一）耗散结构理论

1969年，比利时物理学家伊里亚·普利高津（Ilya Prigogine）在非平衡热力学研究的基础上提出了耗散结构理论，成为了非平衡自组织理论的基础之一。该理论认为，一个远离平衡态的开放系统，通过不断地与外界物质、能量的交换，在外界条件达到一定的阈值时，能从原来的无序状态转变为时间上、空间上或功能上的有序状态，当外界参量继续改变时，还会出现一系列的结构状态。这种在远离平衡态情况下所形成的新的有序结构被称为耗散结构。其中，熵是系统无序性的度量。如果熵值增加，则系统向无序化方向发展；如果熵值减少，则系统向有序化方向发展。

普利高津认为，一个系统由混沌向有序转化并形成耗散结构必须具备四个条件：

① 突变论（Catastrophe Theory）是20世纪60年代末法国数学家托姆为了解释胚胎学中的成胚过程而提出来的，它研究的是系统从一种稳定组态跃迁到另一种稳定组态的现象和规律，是混沌理论的重要组成部分。1967年，托姆发表《形态发生动力学》，阐述突变论的基本思想；1969年发表《生物学中的拓扑模型》，为突变论奠定了基础；1972年发表专著《结构稳定与形态发生》，系统地阐述了突变论。

② 超循环理论（Super Circle Theory）是关于非平衡态系统的自组织现象的理论，是由德国科学家艾肯（Manfred Eigen）在20世纪70年代直接从生物领域的研究中提出的。

1. 系统必须是开放的

普利高津认为，系统按照其与外界环境之间的关系可分为孤立系统、封闭系统和开放系统。孤立系统与外界环境没有任何物质、能量和信息的交换，封闭系统与外界只进行能量的交换，开放系统是一种与外界自由进行物质、能量和信息交换的系统。开放系统与孤立系统不同，除了考虑系统内部的熵之外，还必须考虑系统与外界熵的交换。若 ds 是开放系统的总熵，dis 是系统内部的不可逆过程所产生的熵变，des 是系统与外界进行物质、能量和信息交换时的熵变，则有 ds = dis + des。对于孤立系统，由于系统未与外界发生物质、能量和信息交换，则 des = 0。对于开放系统，由于系统与外界不断地进行物质、能量和信息交换，存在 des ≥ 0 和 des ≤ 0 的情况。如果 des < 0，就能抵消和减少系统的内部熵增，使系统总熵减少，从而使系统通过自发的破缺功能从无序进入有序的耗散结构状态。系统为了保持这种有序的耗散结构，必须与外界时刻进行物质、能量和信息的交换，一旦这种交换停止，系统就会被孤立，从而造成这种有序结构的瓦解。

2. 系统必须远离平衡态

耗散结构是与平衡结构相对立的一种有序结构，它必须远离平衡态才能通过与外界的物质、能量和信息交换达到和维持有序的结构，因此，普利高津认为"非平衡是有序之源"。对于开放的非孤立系统，如果系统处于平衡点附近，系统可以通过对称性自发破缺,[①] 从无序状态进入相对有序状态，从而通过平衡相变作用形成平衡结构。平衡结构是不需要依赖外界而维持的一种"死"结构，在它形成之后，只有与外界隔绝起来，才能保持结构的不变。而耗散结构是一种"活"结构，它只有在非平衡状态下才能形成，并只有与外界不断进行物质、能量和信息交换时才能维持。在平衡态和近平衡态，涨落是一种破坏稳定有序的干扰，但在远离态条件下，非线性作用使涨落放大而达到有序。偏离平衡态的开放系统通过涨落，在越过临界点后"自组织"成耗散结构，耗散结构由突变而涌现，其状态是稳定的。耗散结构理论指出，开放系统在远离平衡状态的情况下可以涌现出新的结构。

3. 系统内部各要素间存在非线性相互作用

非线性相互作用是系统演化的动力。任何一个复杂系统都是由大量子系统组成的，子系统总是存在着自发的无规则的独立运动，同时又受到其他子系统运动

① 对称性自发破缺（Spontaneous Symmetry Breaking），是指原来具有较高对称性的系统出现不对称因素时，其对称程度自发降低的现象。亦即当控制参量跨越某个临界值时，系统原有对称性较高的状态失稳，新出现若干个等价的、对称性较低的稳定状态，系统将向其中之一过渡。

的影响。在临界点前，子系统之间的关联弱到不能束缚子系统独立运动的程度，子系统本身无规则的独立运动起主导作用，系统呈现无序状态。随着控制参量的不断变化，当系统靠近临界点时，子系统之间的关联便逐渐增强，同时子系统无规则的独立运动在相对变弱，当控制参量达到“阈值”时，子系统之间的关联和子系统的独立运动，从均势转变到关联起主导地位的作用，因此在系统中便出现了由关联所决定的子系统之间的协同运动，出现了宏观的结构或类型。序参量是系统在演化时出现宏观有序的重要标志。序参量来源于子系统之间的协同合作，同时序参量又起着支配子系统行为的作用。非线性相互作用能够产生协同现象和相干效应，它可以通过“正反馈放大作用”和“涨落”使系统从量变到质变，并演化为新的时空有序结构。

4. 系统内部存在涨落且涨落有序

耗散结构理论认为，在接近平衡态的线性非平衡区，涨落的发生只是一种破坏稳定性的干扰，起消极作用。而在远离平衡的非线性区，系统中一个随机的微小涨落，通过非线性的相互作用和连锁效应被迅速放大，就可以形成整体的宏观“巨涨落”，从而导致系统发生突变，形成一种新的稳定有序结构。此时，涨落对于耗散结构的形成起到了一个触发和激化作用，即所谓的“涨落导致有序”。在耗散结构的形成过程中，系统的结构、功能与涨落之间是一种相互影响、相互作用的关联关系。结构与功能之间是一种确定性的关系；而涨落是系统结构与功能之间的作用，它是一种随机性的触发行为，可能引起系统的局部改变，如果系统缺乏适宜的调节控制机制，这种局部改变会引起整个系统结构的变化，从而影响和改变系统的功能。因此，结构通过涨落规定和主导功能，而功能又通过涨落影响和改变结构。

（二）协同学理论

协同学亦称协同论或协和学，是研究不同事物共同特征及其协同机理的科学，是一门综合性应用学科，它着重探讨各种系统从无序变为有序时的相似性，是20世纪60年代初由联邦德国理论物理学家哈肯创立。1970年哈肯在斯图加特大学的冬季学期演讲中首次引入协同学的概念，1971年发表了论文《协同学：一门合作的学说》，1977年出版了专著《协同学导论》，1983年出版的《高等协同学》标志着协同学的微观理论走向成熟。协同学结合平衡相变理论、激光理论、信息理论、控制理论、一般系统论、动力系统理论等，建立了一套处理非平衡相变的理论与方法，引入了相变、序参量和涨落概念，提出了自组织原理、支配原理（或称役使原理），并建立了非线性动力学方程、随机过程和随机微分方程。

1. 序参量

协同学理论中将影响系统的变量分为快驰豫变量和慢驰豫变量，通过分析发现快驰豫变量受到的阻尼较大，因驰豫时间短而不能决定系统的有序度，而慢驰豫变量在变化时出现临界无阻尼现象，几乎不衰减，并认为事物的演化受慢驰豫变量的控制，演化的最终结构和有序程序取决于慢驰豫变量，并将慢驰豫变量称为序参量。序参量的大小可以用来标志宏观有序程度，当系统是无序时，序参量为零；当外界条件变化，序参量也变化，当达到临界点时，序参量增长到最大，此时出现一种宏观有序的组织结构。由于协同学研究的是由大量组分构成的系统宏观行为，所以引入的序参量是宏观参量，用于描述系统的整体行为。序参量是微观子系统集体运动的产物，是它们合作效应的表征和度量。序参量支配着子系统的行为，支配着系统的演化过程。序参量随时间变化所遵从的非线性方程称为序参量的演化方程，是协同学的基本方程。演化方程的主要形式有主方程、有效朗之万方程、福克—普朗克方程和广义京茨堡—朗道方程等。

2. 自组织原理

管理学对组织的含义是从静态与动态两个方面来理解的。从静态方面理解，组织是一种特定关系的网络，它是一个协调配合的框架体系。从动态方面理解，组织是指维持与变革组织结构，以完成组织目标的过程。德国物理学家哈肯认为，从组织的进化形式看，可以把它分为两类：他组织和自组织。如果一个系统靠外部指令而形成组织，就是他组织；如果不存在外部指令，系统按照相互默契的某种规则，各尽其责而又协调地自动地形成有序结构，就是自组织。协同学指出，由许多子系统组成的开放系统，当它处于远离平衡态的条件下时，就会通过非线性的相互作用而产生协同效应和相干作用，在一定范围内，通过涨落而达到一定的临界点，可以通过自组织而使系统从无序到有序，使旧的结构发展成为在空间、时间或功能等方面都发生根本变化的新的有序结构。

3. 支配原理

考虑只有一个子系统和一种外界强迫的情况，X_1 为外界强迫，X_2 为系统状态参量，γ_1 和 γ_2 为阻尼系数，且 $\gamma_2 >> \gamma_1$。并假定在没有外界强迫时，子系统 X_2 做衰减运动，即 $\gamma_2 > 0$。则由两个子系统组成的控制方程表示为：

$$\begin{cases} \dot{X}_1 = -\gamma_1 X_1 - aX_1X_2 \\ \dot{X}_2 = -\gamma_2 X_2 + bX_1^2 \end{cases} \tag{2-3}$$

利用绝热近似，令 $dX_2/dt \approx 0$，则可得 $X_2(t) = \gamma_2^{-1}bX_1^2(t)$，并可以求得系统的序参量方程为：

$$\dot{X}_1 = -\gamma_1 X_1 - (ab/\gamma_2)X_1^3 \tag{2-4}$$

绝热条件 $\gamma_2 >> \gamma_1$ 意味着子系统 X_2 变化快，X_1 变化慢，$X_2(t) = \gamma_2^{-1} b X_1^2(t)$ 意味着慢变量 X_1 支配快变量 X_2，哈肯将这一法则称为支配原理。考虑 n 个子系统的情况，控制方程可表示为：

$$\begin{cases} \dot{X}_1 = -\gamma_1 X_1 + g_1(X_1, X_2, \cdots, X_n) \\ \vdots \\ \dot{X}_n = -\gamma_n X_n + g_n(X_1, X_2, \cdots, X_n) \end{cases} \tag{2-5}$$

序参量方程可表示为：

$$\dot{X}_i = -\gamma_i X_i + g_i(X_i; X_s(X_i)) \tag{2-6}$$

其中：$i = 1, 2, \cdots, m, m+1, \cdots, n$；$X_s$ 为快变量，X_i 为慢变量。

（三）自组织理论对研究的价值透视

自组织理论是由一系列理论构成的理论群，它的完善和发展，促进了复杂性科学研究的不断深入。耗散结构理论和协同学是自组织理论的核心和基础，二者虽然是对不同背景系统作出的研究，但都是在探索系统内在的运行、演绎机理，亦即系统的复杂性机制问题，不仅分别从不同的角度解释了物理系统内在的复杂性，而且可以推广运用于一般系统，解释企业集团财务协同控制系统的复杂性机制。因此，具有重要的理论价值，对本书的研究起到核心理论指导作用。具体表现在以下几方面：

1. 为企业集团财务协同控制问题研究提供新的视角和方法论

企业集团是一个非线性复杂系统，其动态演绎发展表现出了多维耗散结构特征和协同效应现象，这是一个靠非线性相干作用的自组织过程，无论是耗散机制还是协同机理都需要运用自组织理论和方法进行研究和分析。

耗散结构理论考察了系统自身经输入能量而被吸收后，系统的涨落效应和能量耗散，从而经过自由能的加工、转换和升华，增加系统的结构能，并不断完成自组织的过程。耗散结构是以系统整体为研究对象，反映的是系统的内在演绎机理，揭示的是一个多层次的能量传递过程。企业集团具有整体性特征，其自身的发展离不开外界环境的支持，需要不断地通过输入资源与输出产品来与外界进行物质和能量的交换，以维持自身的生存与发展，这是一个自组织进化过程，最终的目的是为了改善企业集团系统的整体结构和能量增加，提高企业集团的综合竞争能力，因而需要用耗散结构理论的方法进行分析和研究。

协同学理论侧重的是系统内部子系统间的非线性相干作用，是在序参量对其他因素支配的条件下，探讨系统的协同竞争过程和使系统从无序走向有序的协同效应实现机制。协同学理论主要是抓住自然系统和社会系统的子系统之间的协同性，因而具有把自然科学和社会科学相互交叉统一起来的方法论意义。企业集团是由多个成员企业组成，具有多维价值目标、多重利益关系组成的复杂系统，其演化过程需要在内部子系统的合作与竞争中持续进行，并通过序参量的支配作用，优化配置内部资源，协调利益关系，从而实现战略目标，这也是一个系统从无序走向有序的过程，因而需要用协同学的原理进行分析和研究。

2. 推进了自组织理论成果在企业集团财务协同控制问题研究中的应用

自组织理论的研究成果对于人类正确认识客观世界起到了巨大的推进作用，并随着理论的应用和研究层面的不断扩展，越来越引起理论界的重视。以企业集团为研究对象，运用自组织理论的原理和方法，来探讨企业集团的运行规律已经成为现阶段研究的一个方向。

企业集团战略管理系统、资源管理系统和关系管理系统都是一个复杂的自适应系统，各要素间的相互作用是复杂的非线性作用，各要素间竞争和协同的过程也是共同进化的过程。战略协同能力、资源协同能力和关系协同能力可以看成是决定企业集团协同绩效的序参量，研究序参量如何通过自身涨落及竞争和协同所产生的涨落使系统走向有序，对于丰富和发展企业集团理论和指导企业集团生产经营实际都有着重要的意义。协同学理论研究的是一个开放和动态的复杂系统，如何通过复杂非线性作用和涨落来使系统达到有序的问题，强调的是要素之间的相互联系所带来的非线性效应，反映了系统的动态发展规律。它通过分析系统的协同现象、规律和作用，使系统协同工作获得系统整体的协同正效应，实现系统优化。应用协同学理论成果，可以把已经取得的研究成果，类比拓宽于企业集团问题的研究，为探索企业集团的运行规律提供有效的理论成果支撑，进而发挥企业集团内部子系统间的协同作用。

协同学在系统论、信息论、控制论、突变论和相变理论的基础上，把动力学和统计学结合起来，抽出不同系统在临界过程中的共性，从而把握多种系统从无序到有序转化的普遍规律。从激光、流体力学现象、化学振荡到生物界乃至社会经济领域中的“振荡”现象，可用统一的数学模型来描绘。各种自然系统和社会系统，在一定条件下，协同现象和相干效应产生于其中子系统之间的非线性相互作用，从而系统成为有一定功能的自组织有序宏观结构。哈肯采用相变理论中的序参量概念来描绘系统的有序度，根据序参量参数在临界点附近变化的速度而分为快变量和慢变量两类，它们共处于表征系统演化的微分方程组内，慢变量成为表征系统有序程度的序参量。这些理论成果应用于企业集团财务协同控制问题的研究，对于推进企业集团财务协同控制问题的有效解决和提高企业集团综合竞争能力具有重要的意义。

五、复杂系统协同控制理论

自 1937 年奥地利学者贝塔朗菲（Ludwig Von Bertalanffy）提出“一般系统”的概念以来，系统论、控制论、信息论三者已经成为系统科学发展的基本理论。建立在线性系统理论、非线性系统理论、一般控制理论基础之上的复杂系统理论、协同控制理论也因此成为复杂性科学的重要理论基石。结合企业集团财务协同控制问题的特殊性，本书仅就理论的相关要点归纳阐述如下。

（一）复杂系统理论

复杂系统理论的创立是从研究线性系统和非线性系统开始的。线性系统是以满足叠加原理为本质特征的，可以用一阶微分方程描述的确定性系统。关于它的主要观点是认为系统的整体行为可以由组成它的子系统之和求得，因此，系统的行为是受初始条件决定的，当系统初始条件确定以后，系统的未来状态就确定了。作为叠加性质的直接结果，零输入响应和零状态响应构成了线性系统的重要特征。非线性系统是指不满足叠加性原理的，也不能用线性数学模型描述的系统。关于它的主要观点是认为系统的整体行为不是简单的作用关系，而是由各子系统间的相互影响、相互作用和相互依存的复杂非线性关系所决定的，这种关系可能引起系统输出发生巨大的变化甚至突变。非线性系统的重要特征是相干性，它是系统演化的动力，并决定着系统的发展方向。随着非线性科学的深入研究，复杂系统作为新兴的研究对象越来越受到理论界的青睐，复杂系统理论也因此得以诞生。

复杂系统是相对于线性系统和非线性系统而言，多指生态系统、社会系统和经济系统等，迄今为止尚未形成完整的科学定义。它的演化规律一般是从简单到复杂，从对称到不对称，从无序到有序。美国学者贺伯特·西蒙（Herbert Simon）将复杂系统定义为由许多具有复杂相互作用的部件组成的系统，并且在此系统中整体大于部分之和。丹麦科学家巴克（Per Pak）把具有巨大变化性的系统定义为复杂系统。日本的福田丰生认为复杂系统是由多个具有复杂的非线性关系的要素组成的系统。海斯（James Highsmith）将复杂系统定义为组分、组分间的相互作用及整体行为三要素间的复杂关系。沃尔德罗普（Mitchell Waldrop）认为，复杂性存在于组织之中，组成系统的因素存在着无数可能的相互作用方式。因此，复杂系统有别于简单系统的关键在于组成系统部分之间的相互作用和相互关联，这是一个复杂的非线性作用关系。复杂系统的主要特征有：非线性、多样性、多层性、涌现性、不可逆性、自适应性、自组织临界性、自相似性、开放性和动态性。复杂系统的演化主要借助于三个途径来实现：①复杂系统借助系统的自组织，使系统能够通过学习来优化和改变内部结构，从而达到更好地适应环境的目的。②复杂系统的耗散特征又使系统在与其他系统作用时，通过内部扰动和外部力量来使系统进入更高层次的组织形态。③复杂系统通过自组织临界，能够具有在随机变化和停滞之间保持平衡的能力。

（二）协同控制理论

协同控制理论多应用于多智能体的复杂系统中。多智能体的复杂系统（Multi-Agent-System）是指由多个智能体组成的系统，这些智能体之间相互协同、相互服务，共同完成既定的任务。各智能体之间的任务划分、资源分配、行为的协调，在遵循一定的知识规则和管理策略基础上，由各智能体通过相互作用和对环境的感知来进行判断和决策。多智能体复杂系统具有如下特性：①系统中的各个智能体是异步动作的，它们以不同的步调自主地各行其是，适合于各种分布式系统的应用。②每个智能体都具有独立解决部分问题的能力或者都具有独立完成某个功能的能力，单个智能体出现问题不会影响系统的其他部分，从而提高了系统的可靠性。③一个任务可分成若干个子任务并分派到一系列智能体上，通过知识交换、协商及控制信息的传送等，这些智能体可并行地协调工作。④当网络、管理或业务能力不够时，新的功能就可以通过引入相应的智能体或智能体子系统来添加，从而保证系统功能的伸缩和扩展。⑤通过有效的协商机制，可以在任务分派、业务花费、业务参数及业务质量等方面达成协议，从而避免或减少冲突。

在多智能体复杂系统中，智能体之间存在着潜在的利益冲突，因此，协同控制的目的就是要解决智能体间的冲突问题，这就需要通过协同设计、运用协商机制、冲突消解策略等，从系统的整体性和稳健性出发，提高多智能体间的相互依赖性，促进共同完成既定的任务和达到预期的目标。根据合作的类型，可以把多智能体之间的协作分为合作型和非合作型两类。对于合作型智能体复杂系统，通常有一核心协调者，各智能体有统一的目标，其合作的目的是实现目标效用函数的价值最大化；对于非合作型智能体系统，没有起核心作用的协调者，各智能体只是根据自己的兴趣自主决定是否接受各项任务，其最终目的是达到自己的私有目标或使自己的效用函数价值最大化。多智能体的协同控制涉及八个方面内容：①增强单个智能体的推理能力，以达到提高多智能体之间一致性的目的。②任务分配。③多智能体规划。④目标和行为的一致性问题。⑤冲突处理及资源管理。

⑥建立其他智能体的模型。⑦多智能体之间的通信管理。⑧适应与学习。

（三）复杂系统协同控制理论对研究的价值透视

复杂系统理论和协同控制理论，为企业集团财务协同控制的研究提供了理论方法和拓展了视野。从对企业集团的复杂性认识到运用复杂系统协同控制理论来解决企业集团问题，是企业集团协同管理的必然发展趋势。

（1）复杂系统理论的核心思想是运用复杂性科学的理论与方法，解决客观存在的复杂性系统问题。这一理论强调了复杂性系统组成部分间的非线性相干作用和自组织涌现效应，可控性、复杂性、涌现性构成了其基本属性。企业集团本身就可以看作是一个复杂性系统，可以运用复杂性系统理论的原理、方法来分析和解决企业集团的财务协同控制问题。一方面，企业集团财务主体的多样性决定了财务活动的复杂性，这就需要从协同控制的高度来保障财务活动的协调一致性。另一方面，企业集团成员企业的分散性可能会导致财务信息的滞后与失真，从而给企业集团内部沟通设置障碍。同时，多维利益主体、多层代理关系和复杂的联结纽带，使企业集团面临的风险面扩大，为风险识别、风险评估、风险控制增加了难度。因此，解决企业集团的财务协同控制问题，必须在复杂性系统理论的指导下，它规定了企业集团财务协同控制研究的方向。

（2）企业集团是一个具有复杂性的分布式协同控制体系，它的复杂性体现在协同主体的分散化、资源配置的复杂化、利益关系的多元化等多个方面，多个成员企业既有不同的经营目标又有共同的价值追求，因此，成员企业之间以及成员企业与集团公司之间既存在竞争又存在协作。如何通过竞争、协商、协作等手段将成员企业单方面的行动统一到企业集团整体利益的目标上，实质上是一个财务协同控制的价值效应实现过程，这一过程需要解决一系列的代理问题。多智能体复杂系统协同控制理论，以智能体为研究对象，揭示的是智能体之间的冲突、协商、协作和协同实现的一般规律，从理论上提供了多元主体协同控制的技术解决方案。因此，可以借鉴多智能体复杂系统协同控制的核心思想和技术手段，将企业集团成员企业看成是协同控制的智能体，并运用多智能体的协同控制方法进行分析和研究企业集团财务协同控制问题。

六、研究的基本理论框架

本书的研究主要沿着“企业集团财务协同控制的基本理论→企业集团财务协同控制机理→企业集团财务协同控制的价值效应模型→企业集团财务协同控制的价值效应评价体系→实证分析”的路径分层次展开。企业集团理论、财务理论为研究的开展提供了有力的理论支撑，自组织理论和复杂系统协同控制理论为研究的开展起到了核心理论指导，并提供了相应的理论方法和技术手段。经过以上分析和论述，可以建立本书的基本理论分析框架（见图 2–7）。

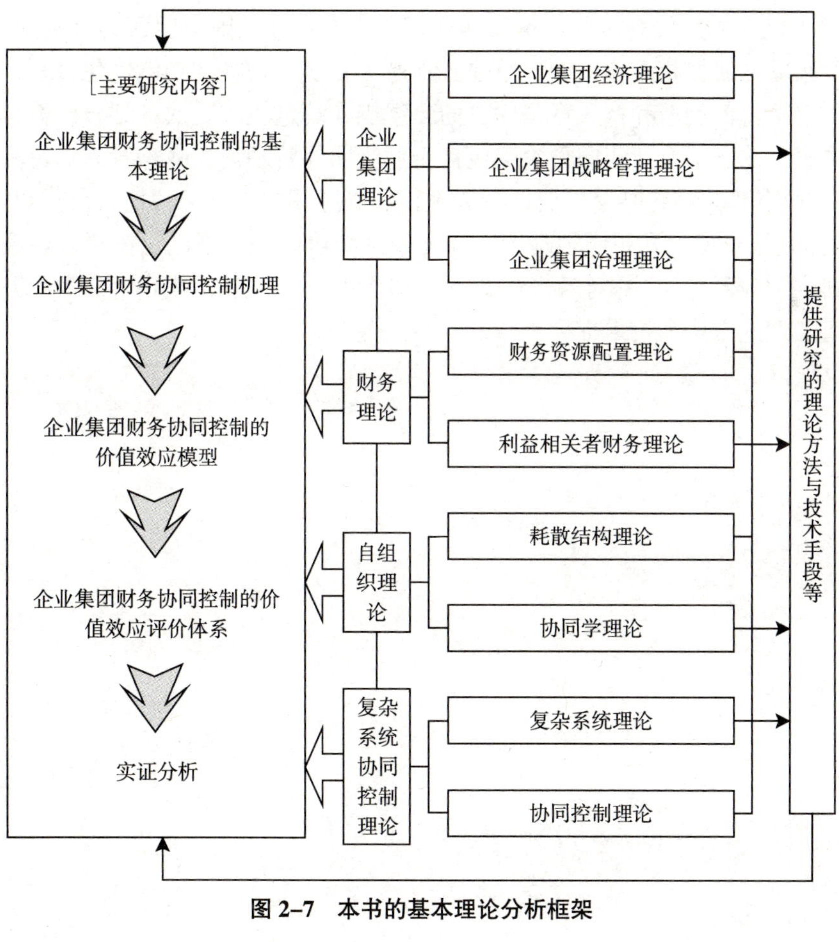

图 2–7　本书的基本理论分析框架

本章小结

本章按照企业集团财务协同控制的经济学分析和理论透视两条路径，分析了企业集团的组织特征和财务协同控制的经济内涵，阐述并透视了各理论对研究的价值作用，在此基础上构建了企业集团财务协同控制研究的基本理论分析框架。首先，结合企业集团的经济学分析，建立了企业集团系统的一般模型，并分析了企业集团的耗散结构特征、协同竞争特征和动态耦合特征。在此基础上，分析了现有研究中财务协同控制的内涵缺失，界定了企业集团财务协同控制的经济内涵，并认为，财务协同控制是指企业集团通过一定技术实现的财务战略匹配、财务资源优化、财务关系协调的价值涌现机制，是在相关财务要素的有机配合下，通过复杂的非线性相互作用产生单独要素所无法实现的整体功能优化过程，是企业集团长期价值创造和持久竞争优势的自组织实现过程。其次，结合研究目标和研究内容，论述了企业集团理论（包括企业集团经济理论、战略管理理论和治理理论）、财务理论（包括财务资源配置理论和利益相关者财务理论）、自组织理论（包括耗散结构理论和协同学理论）和复杂系统协同控制理论（包括复杂系统理论和协同控制理论），并对各理论的地位和作用进行了透视性分析，为研究的开展提供了理论方法和技术指导。

第三章　企业集团财务协同控制机理

企业集团是由多个法人企业组成的具有层次结构的企业联合组织，这就决定了其财务协同控制机理的复杂性。探讨财务协同控制机理是形成系统理念和解决企业集团财务协同控制问题的重要内容。本章从企业集团财务协同控制的必要性及与价值效应的关系分析出发，系统探讨企业集团财务协同控制的动因、关键要素、能力空间以及系统的作用关系。本章的逻辑框架如图 3-1 所示。

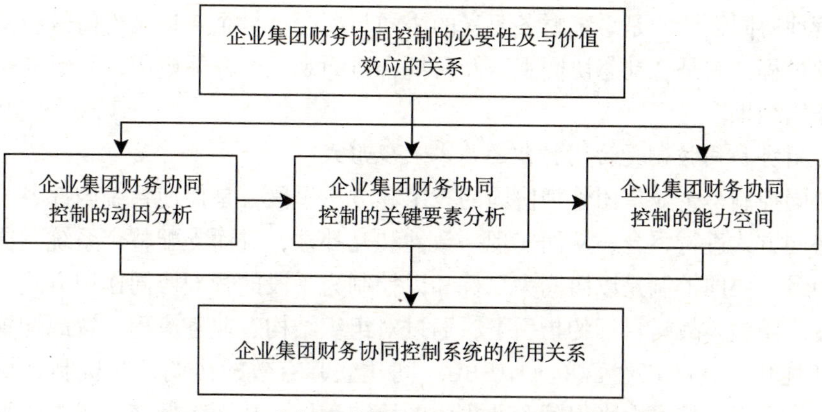

图 3-1　企业集团财务协同控制机理研究逻辑框架

一、企业集团财务协同控制的必要性及与价值效应的关系

（一）企业集团财务协同控制的必要性

在现代科学和管理技术飞速发展的今天，企业集团的管理正面临着组织内部控制向跨组织协作、单一信息沟通向多维信息传递、固定价值流程向柔性价值流程转换等多种挑战，这使企业集团内外以及整个产业链的协同变得越来越重要，

从而使“动态团队、管理协同”正在成为企业集团组织变革的宏观趋势。作为一个复杂经济系统的企业集团，多层战略主体、多种投入资源和多维利益关系构成了其基本的价值链架构，而要保障价值链的长期有效运作，以管理协同和价值效应为目标的财务协同控制是最基本的目标要求。企业集团财务协同控制的必要性主要体现在以下几个方面：

1. 财务协同控制是管理协同的必然要求

管理协同是企业集团发挥整体优势的基本手段，其本质要求是实现企业集团系统各财务要素的优势互补、聚合放大和功能倍增，从而在各财务要素的共同作用下产生协同价值效应。管理协同，是指在系统处于变革或临界状态下，以协同思想为指导，综合运用管理方法和手段，促使系统内部各子系统或财务要素按照协同方式进行整合，相互作用、相互合作和协调，从而实现一致性和互补性，进而产生支配整个系统发展的序参量，使系统实现自组织而从一种序状态走向另一种新的序状态，并使系统产生整体作用力大于各要素作用力之和的系统管理方法。管理协同强调的是系统财务要素的协同与配合，是企业集团价值效应实现的自组织过程，它是“动态协同观”和“耦合协同观”的具体应用，是财务协同控制的作用结果。

2. 财务协同控制是协同控制的基本表现形式

协同控制是企业集团管理协同的技术和方法手段，是促使系统内部各子系统按照协同方式进行整合，从而实现一致性和互补性，进而支配整个系统发展的决定性力量。协同控制是以协同为目标和以控制为手段的管理协同作用方式，它是在企业集团整体战略目标的指引下，通过对组织结构、业务流程、资源配置等的调整和优化，在战略经营单元（SBU）间建立起有效的协调控制机制，从组织上、制度上以及技术上来保障企业集团的协同运作，从而降低交易成本、管理成本，实现协同控制的正向溢出价值效应。协同控制是一个系统动态纠偏过程，是实现组织整体战略目标的优化技术和手段，必然会对企业集团的经营管理起到巨大的促进作用。以财务协同控制为基础的协同控制手段是企业集团战略目标实现的基本推动力量。

3. 财务协同控制是实现企业集团价值效应的核心和关键

财务协同控制是协同理论和控制理论在企业集团财务管理中的具体运用，具有动态性和耦合性的特点，其目的是协同控制财务战略、优化配置财务资源和协调整合财务关系，从而推动企业集团的价值创造能力。企业集团是一个多维的价值创造体系，需要持续的价值流入和流出，而价值流的形成和持续是以财务活动来保障的。通过财务的有效控制，企业集团可以降低经营成本，实现经营收益，保障价值流的有效循环。然而，企业集团的多层财务关系给财务管理带来了困难，传统的财务管理方法虽然简捷有效，但存在效率低、效果不佳等缺陷，必须进行改进和优化。财务协同控制是充分结合企业集团的财务管理特点，吸收现代协同理念和控制技术的管理协同应用，企业集团通过有效的财务协同控制必然能够为其价值循环的持久进行提供强大动力。

4. 财务协同控制是企业集团组织优越性的根本体现

现代科学技术的迅猛发展为企业集团的价值效应实现提供了财务协同控制技术支撑，必然对企业集团的组织运行绩效产生深远的影响。而随着协同控制技术的普遍采用，企业集团的组织优越性将会得到更大的体现。现代计算机技术和网络技术的飞速发展为财务协同控制的应用和实施提供了技术平台。企业集团可以通过计算机信息系统快速得到管理协同所必需的财务信息，从而消除因财务信息的失真、滞后所造成的管理决策失误，提高决策的效率和准确性。企业集团也可以通过协同商务管理平台，将各分子公司的商务活动统一于集团控制之下，从而在保障集团整体利益的前提下，实现商务活动的协同。因此，在对企业集团价值支撑的前提下，有效保障了企业集团组织的优越性。

（二）企业集团财务协同控制与价值效应的关系

财务协同控制作为企业集团财务管理的基本语言之一，在公司财务协同管理中肩负着提高财务战略的执行力、财务资源的配置力和财务关系的协同力，以及降低交易成本和提高整体价值创造能力的重任，是企业集团财务协同管理中利益相关者各方普遍关注的一种稀缺“资源”，是与价值效应紧密相关的财务协同管理精细化模式。良好运作的财务协同控制系统对企业集团财务协同创造价值具有至关重要的作用，它的运作效率直接影响财务管理效率，并最终反映在企业集团的整体价值效应上。

白万纲（2008）在《集团管控之财务管控》一书中指出，管控的目的是为了提高经济效益，财务管控的体系是由多层子系统构成的有机整体，可包括财务人员管控系统、财务制度管控系统、财务目标管控系统和财务信息管控系统，这些系统的连贯顺畅是实现管控体系联动放大效应性的基础。并将联动放大效应性定义为：企业集团的母公司居于核心地位，通过自身的财务管控而调节和管控子公司的财务经济活动和生产经营活动，而子公司同样通过自身的财务管控对其子公司进行管控，从而间接地实现母公司对孙公司的控制，最终起到母公司管控比自己大几十倍资本的资金杠杆作用。同时指出，按照企业集团的集权和分权程度可将财务管控模式分为集权制、分权制和统分结合制三种，而三种财务管控模式与价值效应的产生存在关联性。如何选择合适的财务管控模式，以发挥最大的价值效应优势，关键在于要恰当地把握好集权与分权的程度。他在《集团管控之财务管控》一书中提出了通过信息成本和代理成本均衡来选择财务管控模式的模型，得出了决策最优位置出现在缺乏信息引起的边际成本和目标不一致引起的边际成本相等的点上，此时边际成本 MAC = MSC，总成本 TC 最小，价值效应处于最佳位置。

陈月明（2006）在《企业集团财务问题研究》一书中指出，企业集团财务管理体制总体上有集权型、分权型和结合型三种模式，其实质是企业集团财权分割和配置是相对集中在企业集团总部或母公司，还是相对分散在企业集团所属的成员之间。并进一步指出，集权型财务管理体制有利于财务资源的优化整合，使财务资源变无序为有序和共享，实现企业集团整体利益最大化，有利于提高财务资源的配置效率，强化一体化协同效应，可以很好地获得产业、资金方面的规模效应，但必须解决好信息传递和激励问题；分权型财务管理体制有利于调动子公司的积极性，避免信息传递失真的问题，减少财权运用的盲目性和官僚化，提高企业集团的市场应变能力，但降低了资源的配置效率，子公司的协调和管理较为困难；结合型财务管理体制是在集权和分权的“成本—收益”权衡基础上的折中模式，当边际管理成本等于边际代理成本时，企业集团的总成本最低，价值效应最大。

以上研究虽然是对集权和分权程度决策权衡进行的分析，但其实质是探讨了企业集团适度集权的协同控制问题。研究的结论是，企业集团的集权和分权程度存在最优点，过度集权和过度分权都会导致企业集团总成本的增加，从而不利于企业集团的价值创造。对于企业集团财务协同控制的价值效应来说，这些研究具有较为重要的启示作用。启示一：财务控制与企业集团的价值效应存在内在关联性，当控制程度小于最优位置时，随着财务控制力度的增加，企业集团的总成本在下降，价值效应在增加；当控制程度大于最优位置时，随着财务控制力度的增加，企业集团的总成本在上升，价值效应在下降。启示二：适度的财务控制更有利于价值效应的产生，企业集团的财务控制力度应与自身的控制能力、控制对象的属性以及控制环境相适应。启示三：抓住决定系统有序化的序参量，建立必要的企业集团财务协同控制价值效应模型更有利于发挥财务控制的作用，对于推进企业集团的价值创造具有正向放大作用。

企业集团财务控制力度与价值效应呈∩形关系，可解释为“边际价值效应递减规律”，即在财务控制力度较小时，企业集团的价值效应水平随着财务控制力度的增加而增加，而当价值效应达到最大后，随着财务控制力度的增加，企业集团的价值效应水平反而会下降。假设企业集团的价值效应水平与财务控制力度之间的函数关系 $y = f(x)$ 在 $(0, +\infty)$ 上是连续可导的凸函数，则 $f(x)$ 存在一阶导数 df/dx 和二阶导数 d^2f/dx^2，且 $d^2f/dx^2 < 0$。可采用修正的正态分布密度函数关系来描述企业集团财务控制力度与价值效应的关系，本书建立了如图 3-2 所示的关系模型，函数的数学表达式为：

$$y = \alpha \cdot e^{\frac{-(x-\mu)^2}{\sigma^2}} \qquad 0 < x < +\infty \tag{3-1}$$

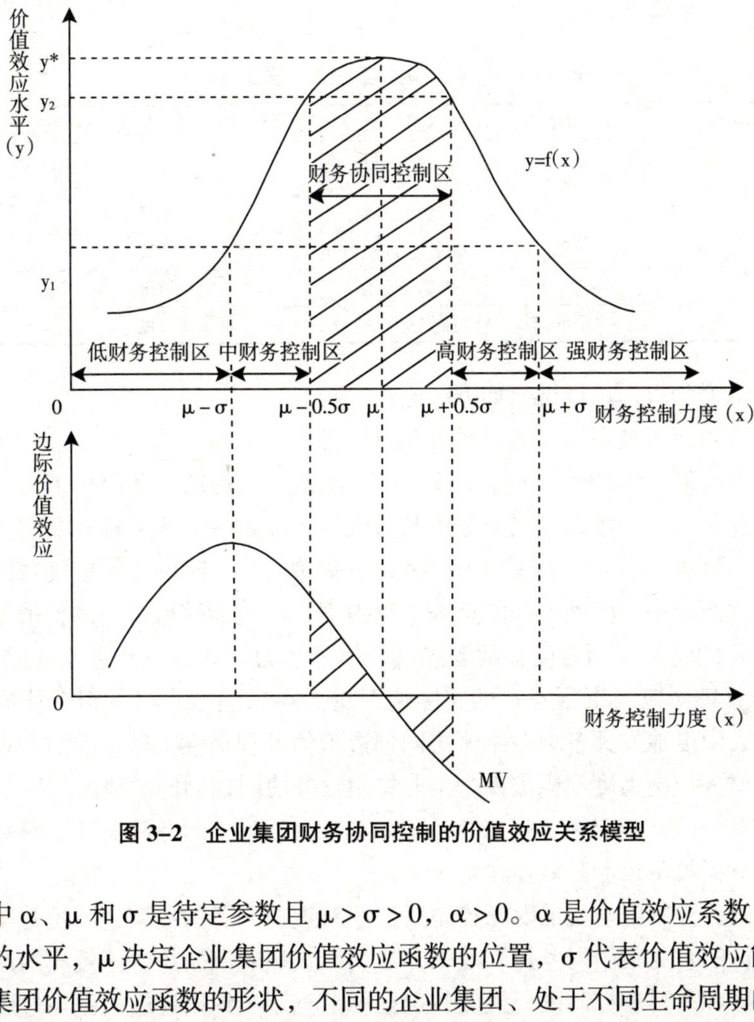

图 3–2　企业集团财务协同控制的价值效应关系模型

式中 α、μ 和 σ 是待定参数且 $\mu > \sigma > 0$，$\alpha > 0$。α 是价值效应系数，决定价值效应的水平，μ 决定企业集团价值效应函数的位置，σ 代表价值效应能力，决定企业集团价值效应函数的形状，不同的企业集团、处于不同生命周期的企业集团具有不同的 α、μ 和 σ 值，需要根据各自的情况确定。根据函数的性质，函数 $y = f(x)$ 在 μ 处达到最大值，在 $\mu \pm \sigma$ 处存在拐点。为了进一步地分析和研究，本书将关系模型按照财务控制力度划分为五个区域，即低财务控制区、中财务控制区、财务协同控制区、高财务控制区和强财务控制区（见表 3–1）。低财务控制区的上界和中财务控制区的下界位于函数的左拐点处，此时 $x = \mu - \sigma$；中财务控制区的上界和财务协同控制区的下界位于 $x = \mu - 0.5\sigma$ 处；财务协同控制区的上界和高财务控制区的下界位于 $x = \mu + 0.5\sigma$ 处；高财务协同控制区的上界和强财务协同控制区的下界位于函数的右拐点处，此时 $x = \mu + \sigma$。分析 $y = f(x)$ 的函数关系可知：当 $x = \mu$ 时，价值效应水平处于最佳，此时 $y^* = \alpha$；当 $x = \mu \pm 0.5\sigma$ 时，$y = \alpha e^{-0.25}$；当 $x = \mu \pm \sigma$ 时，$y = \alpha e^{-1}$。因此，财务协同控制的价值效应水平范围为 $[\alpha e^{-0.25}, \alpha]$。

表 3–1　财务控制力度与价值效应的关系

x 取值范围	y 取值范围	财务控制类型	价值效应与财务控制力度的关系	备注
$[0, \mu-\sigma)$	$[\alpha e^{\frac{\mu^2}{\sigma^2}}, \alpha e^{-1})$	低财务控制	不足	↑
$[\mu-\sigma, \mu)$	$[\alpha e^{-1}, \alpha e^{-0.25})$	中财务控制	不足	↑
$[\mu-0.5\sigma, \mu+0.5\sigma)$	$[\alpha e^{-0.25}, \alpha]$	财务协同控制	适度	↑↓
$[\mu, \mu+\sigma)$	$[\alpha e^{-1}, \alpha e^{-0.25})$	高财务控制	过度	↓
$[\mu+\sigma, \infty)$	$(0, \alpha e^{-1}]$	强财务控制	过度	↓

通过以上分析，可以得出如下结论：

1. 财务控制力度与企业集团的价值效应呈∩形关系

当财务控制力度小于 μ 时，$f'(x) > 0$，函数单调递增，此时价值效应随着财务控制力度的增大而增大；当财务控制力度等于 μ 时，价值效应达到最大值；当财务控制力度大于 μ 时，$f'(x) < 0$，函数单调递减，此时价值效应随着财务控制力度的增大而减小。因此，高的财务控制力度不一定能够取得高的价值效应，主要原因是高的财务控制力度会削弱经济主体的活力，导致效率降低或成本增加，不同的企业集团应当根据各自的实际情况努力寻求适合自己的财务协同控制力度，以最大限度地发挥各利益主体协同创造价值的积极性。较低的财务控制力度和较强的财务控制力度都应被视为企业集团财务协同控制的“禁区”。

2. 可将企业集团财务控制划分为低财务控制区、中财务控制区、财务协同控制区、高财务控制区和强财务控制区

低的财务控制区与强的财务控制区，因对被控制者的约束过度松弛与过度刚性会导致低的企业集团财务控制效率，从而严重影响和制约价值效应的产生。中财务控制区和高财务控制区，虽然一定程度上克服了约束过度松弛与过度刚性的影响，保证了企业集团价值创造的积极性，但控制成本与收益之间仍然存在较大的不对称性，企业集团价值创造的能动性没有得到应有的发挥。财务协同控制区是一个较佳控制区域，这个区域位于 μ 附近，能够更好地把握财务协同控制成本与收益的关系，从而能够保持利益主体经营的自主性、灵活性，推动企业集团财务协同控制价值效应达到或接近理想值。

3. 科学有效的财务协同控制价值效应模型的建立有利于企业集团价值效应的实现

企业集团通过实施财务控制来实现价值效应，必定消耗一定的资源，发生一

定的成本，财务控制力度越强，相应发生的成本就越高，而科学有效的财务协同控制价值效应模型对于配置资源、控制成本和创造价值具有重要的指导意义，必然有利于企业集团价值效应的实现。建立和运用科学有效的财务协同控制价值效应模型，必须紧紧抓住关键的财务协同控制价值效应实施要素（即决定系统有序化的序参量），并充分考虑企业集团的自身特点，正确确定财务协同控制区间，保证财务协同控制的效率和效益，促使财务协同控制的价值效应达到或接近理想状态。

二、企业集团财务协同控制的动因分析

企业集团的耗散结构、协同竞争、动态耦合等复杂非线性组织特征，决定了其价值效应需要通过财务协同控制来实现。本书认为，企业集团财务协同控制的目标是实现价值效应，其动因主要来源于对协同经济价值、协同关系价值和环境适应价值的追求。根据企业集团的财务协同控制的价值效应目标，可建立财务协同控制的动因分析模型（见图 3-3）。从模型分析可知，企业集团通过财务协同控制实现价值效应，推动协同经济价值、协同关系价值和环境适应价值的实现，而三者形成的价值流又会源源不断地输入企业集团中，保障企业集团的经营和扩张。这是一个循环往复、螺旋上升的过程，每一次循环都是以前一次的经营成果为起点，并以新的管理协同为目标，实现更高形式的价值形态。

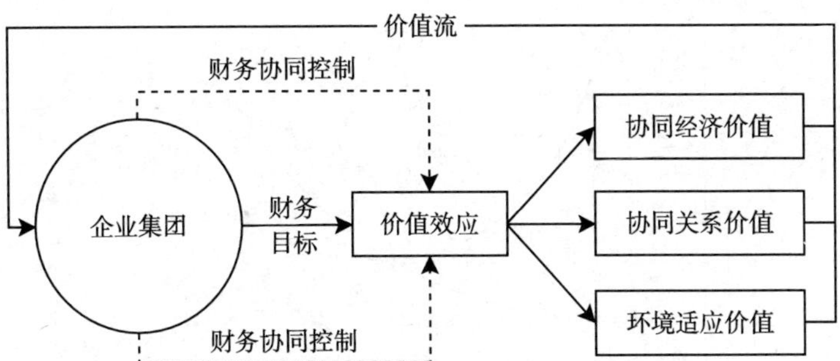

图 3-3 企业集团财务协同控制的动因分析模型

（一）协同经济价值动因

在对企业集团的理论研究中，规模经济理论和范围经济理论常常被用于解释企业集团的成因。保罗·萨缪尔森（Paul Samuelson）和威廉·诺德豪斯（William Nordhaus）认为，企业如果存在规模经济，也就是由于企业生产经营规模扩大会带来经济上的有用性，那么这种规模扩大往往表现为联合在一个企业中生产同类产品的若干工厂，或者是处于生产工艺过程中不同阶段的若干工厂在数量上的增加或生产能力的扩大。袁宁（2003）指出，企业拓展经营边界的问题实质上就是多角化经营的问题，企业集团正是实行经营边界拓展的有效企业组织形式。因此，企业集团有效经营边界的拓展与规模经济和范围经济有着天然的情结。

然而，企业集团的生产规模扩大和经营范围扩展并不意味着集团经济的必然存在，相反还有可能导致规模不经济和范围不经济的结果发生。根据规模经济理论可知，规模经济形成的前提和基础是当企业的边际成本小于平均成本时（即 $MC < AC$），平均成本随着产量的增加而递减，生产呈现规模经济，它的根本原因在于专业化和学习曲线效应（$AC = \alpha Q^{-b}$）（见图 3-4）。如果这种专业化和学习曲线效应不能通过财务协同控制途径取得，企业的边际成本就有可能上升到平均成本以上，从而出现规模不经济的现象。同样，从对范围经济理论的分析可知，范围经济产生于企业集团多元化产业间由于互补效应而带来的费用节约，内部相对闲置资源和资源的有效利用是范围经济存在的基本条件。因此，企业集团经营范围的扩展并不意味着范围经济的必然产生。如果企业集团资源配置不能得到优化或者资源过度分散，最终可能导致因管理能力超越可能边界而使内部管理成本上升，从而影响整体经济运行绩效，其结果有可能是范围不经济的发生。因此，

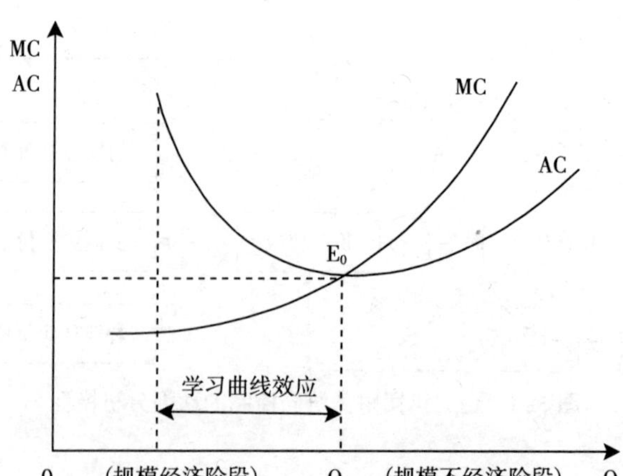

图 3-4 学习曲线效应与规模经济的关系

企业集团无论是取得规模经济还是范围经济，都不能简单地归结为生产规模的扩大或经营范围的扩展，而必须在规模扩大或范围扩展的同时进行必要的财务协同控制，这是一个动态协同经济产生的价值实现过程。

顾保国（2003）在其博士学位论文《企业集团协同经济研究》一文中指出，协同经济是指企业集团内部所属各单元、各部门以及有关人员的共同参与和密切耦合，在特定经营环境与竞争优势基础上的多方面技能、互补性资产和有序运行机制的有机融合下，其内部共有资源得到有效配置，从而产生较高的经济绩效。并认为协同经济是在企业集团的规模、范围、外界环境等条件不变的前提下，由于各种投入要素的相互耦合所导致的单位产品成本的下降，表现为企业集团管理收益递增，即企业集团管理收益增加的幅度大于管理成本扩大的幅度，它取决于为了利用技术工艺的潜力所必需的组织化了的人的知识和能力。因此，协同经济是在企业集团既定规模条件下的价值表现，是通过协同管理实现的价值形态。本书认为，协同经济不仅是规模经济、范围经济的扩展深化，而且是它们的综合表现形式，企业集团生产规模和范围的扩大动机来源于对协同经济效益的追求，而这也正是财务协同控制所要达到的价值效应目标。

（二）协同关系价值动因

利益相关者财务理论指出，利益相关者是企业专用性资本的供给者，能够直接或间接地影响企业财务资源的有效配置和长期竞争优势，因此，企业财务的价值导向应以满足利益相关者的价值期望为目标。企业集团是更为复杂的利益相关者缔结的契约集合，契约的有效性更多地体现在利益相关者的协同关系上，这种关系不仅要反映利益相关者的利益，更要体现集团的整体利益。按照米切尔等人的观点，影响力、紧迫性和合法性共同决定了利益相关者对企业集团的作用关系，并因此不同程度地对企业集团的运作绩效产生影响。假定企业集团有 n 个成员企业，第 i 个成员企业独立经营时的价值期望效用为 $E(U_i)$，企业集团的整体价值期望效用为 $E(U)$，则协同关系价值的实现必须满足：$E(U) \geqslant \sum_{i=1}^{n} E(U_i)$，亦即协同关系价值 $\Delta E \geqslant 0$ 是企业集团持续经营和发展的基本条件，可表达为：$\Delta E = E(U) - \sum_{i=1}^{n} E(U_i) \geqslant 0$。分析可知，正是由于协同关系价值 $\Delta E > 0$ 的存在，才导致了企业集团缔结联盟的形成，并促进协同关系的稳定和改善。然而，协同关系价值 $\Delta E > 0$ 的产生却不是静态恒定的，更多的是取决于企业集团的协同管理上。只有通过协同管理使协同关系成本低于协同关系收益时，企业集团的协同关系价值 $\Delta E > 0$ 才能够真正取得。而协同关系成本的降低和协同关系收益的增加却是一个通过财务协同控制达到的价值效应动态实现过程。一方面，协同关系价值的实现需要通过财务协同控制来保障。企业集团内部复杂的财务关系显示，单个企业在生产经营时都会致力于追求自身的价值最大化，而这很可能与企业集团整体价值目标相冲突，如果没有必要的财务协同控制，企业集团运转的结果只能是杂乱的无序状态，其结果会导致企业集团关系的破裂。因此，必须进行必要的财务协同控制来规范成员企业的经营行为，将成员企业的财务目标引导到企业集团的整体利益上，并分享企业集团整体性、长期性的价值成果。另一方面，协同关系价值又能够进一步优化通过财务协同控制达到的价值效应实现过程，从而推动更大的协同关系价值产生。协同关系价值的产生和增长能够使成员企业或其他利益相关者真实地感触到企业集团的价值，从而进一步推动专用性资产的投入，并将财务协同控制变为一种自我价值实现的推动力量。

通过财务协同控制取得财务协同关系价值，是企业集团协同关系得以维持的基础。阿尔钦和德姆塞茨（Alchian 和 Demsetz，1972）在《生产、信息成本和经济组织》一文中指出，经济组织产生和发展的主要原因是由于生产要素的所有者之间的合作能够产生更大的生产力。同时认为，企业本质上是一种契约组织，是通过团队的协作来保障生产的有序进行。由于协作生产面临队员偷懒或者“搭便车”的道德风险问题，因此，协作生产的效率难题就在于如何克服各要素所有者之间在协作生产过程中的偷懒和搭便车动机，监督的专业化和给予监督者剩余索取权能够调动监督者的积极性，从而减少偷懒和促进团队生产。赫姆斯特姆（Holmstrom，1982）认为，团队生产中个人贡献的不可观察性不是导致偷懒的充分条件，预算平衡约束也是导致偷懒的条件之一，这可以通过引入委托人来打破预算平衡使得激励机制得以发挥作用。企业集团可以看作是一个团队生产的合作组织，协同关系价值可表现为成员企业的专用性资产投入程度。现代科技的发展已远远超过阿尔钦或赫姆斯特姆的想象，并逐渐成为现代企业管理的必要手段和工具。因此，利用现代技术建立以集团公司为中心的财务协同控制平台，是发挥成员企业协同关系价值创造能动性和积极性的核心和关键。

（三）环境适应价值动因

由于科学技术的不断进步和经济的不断发展、全球化信息网络和全球化市场的形成以及技术变革的加速，需求的多样化和个性化使得市场竞争日趋激烈，这些都要求企业能对不断变化的市场做出快速反应，在极短的时间里，低成本地、高质量地开发出满足用户需求的、定制的“个性化产品”去占领市场、去赢得竞争。波特的五种竞争力量模型充分说明了行业内的竞争不仅来自竞争对手，还来自潜在竞争者、替代者、供应商和购买者。因此，面对多种竞争力量，单个企业由于受自身条件的限制，在激烈的竞争面前往往处于势单力薄的境况，甚至会因为对外部环境的适应能力下降而被淘汰出局。企业集团的形成在一定意义上是企业与激烈的竞争环境协同进化的结果，是企业主动适应环境的优化选择。它在一定程度上克服了单个企业的自身局限性，代之以联合的竞争力量，并通过对环境的适应来创造卓越的盈利能力。这种能力体现在通过财务战略来创造财务资源和财务能力，继而形成独特的财务竞争力。

集团公司与成员企业间是更为紧密的战略伙伴关系，其长期稳定的关系体现在通过内部的协同竞争力量来促使整个企业集团与环境的协同进化，表现为竞争力的提高和环境适应能力的增强。然而，企业集团的天然缺陷在于利益主体的多样化、法人经营的多元化和自身的非法人特征，这些特征要求以集团公司为核心层的控制能力增强，以保证成员企业在追求自身利益的同时，能够紧紧围绕企业集团的整体战略目标，当自身利益与企业集团利益发生冲突时，能够从大局出发自觉维护整体利益。然而，事实上，由于企业集团财务协同控制能力的下降，当企业集团内部利益冲突发生时，冲突主体因相互之间的分歧和对抗，往往无力关注企业集团的总体目标，结果使大量财力、物力及管理人员的精力和时间都耗费在冲突的处理上。这种内部利益冲突带来的成员企业之间工作上的掣肘和能量浪费使得企业集团应有的群体优势丧失，特别是当冲突双方处于不可调和的极端对立状态时，有效的组织协作就会遭到破坏，组织行为就会变得混乱，最终导致企业集团整体环境适应能力的下降。

环境适应是企业集团生存价值的根本体现，宏观上可表现为竞争能力的增强，微观上则表现为内部的协调配合。环境适应价值是企业集团协同发展的基本追求，然而由于内部利益冲突的存在，如果不进行必要的控制，这种价值会不断地遭到侵蚀和破坏，最终表现为对外部环境的不适应。财务协同控制是发挥企业集团财务的纽带作用，通过一定的技术手段消解冲突和降低风险，促进内部协调，增强竞争力，从而保障企业集团整体环境适应能力的提高。一方面，通过财务协同控制技术，能够及早地发现和处理冲突，将冲突消解于初始状态，从而保证企业集团整体竞争优势不受侵害。另一方面，通过财务协同控制手段，使成员企业统一于企业集团整体目标之中，形成集团合力，从而在激烈的竞争环境中立于不败之地。环境适应价值动因是通过财务协同控制所达到的价值效应动力和源泉，财务协同控制是环境适应价值的根本保障。

（四）企业集团财务协同控制的动因关联分析

从以上分析可知，财务协同控制的动因是实现企业集团长期价值的根本需要，是企业集团实施财务协同控制产生价值效应的动力来源，主要表现为协同经济价值动因、协同关系价值动因和环境适应价值动因三种形式。从财务协同控制动因的价值取向方面分析，协同经济价值动因决定了企业集团财务协同控制的经济价值，协同关系价值动因决定了企业集团财务协同控制的共赢价值，环境适应价值动因决定了企业集团的整体竞争优势价值。从财务协同控制动因的作用方式分析，协同经济价值动因直接作用和影响规模经济和范围经济的实现程度，协同关系价值动因直接作用和影响利益相关者的专用性资产投入和利益分配状况，环境适应价值动因直接作用和影响企业集团的风险控制能力与竞争能力。从财务协同控制动因的相互关系分析，协同经济价值动因是协同关系价值动因和环境适应价值动因的前提和基础，没有协同经济价值动因的驱动，协同关系价值动因和环境适应价值动因就会成为空中楼阁；协同关系价值动因是协同经济价值动因和环境适应价值动因的终极目标，它决定了企业集团的价值取向与归宿；环境适应价值动因是协同经济价值动因和协同关系价值动因得以长期维持的重要力量，它是影响企业集团系统鲁棒性①的重要因素。

协同经济价值动因、协同关系价值动因和环境适应价值动因是企业集团财务协同控制的重要驱动力量，三者是一个矛盾统一体，当三者力量均衡并处于联合互动时，企业集团财务协同控制的能力就加强；当一种价值动因处于绝对主导地位，另外两种价值动因表现不足时，企业集团财务协同控制的作用结果就有可能偏离方向。当环境适应价值动因处于绝对主导地位时，企业集团财务协同控制的价值目标就有可能因致力于提高系统鲁棒性而不同程度地放弃协同经济机会价值和协同关系机会价值；当协同关系价值动因处于绝对主导地位时，企业集团财务协同控制的价值目标就有可能因过多关注利益相关者的协调而弱化经济价值取向和环境适应价值取向；当协同经济价值动因处于绝对主导地位时，企业集团财务协同控制的价值目标就有可能因经济利益的驱逐而忽略利益相关者的利益均衡和环境适应能力的提高。因此，企业集团财务协同控制的价值效应产生需要三种动因的共同驱动，当三种动因之间力量均衡并相互加强时就会通过财务协同控制产生更大的价值效应。企业集团财务协同控制的动因关联分析如表3-2所示。

① 鲁棒性（Robustness）就是系统的健壮性、稳健性，用以表征控制系统对特性或参数摄动的不敏感性，它是在异常情况下系统生存的关键。在实际问题中，系统特性或参数的摄动是不可避免的，当系统中存在模型摄动或随机干扰等不确定性因素时能保持其满意功能品质的控制理论和方法称为鲁棒控制。

表 3-2 企业集团财务协同控制的动因关联分析

类型 关系	协同经济价值动因	协同关系价值动因	环境适应价值动因
财务协同控制的价值取向	决定财务协同控制的经济价值	决定财务协同控制的共赢价值	决定财务协同控制的整体竞争优势价值
财务协同控制的作用方式	影响规模经济和范围经济的实现程度	影响利益相关者的专用性资产投入和利益分配状况	影响企业集团的风险控制能力和竞争能力
财务协同控制的相互关系	是协同关系价值动因和环境适应价值动因的前提和基础	是协同经济价值动因和环境适应价值动因的终极目标	是协同经济价值动因和协同关系价值动因长期维持的重要力量
财务协同控制的联动机制	财务协同控制价值效应的驱动力量之一	财务协同控制价值效应的驱动力量之一	财务协同控制价值效应的驱动力量之一

三、企业集团财务协同控制的关键要素分析

企业集团财务协同控制是一项复杂的系统工程，需要考虑多种要素的复杂作用关系，这些要素从不同侧面影响着企业集团财务协同控制的效果和目标的实现程度。从协同竞争的角度分析，企业集团财务协同控制的要素来自协同和竞争两种力量。一方面，财务协同控制的要素是财务协同控制的基本单元和重要组成部分，它决定了企业集团的性质和结构。另一方面，财务协同控制的要素又是内部竞争的力量来源，它通过竞争优化与均衡协调机制规定了企业集团协同竞争演化的方向。考虑企业集团的组织特征，本书将财务协同控制的价值效应关键要素分为：关键战略协同控制要素（Key Strategy Cooperative Controlling Factors，KSCCF）、关键资源协同控制要素（Key Resource Cooperative Controlling Factors，KRCCF）和关键利益协同控制要素（Key Interest Cooperative Controlling Factors，KICCF），分别构成企业集团财务协同控制的方向层（Direction Layer）、能力层（Ability Layer）和支持层（Support Layer），三者的循环互动保证了企业集团的价值效应实现并不断推动企业集团竞争力的增强（见图 3-5）。

（一）关键战略协同控制要素

在军事上，战略是指导战争的方略，是驾驭战争的艺术。《中国大百科全书》对战略的定义是："战略是战争指导者为达成战争的政治目的，依据战争规律所制定和采取的准备和实施战争的方针、策略和方法。"美国战略管理学家小艾尔

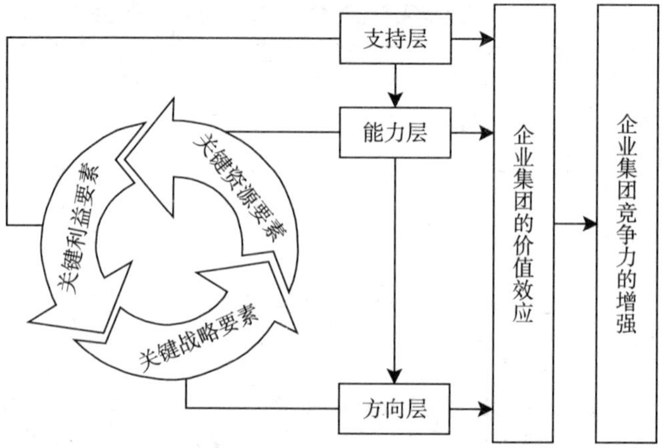

图 3-5　企业集团财务协同控制的关键要素作用关系

弗雷德·钱德勒（Alfred Chandler，1962）在其著作《战略与结构》一书中提出"结构追随战略"的观点，首次运用"战略"术语分析公司管理问题，开创了企业战略管理研究的序幕。安索夫（Ansoff，1965）在其著作《公司战略》一书中提出了协同战略的概念，大大促进了战略管理在企业中的应用。查瓦若瓦泽和洛伦茨（Chakravarthy 和 Lorangr，1991）在《战略管理过程：多企业合作框架》一书中把战略过程应当适应环境看作是战略管理的重要任务，通过培育战略思想和鼓励公司合作来提高共享能力，并以此巩固彼此的竞争地位。王琛和王效俐（2001）认为，在寻找协同机会时，要认真分析不同经营单元之间存在协同可能的因素，包括分析共享操作行为的可能性（共享是否发生在占用大量操作成本和资产的行为之间；通过共享是否能够降低总成本；共享是否能帮助企业产生与竞争对手的成本差异化）、共享技能要素的可能性（共享单元间是否存在战略的相似性；共享的技能是否发生在核心价值的增值行为中；共享带来的价值转换是否对接受单元来说有推动作用）。

企业集团战略是指导企业集团整体工作、决定企业集团生存与发展的方针、方式和计划，是通过一定的程序和技术，争取最优效率和效果的长远性、系统性和全局性谋划。企业集团战略管理一般包括以下三个过程：战略制定、战略实施和战略评价。战略制定是确立企业集团战略目标和组织使命的过程，主要通过企业集团的外部机会与威胁分析，内部优势与弱势分析，建立企业集团的发展方向，制定和选择特定的实施战略（包括企业集团的竞争战略、成长战略等）。战略实施是按照确定的战略方案采取行动，最终实现既定战略目标的过程（包括实施战略的主体、内容、方式、组织结构、资源配置以及文化保障等）。战略评价是重新审视战略执行的效率和效果，度量业绩，以便及时采取纠偏措施。因组织类型的特殊性，企业集团战略管理呈现出一般企业不具备的复杂性特征。企业集团战略管理的过程实质上是一个战略协同控制的过程，多种要素影响最终的战略执行效率和效果。企业集团关键战略协同控制要素主要包括：战略目标的明确性、战略行动的一致性、战略资源的互补性和战略风险的规避性。

1. 战略目标的明确性

企业集团的战略目标是通过协同战略的有效实施，实现集团经济效益的增长，从而在企业集团价值提升的基础上推进整体竞争力的增强，它是对企业集团战略经营活动预期取得主要成果的期望。企业集团战略目标的明确设定，是企业集团宗旨的展开和具体化，是对企业集团的经营目标、组织使命的进一步阐释和界定，也是企业集团带领成员企业在既定的战略经营领域展开经营活动所要达到期望水平的具体规定。战略目标应明确提高生产力目标、市场竞争目标、技术发展目标、经济利益目标、财务管理目标和人力资源目标等。战略目标的明确性是提高战略目标引导能力的核心和关键，因此必然是企业集团财务协同控制的重要内容。

2. 战略行动的一致性

"战略—行动—绩效—价值"是企业集团实现经营目标的跨越式模式，是通过协同控制所达到的战略协同价值效应实现过程。企业集团战略实施的主体是集团公司和成员企业，由于战略的实施意味着理念创新和制度变迁，在保障企业集团整体利益的前提下，必然会影响部分成员企业的暂时利益，出于自我保护的需要，这些成员企业就有可能成为企业集团战略执行上的制约，导致战略行动与目标的暂时偏离，这必然会对战略行动的一致性产生阻力，影响企业集团战略执行的绩效，进而导致企业集团价值的损失。战略行动的一致性是形成企业集团战略行动统一能力的基础，企业集团必须强化战略的协同控制能力，及时进行战略分析与评价，化解矛盾与冲突，并采取纠偏措施使战略行动保持高度的一致性。

3. 战略资源的互补性

战略资源是指企业集团用于战略行动的人力、财力、物力及市场等资源的总和。迈克尔·波特的钻石模型理论指出，决定产业竞争力的因素有四个：生产要素；需求条件；相关和支持产业；企业的战略、结构、同业竞争。这四个要素具有双向特性，形成钻石体系，政府和机遇是影响这些因素的两大变数，用数学模型表达为：$C=A\cdot f(P, N, I, S)$。式中：C 代表企业竞争力；P 代表生产要素；N 代表市场需求；I 代表相关产业集聚效应；S 代表企业战略与组织结构；A 代表科技创新机遇。对于企业集团来说，钻石模型理论提出的四要素与两大变数都是其战略资源的重要组成部分，它们的互补性作用推动了企业集团竞争力的提升。战略资源的互补性是企业集团战略资源保障能力的基础。

4. 战略风险的规避性

由于环境的多变性，企业集团在战略执行的过程中面临各种各样的风险，这些风险必然会对企业集团系统的鲁棒性产生影响，因此，如何进行战略风险规避已经成为重要的研究课题。战略风险是企业集团战略执行结果的偏离，是一种损失的不确定，对企业集团发展战略目标、资源、核心竞争力、经济效益均能产生重要影响。罗伯特·西蒙斯（Robert Simons，1995）将战略风险的来源和构成分成四个部分：运营风险；资产损伤风险；竞争风险；商誉风险。战略风险的规避是应对企业集团外部环境变化的需要，是进行资本经营的需要，也是企业集团实现可持续发展的需要。战略风险的规避性是企业集团战略风险控制能力的根本体现，可采取相应的技术与方法。

（二）关键资源协同控制要素

瑞典经济学家赫克歇尔和俄林（Eli Heckscher 和 Bertil Ohlin）为了解释李嘉图（David Ricardo）的比较优势理论，在 20 世纪早期，提出了资源禀赋学说，用来说明各国生产参与国际贸易交换的商品具有比较成本优势的原因，并在 1933 年出版的《区域贸易和国际贸易》一书中系统地提出了要素禀赋理论（H-O 理论）。俄林认为，劳动、资本、土地、技术等生产要素是影响产品成本的关键因素。资本充裕的国家在资本密集型商品上具有相对优势，劳动力充裕的国家在劳动力密集型商品上具有相对优势，一个国家在进行国际贸易时出口密集使用其相对充裕和便宜的生产要素的商品，而进口密集使用其相对缺乏和昂贵的生产要素的商品。波特在钻石模型理论中，将生产要素划分为初级生产要素和高级生产要素，初级生产要素是指天然资源、气候、地理位置、非技术工人、资金等，高级生产要素则是指现代通信、信息、交通等基础设施，受过高等教育的人力、研究机构等。波特认为，初级生产要素重要性越来越低，高级生产要素的重要性是毋庸置疑的。因此，对于企业资源配置来讲，高级生产要素往往起决定性作用，而低级生产要素是必要条件。

企业集团是人力资源、天然资源、知识资源、资本资源和基础设施的融合体，投入、运营与产出是其存在价值的最大体现，然而，由于资源的稀缺性、能力的有限性、未来的不确定性和管理的差异性，资源配置低效或失效往往成为企业集团经营失败的根源。经济的周期性波动和内部资源协同控制的低效率势必引起企业集团的经营波动、投资波动和筹资波动，从而带来各种各样的财务风险。因此，企业集团财务资源配置的效率是其持久竞争能力的综合表现，它要求企业集团具有强有力的适应能力和创新能力。关键资源协同控制要素能够影响和制约企业集团的综合竞争能力，主要包括生产资源、技术资源、关系资源和信息资源。

1. 生产资源

经济问题本质上是一个资源配置的问题，不同的经济类别意味着不同的资源配置方式。从企业集团的角度看，生产资源主要包括：生产资料、人力资本和资金。在市场经济条件下，企业集团的生产资源除了特殊情况下通过政府安排和社会关系途径获得外，基本上都是通过市场交换的方式取得。同时，生产资源的合理使用是企业集团价值创造能力的根本体现。而生产资源取得时的交易成本和使用时的配置问题，不可避免地影响着企业集团正常的经营活动。生产资源协同控制，是站在企业集团的高度对资源的统一筹划，以降低企业集团生产资源获取成本和提高使用效率为目的，以企业集团价值最大化为终极目标的管理方式。因此，强调生产资源的协同控制是企业集团发展的需要。

2. 技术资源

技术资源是自然科学知识在生产过程中的应用，是改造客观世界的方法、手段，是直接的生产力，它的最直接表现就是能够推动生产工具的改进。对于企业集团来说，技术资源包括两个方面：与解决实际问题有关的软件方面的知识（即Know-how）；为解决这些实际问题而使用的设备、工具等硬件方面的知识（即Use-what）。随着科学技术的发展，技术资源对企业集团的经济增长明显呈现边际贡献递增现象。然而，技术资源的管理问题已经成为影响企业集团竞争力的重要力量。由于技术资源的使用不当而带来的资源浪费，往往成为企业集团丧失成本优势的关键。同样，由于技术资源的流失而导致的比较竞争优势下降，也必然成为企业集团核心竞争力丧失的根源。因此，对技术资源的协同控制是企业集团提高和保持竞争力的关键。

3. 关系资源

关系资源是企业集团拥有的，或者是对企业集团运行和发展有直接或间接影响的各种要素，这些要素既是企业集团运行和发展所必需的资源，又是能够通过管理活动进行配置整合，为企业集团及其成员企业带来利益的基本条件。关系资源是组织资源的重要组成部分，它决定了企业集团的舆论状态和形象状态，是构成企业集团的重要无形资源。企业集团通过利益整合、文化整合、组织机制整合、知识与能力整合，能够实现内部关系资源的优化配置，并通过外部网络关系整合，实现外部关系资源的优化配置，继而将关系资源转化为关系资本，促进企业集团内外关系的协同，增强企业集团的价值创造能力。因此，强调关系资源的协同控制，是企业集团价值效应实现的重要条件。

4. 信息资源

信息资源是企业集团生产及管理过程中所涉及的一切文件、资料、图表和数据等信息的总称，具有价值性、流动性、无限性、再生性、共享性等特点。它涉及企业集团生产和经营活动过程中所产生、获取、处理、存储、传输和使用的一切信息资源，贯穿于企业集团管理的全过程。从财务角度分析，财务信息资源具有很强的目标导向性，不仅是企业集团正确决策的决定因素，而且是企业集团财务活动的基础。正确及时的财务信息资源优化配置，能够促进企业集团的经营管理，推动企业集团的整体价值创造能力。因此，建立有效的企业集团财务信息管理系统（如 ERP、CRM），是推进企业集团现代化管理步伐的重要力量，是价值效应实现的核心要务。

（三）关键利益协同控制要素

波特指出，相关和支持性产业与优势产业是一种休戚与共的关系，因此应特别注意产业集群现象。相似地，企业集团也是一种具有竞争与合作关系的企业组合，既具有集群的一般特征又具有特殊性。企业集团的正面作用主要有：提高了整体应对风险能力；促进了企业间的合作与资源共享；降低了交易成本，提高了创新能力。但同时企业集团也会带来负面效应，主要表现在：集团内企业的利益冲突不可避免地带来风险；集团内的价值关系处理不当必然影响正常的经营活动；集团内成员企业为了自己的利益可能会损害其他企业的利益。因此，要充分发挥企业集团的正面作用，必须对其负面作用进行全面分析和研究，提高整体应对风险的能力，使企业集团与利益相关者达到协同，从而实现多方共赢。同时，游离于集团之外的股东、供应商、顾客、债权人，甚至与企业集团有战略伙伴关系的利益组织也是企业集团价值链中不可或缺的组成部分，其关系价值同样对企业集团的生产经营产生重大影响。经营者和员工的道德风险和逆向选择风险也直接或间接地影响企业集团的经营效果。

利益相关者财务理论认为，利益相关者是所有那些在企业真正有某种形式的投资并且处于风险之中的人，包括股东、经营者、员工、债权人、顾客、供应商、竞争者和国家等。利益相关者要求对企业拥有剩余价值索取权和剩余价值控制权。然而，由于契约的不完备性，利益相关者在追求自身利益最大化的同时，可能出于自身的保护性需要，而影响其他利益主体的利益，导致合约破坏，引起价值链断裂。同时，利益相关者的要求权是维护自身利益的根本，要求权得不到有效保护，势必造成利益相关者专用性资产的投入降低，从而给企业集团带来风险。因此，关键利益协同控制要素对企业集团的健康发展具有重要影响作用，主要包括财权配置、利益冲突、收益分配和价值增值。

1. 财权配置

李心合等（2005）认为，财权是公司获取、控制和运作财务资源的权利，包括三方面内容：获取行动所需要的财务资源权力；控制、使用和处置所占有的财务资源权力；凭借对财务资源的控制和使用而分享收益的权力。财权配置问题是企业集团财务治理的核心，其目标是通过有效的制度安排，使利益相关者分享财务决策权、财务监督权，调整利益相关者在财务治理中的地位，并通过共同分享的财权安排，促进信息交流，降低信息不对称程度，保护利益相关者的权益。对财权配置的协同控制，是促进企业集团价值创造和价值增值的重要内容。企业集团通过财权的有效配置，可以协调利益主体的关系，促进信任与合作，从而抵制机会主义行为，降低交易成本，保障整体价值创造能力的发挥。

2. 利益冲突

马克思认为，社会主体维持自身的生存和发展，只有通过对社会劳动产品的占有和享有才能实现，社会主体与社会产品之间的对立统一关系就是利益。而利益冲突则是由于这种对立统一关系遭到不同程度的破坏而产生。企业集团是一个合约缔结体，资产和契约是其基本联结纽带，代理成本和集体决策成本是利益冲突中的基本成本表现。从一定意义上讲，合约的不完全性为利益冲突提供了存在空间，利益冲突导致了代理成本的发生，而集体决策成本则是为协调利益冲突而发生的成本。企业集团利益冲突的财务协同控制，是通过财务的合理运作，建立有效的激励补偿机制和信息机制，采取必要的冲突消解策略，降低代理成本和集体决策成本来实现的。

3. 收益分配

收益分配是企业集团财务循环的最后一个环节，主要包括留存收益和分配股息两个方面。留存收益是从实现的利润中提取或留存于企业集团的内部积累，它来源于企业集团通过生产经营活动所实现的净利润，包括盈余公积和未分配利润两个部分，主要用于扩大企业集团的未来投资规模。分配股息是股东财产扩大的要求，是实现剩余索取权的根本体现。留存收益和分配股息是一个矛盾统一体，一方面，要实现利益相关者的剩余索取权必须通过分配股息的方式进行收益分配，这必然会减少留存收益，从而影响内生资金的积累；另一方面，留存收益是企业集团扩大盈利能力的需要，虽然暂时降低了利益相关者的收益，但增大了未来股息分配的能力。由于收益分配的不合理，会给企业集团带来收益分配上的风险，因此，必须进行收益分配的财务协同控制。

4. 价值增值

价值增值是企业发展的基本目标，也是利益相关者实现资本最大化的根本体现。企业集团的价值增值表现在集团公司、成员企业以及其他利益相关者的价值期望，这是一个循环上升的过程，也是企业集团得以维持和发展的基本动力。从企业集团整体来讲，实现价值增值能够产生更大的竞争优势，并为未来的发展赢得空间。从集团公司和成员企业来讲，实现价值增值是经济利益的需要，也是自身发展的需要。从其他利益相关者来讲，价值增值是一种收获也是一种满足。企业集团的价值增值取决于未来现金流量和资产溢价。影响企业集团价值增值的主要因素有公司战略、经营环境、技术进步、公司理财、公司治理和信息系统。因此，价值增值的财务协同控制，是企业集团协同各要素创造价值的过程，也是实现利益相关者价值期望的过程。

表 3-3　企业集团财务协同控制的关键要素

类型 序号	KSCCF （关键战略协同控制要素）	KRCCF （关键资源协同控制要素）	KICCF （关键利益协同控制要素）
1	战略目标的明确性	生产资源	财权配置
2	战略行动的一致性	技术资源	利益冲突
3	战略资源的互补性	关系资源	收益分配
4	战略风险的规避性	信息资源	价值增值

四、企业集团财务协同控制的能力空间

协同竞争是自然界的普遍现象，也是现代企业集团生存与发展的动力源泉。财务协同控制是企业集团发挥整体优势的内生力量，也是参与市场竞争和实现战略目标的必然要求。企业集团通过财务协同控制，能够达到战略的趋同、资源的优化和关系的协调，从而推动企业的价值创造。财务协同控制的效率和效果则是由财务协同控制能力决定的。正是由于企业集团财务协同控制的能力差异，才导致了企业集团竞争优势的差异。因此，分析和研究企业集团财务协同控制的能力空间，是探索企业集团协同管理规律、发挥财务协同控制作用的基础，是解决企业集团问题的关键。

（一）企业集团财务协同控制的能力形成

能力论认为企业的竞争力是一个能力系统，积累、保持和运用能力开拓产品和市场是企业长期竞争优势的决定性因素，能力储备决定企业的经营范围，能力的差异是企业持久竞争优势的源泉。自 1776 年亚当·斯密在《国富论》一书中提出劳动分工的概念以来，关于企业的能力本质研究日渐盛行，逐渐形成了具有代表性的能力理论流派。企业能力理论经历了一个从资源基础论（Penrose，1959；Wernerfelt，1984；Dierickx 和 Cool，1989；Peteraf，1993；Collins 和 Montgomery，

1995）到核心能力论（Prahalad 和 Harmal，1990；Barton，1992；Foss，1992），再到知识基础论（Barney，1991；Zoll 和 Winter，2002）和动态能力论（Teece、Pisano 和 Shuen，1997；Zott，2002）演进的逻辑发展过程，主要包括四大流派，即资源基础论、核心能力论、知识基础论和动态能力论。资源基础论的主要代表是潘罗斯（Penrose，1959）的企业内在成长论，沃纳菲尔特（Wernerfelt，1984）的企业资源学说，主要观点是认为竞争力就是企业具有的价值性、稀缺性、不可复制性的特殊资源以及以低于价值的价格获取资源的优势。核心能力论的主要代表是普拉哈拉德和哈默（Prahalad 和 Harmal，1990），他们发表的《企业核心能力》一文，掀起了核心能力研究的热潮。主要观点是，企业依靠异质性资源（包括知识、技术、财务等），来形成独特的能力（具有价值性、稀缺性、难模仿性等特点），并利用这些资源和能力的独特协同方式创造企业的竞争优势。知识基础论的主要代表是 Zollo 和 Winter（2002），他们从组织知识演化的角度探讨了组织知识的学习机制，提出了“企业能力产生于隐性经验的积累、显性知识的明确化和知识编码活动的协同进化”的观点。动态能力论的主要代表是 Teece、Pisano 和 Shuen（1997）。他们认为，动态能力是指企业整合、建立、重构内外部能力后所形成的能适应快速变化的外部环境的能力，是保持和改变企业竞争优势的基础。周城（2008）认为，企业的能力蕴涵于系统运行的过程中，决定了企业的自身价值和社会价值，主要包括：能够获取和利用特定资源来产生满足目标群体需求的“产品开发能力”；能够应对市场和环境的动态挑战并不断革新的“企业创新能力”；能够充分利用和协调各种资源产生效益的“价值整合能力”。

通过以上分析可知，企业能力包含多个方面，是在物质资源、知识资源、财务资源等基础上，通过协同演化方式形成的适应环境、配置资源的动态创新机制，是企业实现自身价值的资源优化组合方式，是知识学习与组织重构的宏观表现形式。企业集团财务协同控制能力是指在财务协同控制过程中形成的、表征系统宏观整体模式、实现相关能力耦合及由此决定系统有序化的整体功能。它的作用在于：能够决定和影响企业集团的整体财务竞争力；能够代表和反映企业集团的整体价值创造水平；能够影响和制约企业集团资源配置的效率和效果；能够显示和表征企业集团的整体实力。财务协同控制能力是企业集团管理能力的一种表现方式，它决定了企业集团的战略执行力、资源优化配置力和利益关系协调力。企业集团财务协同控制能力是财务协同控制各要素相互作用的结果，是企业集团系统与环境协同进化的表现方式，它不是企业集团的局部能力，而是推动企业集团总体发展模式的全局变量。财务协同控制能力可以在任何有一定基础的企业集团中形成，然而它并不是企业集团在一开始就能够具备的，它的形成标志是：①企业集团各子系统能够按照既定的惯例[①]协同运作。②财务协同控制各要素的协同能够通过自组织的方式得以实现，无须外部力量的干预。③财务协同控制系统的稳定性和机制灵活性，能够保证企业集团在内外部环境的变动中赢得持续的竞争优势。

（二）企业集团财务协同控制的能力空间模型

企业集团价值效应是财务协同控制能力的宏观表现形式，而财务协同控制能力是一个多维空间体系。企业集团财务协同控制能力构成是指企业集团财务协同控制系统的基本能力组成部分。按照财务协同控制的对象划分，企业集团财务协同控制能力可分为：财务环境适应能力、财务资源配置能力和财务利益均衡能力。按照财务协同控制的作用方式划分，企业集团财务协同控制能力可分为：财务风险控制能力；成本收益控制能力；利益冲突消解能力。按照财务协同控制的作用结果划分，企业集团财务协同控制能力可分为：信息共享能力；价值创造能力；持续竞争能力。根据研究目标，本书将企业集团财务协同控制能力划分为：财务环境适应能力、财务资源配置能力和财务利益均衡能力。财务环境适应能力是企业集团通过财务协同控制方式，所表现出的应对环境威胁，发现市场机会，从而有效发挥整体功能的协同创新方式。企业集团通过财务环境适应能力的发挥，能够有效保障系统的鲁棒性。财务资源配置能力是企业集团通过财务协同控制，所表现出的资源优化配置实现方式。企业集团通过财务资源配置能力的发挥，能够保障系统的价值创造。财务利益均衡能力是企业集团通过财务协同控制方式，所表现出的关系协调方式。企业集团通过财务利益均衡能力的发挥，能够有效保障系统的利益相关者专用性资产的投入，从而能够实现多方共赢的目标。

企业集团财务协同控制的能力空间是指由构成企业集团财务协同控制的基本能力子系统及其组合联结方式形成的空间系统。财务环境适应能力、财务资源配置能力和财务利益均衡能力是企业集团财务协同控制的基本能力子系统，三者形成企业集团财务协同控制能力空间的三个维度。企业集团财务协同控制的能力空间可用图 3-6 的模型表示。企业集团财务协同控制的整体能力可表示为由

---

① Nelson 和 Winter 认为，惯例是组织成员在行动过程中为了减少冲突，高效完成任务而达成的“组织休战”，是企业组织中产品、技巧以及知识保持、传递和延续的一种系统实体。王核成和卢林钢认为，惯例是组织成员在执行任务过程中的试错性学习、经验的积累以及对过去行为选择和保留之后逐渐形成的行为习惯和模式，它镶嵌于各种组织现象中，涵盖了企业的组织结构、规则、过程、传统、技术、战略甚至企业文化等诸多方面，组织在惯例的基础上得以运营。在内涵上，惯例的形成使关于组织流程和任务执行的某种必然的因果联系的知识、组织的经验、多个行为主体之间的关系内容等各方面的知识逐步内隐化，这种隐性知识是各组织之间形成惯例差异的本质。

ABCDEFGH 构成的立方体体积。假定企业集团财务协同控制的能力指数为 F_C，财务环境适应能力、财务资源配置能力和财务利益均衡能力指数分别为 a、b、c，则企业集团财务协同控制的能力数学模型可表达为：$F_C = a \cdot b \cdot c$。

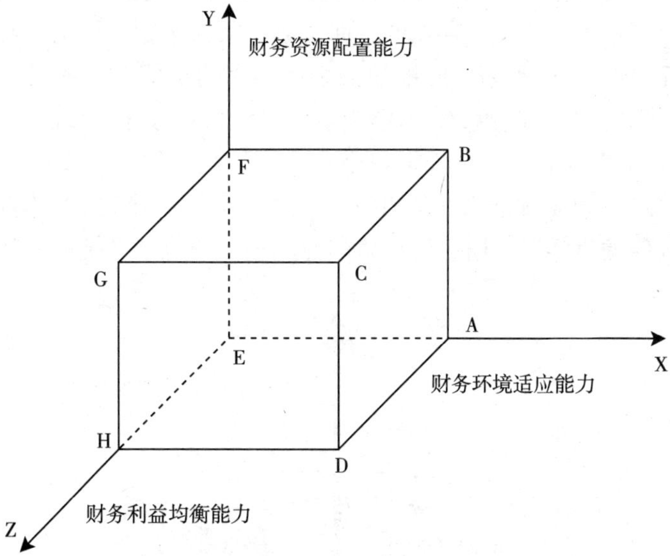

图 3-6 企业集团财务协同控制的能力空间模型

五、企业集团财务协同控制的系统作用关系

企业集团财务协同控制系统是由若干子系统组成的联合整体，它们的互动关系促成了系统的良性运行和协调发展。本节主要探讨企业集团财务协同控制系统的层次结构以及协同耦合关系。

（一）企业集团财务协同控制系统的层次结构

协同理论认为，任何系统中，各子系统之间均靠有调节、有目的的“自组织”过程，使千差万别的子系统协同作用，并产生新的稳定有序结构。哈肯在激光系统的研究中发现，无论是平衡相变还是非平衡相变，系统在相变前之所以处于无序状态，主要是由于组成系统的大量子系统没有形成合作关系，自行其是、杂乱无章，不可能产生整体的新质；而一旦系统被拖到相变点，这些子系统仿佛得到某种“精灵”的指导，迅速建立起合作关系，以很有组织的方式协同行动，从而导致系统宏观性质的突变。

企业集团财务协同控制系统本身就是由多个子系统构成，具有非线性、动态性和价值性等特征的复杂系统。从协同学的角度分析，该系统可概括为三个子系统，即财务战略协同控制子系统、财务资源协同控制子系统和财务关系协同控制子系统。三个子系统不是孤立存在的，而是相互联系、相互作用的有机整体。一方面，三者的协同互动作用共同推动了企业集团的价值效应提升（见图 3–7）。另一方面，从财务协同控制系统层次结构（见图 3–8）分析，财务战略协同控制子系统位于系统的最上层，它规定着企业集团的组织使命、发展方向和发展目标，是集团公司协调成员企业资源和关系从而达到良性循环的总体价值指向，是财务管理与控制的目标层。财务资源协同控制子系统位于系统的中间层，是打破

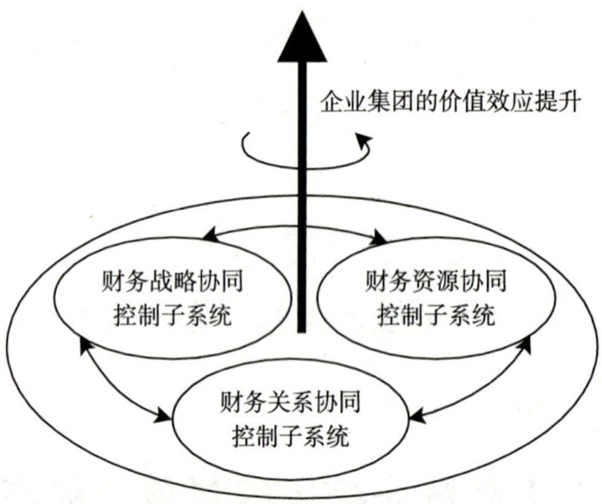

图 3–7　企业集团财务协同控制的系统互动关系

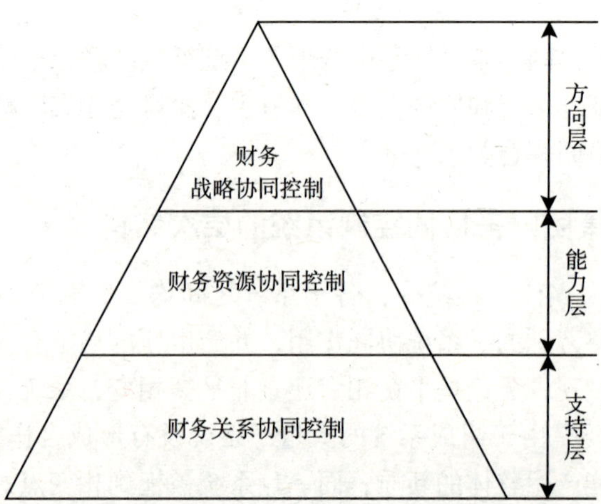

图 3–8　企业集团财务协同控制的系统层次结构

企业异质性差异、发挥集团互补优势、促进资源优化配置的动力保障，是价值创造与能力提升的源泉，是实现企业集团经营目标的运作层。财务关系协同控制子系统位于系统的最低层，是企业集团消解冲突、降低内耗、发挥多方能动性的前提，是维系集团关系的纽带，是财务协同控制系统的基础层。

（二）企业集团财务协同控制的系统协同关系

1. 企业集团财务战略协同控制子系统

企业集团是依靠资产和契约为主要纽带联结在一起的多企业联合体，包括核心层、紧密层、松散层等多层组织结构，这种复杂的组织关系要求集团公司与成员企业必须保持战略发展的协同性和一致性，从而提高企业集团整体战略执行力。财务战略协同控制就是企业集团在激烈变化的竞争环境中，通过战略的导向作用，发挥集团成员的技术优势、成本优势、资金优势和价值创造优势，保障持续通畅的现金流和价值流，以适应经营环境的变化，并获得长期和持久的竞争优势。首先，协同战略是实现企业集团财务战略协同的关键和基础。安索夫指出，协同战略就是企业如何通过识别自身能力与机遇的匹配关系来成功地拓展新的事业达到企业整体价值有可能大于各部分价值总和的企业战略。巴泽尔认为，协同战略就是能使相对于各独立组成部分进行简单汇总而形成的业务表现而言的企业群整体业务表现的一种企业战略。坎特认为，协同战略就是为获取协同效益而实施的一种企业战略。李宏贵（2007）认为，协同战略包括四个维度：竞争合作性；共生共赢性；动态适应性和系统全局性。其次，完善的法人治理结构是实现财务战略协同的组织保障。钱德勒指出，组织结构追随战略。就是说战略的实施必须有有效的组织治理结构给予保障。企业集团是多法人联合体，法人治理是财权配置有效性的前提，是发挥"激励兼容"功效的基本保障。最后，财务战略协同控制必须强调整体适应性、资源互补性和利益共享性，使集团成员在发挥战略柔性作用的基础上，能够最大限度地利用财务资源，将自身价值与企业集团长期价值有机地结合起来。

2. 企业集团财务资源协同控制子系统

狭义的财务资源仅指企业的物质资源，广义的财务资源则应包括生产资源、技术资源、组织资源和信息资源等在内的可为企业支配的一切资源。资源禀赋理论认为资本充裕的国家在资本密集型商品上具有相对优势，劳动力充裕的国家在劳动力密集型商品上具有相对优势。其观点引申到企业，就是说拥有什么样的资源就拥有了什么样的相对优势。规模经济理论指出，企业规模经济除了受资源条件制约外，还受企业的管理能力、财务能力和市场容量的制约。波特认为高级生产要素是企业资源配置的决定力量，低级生产要素是必要条件。由此可见，资源是企业生存与发展的基础，财务资源协同控制是企业价值创造的源泉。所谓财务资源协同控制就是指企业集团在获取和利用资源进行价值创造过程中的财务保障能力，是资源在集团内部利用效率和效益的综合反映，它可表现为企业集团可持续的筹资能力、可持续的营运能力、整体资产可持续盈利能力及优化资本结构等，包括生产资源协同控制、技术资源协同控制、组织资源协同控制和信息资源协同控制。生产资源协同控制主要是指企业集团用于生产的资源的匹配性和互补性，以及这些资源能否成为企业集团规模经济和范围经济的有效支撑。技术资源协同控制主要是指企业集团的智力资本价值创造能力能否成为技术创新的源泉，以及因技术创新带来的产品差异化和成本节约程度。组织资源协同控制主要是指企业集团先进的组织管理流程与方法，表现为集团组织运作效率和效果。信息资源协同控制主要是指企业集团内部信息资源的共享程度，表现为信息的流畅性、信息的真实性、沟通的有效性等。

3. 企业集团财务关系协同控制子系统

企业集团是一个多关系、多利益的契约集合体，复杂的层级关系构成了其基本组织构架，多维的利益组合形成了其基本的价值平台。利益相关者理论认为，利益相关者与企业是利益共同体的关系，这种关系主要体现在两个方面：一是利益相关者为企业投入了专用性资产，必然要求从剩余价值中索取相应的收益；二是利益相关者投入的专用性资产可能处于风险中，利益相关者必须保留对企业的必要控制权。对企业集团来说，如何协调利益相关者的利益关系和权力关系已经成为财务管理的重要内容。因此，权力分配和利益均衡是企业集团财务关系协同控制的核心。财务关系协同控制是企业集团在与利益相关者的交互过程中，所表现出的关系价值协同控制能力，是企业集团与成员企业、股东、债权人、顾客、供应商、政府等利益相关者的价值投入与剩余索取期望均衡能力。对于内部利益相关者来说，合理进行财权配置、盈余分配，建立互惠互利的信任关系和解决利益冲突机制，是实现财务关系协同控制的关键。财权配置是公司财务治理的核心，它的目的是提高和调整利益相关者在财务治理中的地位，提高管理效率，促进价值创造和价值增值。盈余分配是满足各利益主体追求价值增值的需要，合理的分配模式是平衡企业集团剩余控制关系的前提。信任关系是维系企业集团存在的基本条件，而这种关系的有效性主要体现在信息的完备程度，快速真实的信息反馈机制构成了信任关系运作的基础。利益冲突是企业集团财务关系协同控制过程中的最基本表现形式，解决的关键是建立有效的冲突消解策略。对于外部利益相关者来说，实现供应链协同控制、资金链协同控制和税收协同控制已经成为企业集团财务关系协同控制的重要内容。

（三）企业集团财务协同控制的系统耦合关系

企业集团财务协同控制是一个复杂的空间系统，它的三个关键子系统在空间上具有耦合关系。当三者耦合一致并处于良性互动的状态时，系统表现为正涌现，企业集团的价值效应就增强；当三者孤立失调并彼此抵消时，系统表现为负涌现，企业集团的价值效应就减弱。企业集团财务协同控制系统耦合关系如图 3-9 所示。

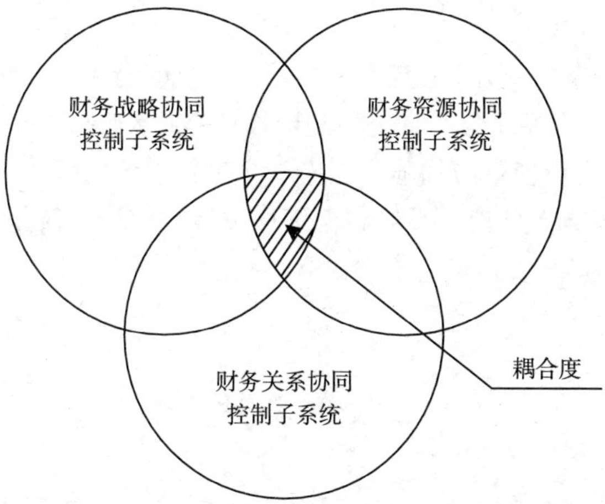

图 3-9　企业集团财务协同控制的系统耦合关系

耦合度是对多子系统协同能力的数学描述，耦合度分析方法是通过计算和分析系统的耦合度，来评价系统的有序度和未来发展能力的方法。为了更好地描述企业集团财务协同控制子系统之间的耦合关系，本书采用功效函数、耦合度函数来建立协同耦合的数学模型。

设变量 u_i（$i=1, 2, 3$）是企业集团财务协同控制空间系统的序参量，u_{ij} 为第 i 个序参量的第 j 个指标，其值为 x_{ij}。max_{ij}、min_{ij} 分别是系统稳定临界点处的上序参量和下序参量。则企业集团财务协同控制系统有序的功效函数可表示为：

$$u_{ij}=\begin{cases}\dfrac{x_{ij}-min_{ij}}{max_{ij}-min_{ij}} & u_{ij}\text{具有正功效}\\[2ex] \dfrac{max_{ij}-x_{ij}}{max_{ij}-min_{ij}} & u_{ij}\text{具有负功效}\end{cases} \tag{3-2}$$

式中：$u_{ij}\in[0, 1]$，u_{ij} 为变量 x_{ij} 对系统的功效贡献大小，反映了各指标达到目标的满意程度，u_{ij} 趋近 0 表示功效最差，u_{ij} 趋近 1 表示功效最优。

多维空间系统的耦合度函数可表达为：

$$C_n = 2\left(\frac{\prod_{i=1}^{n} u_i}{\prod(u_i + u_j)}\right)^{1/n} \tag{3-3}$$

假定 u_1、u_2、u_3 分别表示三个子系统的价值效应测度指数，则企业集团财务协同控制空间系统的耦合度函数可表达为：

$$C_3 = 2\left(\frac{\prod_{i=1}^{n} u_i}{\prod(u_i + u_j)}\right)^{1/3} \tag{3-4}$$

$C_3 \in [0, 1]$，当 $u_1 = u_2 = u_3$ 且 $C_3 = 1$ 时，耦合度最大，系统之间或系统内部要素之间达到良性共振耦合，系统将趋向新的有序结构（整个系统实现良性涌现），即企业集团的价值效应加强；当 $C_3 = 0$ 时，耦合度极小，系统之间或系统内部要素之间处于无关状态，系统将向无序发展（整个系统呈现负涌现），即企业集团的价值效应减弱。

本章小结

本章从企业集团财务协同控制的必要性以及与价值效应的关系分析入手，探讨了企业集团财务协同控制的动因、关键要素、能力空间，分析了系统的层次结构和作用关系，为全面把握企业集团财务协同控制机理奠定了基础。主要内容包括：①分析了企业集团财务协同控制的必要性，探讨了财务协同控制与价值效应的关系，建立了控制力度与价值效应的关系模型。②建立了企业集团财务协同控制的动因分析模型，分析了企业集团财务协同控制的动因，主要包括：协同经济价值动因；协同关系价值动因；环境适应价值动因。③分析了企业集团财务协同控制的关键要素，主要包括关键战略协同控制要素（KSCCF）；关键资源协同控制要素（KRCCF）；关键利益协同控制要素（KICCF）。④进行了企业集团财务协同控制的能力形成分析，建立了企业集团财务协同控制的能力空间模型。⑤探讨了企业集团财务协同控制的系统层次结构与作用关系，建立了企业集团财务协同控制的系统耦合度定量测度模型。

第四章　企业集团财务协同控制的价值效应模型

企业集团财务协同控制的价值效应是一个复杂性系统工程，决定其有序化的关键子系统间存在着复杂的相关关系，这种关系影响着企业集团财务协同控制价值效应的实现。构建和研究企业集团财务协同控制的价值效应模型是对企业集团财务协同控制系统的深入探索，是企业集团财务协同管理和实现价值效应的根本需要。本章结合问卷调查，采用结构方程模型①（Structural Equation Modeling，SEM）的方法对企业集团财务协同控制的价值效应模型进行验证性因子分析。本章的逻辑框架如图 4–1 所示。

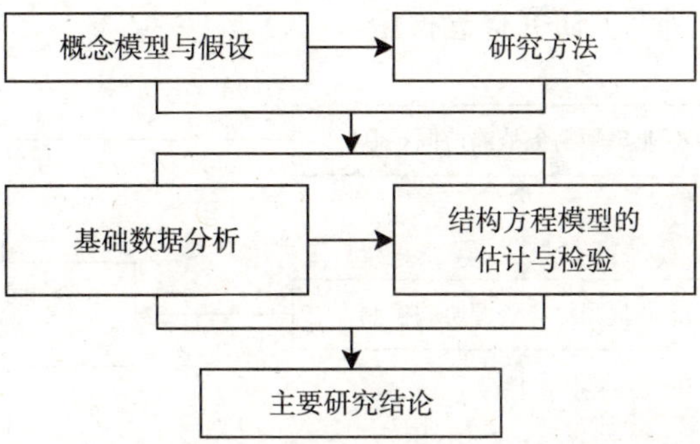

图 4–1　企业集团财务协同控制的价值效应模型研究逻辑框架

① 结构方程模型是一种建立、估计和检验因果关系模型的分析方法，用以验证理论模型或假设模型适切性与否的统计技术。它通常包括三个方程：$X = \Lambda_x\xi + \delta$，$Y = \Lambda_y\eta + \varepsilon$ 和 $\eta = B\eta + \Gamma\xi + \zeta$，式中：X、Y 分别为外生指标和内生指标，$\xi$ 和 η 分别为外生潜变量和内生潜变量，Λ_x 和 Λ_y 分别为外生因子负荷矩阵和内生因子负荷矩阵，B 和 Γ 为系数矩阵，ε、δ 和 ζ 为误差项或残差。SEM 分析的核心概念是变量的协方差，在对整体模型的适配度检验上，主要检验总体的协方差矩阵 $\sum$ 与假设模型隐含的变量协方差矩阵 $\sum(\theta)$ 的差异程度，其虚无假设为 $\sum = \sum(\theta)$。

一、概念模型与假设

（一）企业集团财务协同控制的价值效应概念模型

企业集团财务协同控制的目的是为了促进价值创造，保障价值效应的实现。财务战略、财务资源和财务关系是财务协同控制的三个关键变量，是决定企业集团价值效应系统有序化的序参量，理论上应与企业集团的价值效应存在相关关系，并以促进和保障企业集团价值效应的实现为目标。同时，财务战略协同控制的目的是协调财务关系和推进财务资源的有效利用，它是财务资源协同控制和财务关系协同控制的价值目标导向；而财务资源协同控制和财务关系协同控制又是互为条件的关联子系统，财务资源协同控制以财务关系协同控制为保障，财务关系协同控制又以财务资源协同控制为前提，二者最终又都是为了促进财务战略协同控制的效率和效果，三者之间必然存在相互影响、相互作用的关系。基于此，本书建立如图 4-2 所示的研究概念模型。

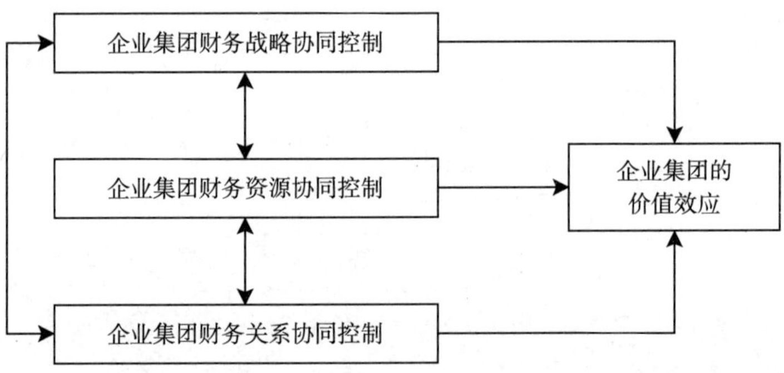

图 4-2　企业集团财务协同控制的价值效应概念模型

该概念模型中包含四个潜变量,[①] 六条关联路径（图中：单向箭头表示变量间的因果关系，双向箭头表示变量间的共变关系）。其中，企业集团财务战略协

① 在结构方程模型中包括两种主要变量：潜变量（Latent Variable）和显变量（Manifest Variable）。潜变量是实际工作中无法直接测量到的变量，包括比较抽象的概念和由于种种原因不能准确测量的变量。一个潜变量往往对应多个显变量，可以看作其对应显变量的抽象和概括，显变量则可视为特定潜变量的反应指标。

同控制、企业集团财务资源协同控制和企业集团财务关系协同控制是模型的外因潜变量，它们在模型中未受任何其他变量的影响，但却能够直接影响其他变量，它们是导致企业集团价值效应的因。由于外因潜变量是不可直接观测的变量，根据第三章的机理分析，可以将它们的观测指标分别用关键战略协同控制要素、关键资源协同控制要素和关键利益协同控制要素来测度。即企业集团财务战略协同控制的观测指标为：战略目标的明确性、战略行动的一致性、战略资源的互补性和战略风险的规避性；企业集团财务资源协同控制的观测指标为：生产资源配置效率、技术资源配置效率、关系资源配置效率和信息资源配置效率；企业集团财务关系协同控制的观测指标为：财权配置的保障力、利益冲突的消解力、收益分配的均衡力和价值增值的协同力。

内因潜变量是指在模型中受到其他变量影响的难以直接观测的变量，它是外因潜变量的果。在上述概念模型中，企业集团的价值效应是内因潜变量，它受到三个外因潜变量的影响和作用，并最终表现为三个外因潜变量的目标形式。价值效应的表现形式多种多样，它融合于企业集团的组织行为、资产规模和长期盈利能力之中，对它的量表式量化测度尚未有研究者给出满意的答案。韵江（2006）在《企业集团的价值创造与协同效应的实现机制》一文中指出，企业集团协同的目的最初不是为了降低原有成本，而是在不增加额外投入的前提下，能否使成员企业通过有效的组合方式来创造出更大的价值增值。企业集团协同的核心是从企业异质性出发在动态中实现整体价值大于局部加总价值的价值增加和能力提升。同时，企业集团存在的目的在于提高价值创造能力，实现更加有效的价值流循环，保障持续的价值创造。因此，价值创造的协同性和价值创造能力是企业集团价值效应的外在表现的两个基本方面。另外，企业集团作为市场经济行为的重要价值主体，价值创造和价值实现是企业集团发展的核心目标，而价值创造动力和价值创造水平直接影响着该目标的实现，成员企业协同创造价值的积极性或动力不足，价值效应的实现就存在较大的困难，企业集团的价值创造水平也就难以体现。因价值创造是价值效应的直接表征，是企业集团协同管理的目标和导向，它的强弱大小可作为企业集团财务协同控制价值效应的真实体现，故本书采用价值创造水平、价值创造能力、价值创造动力和价值创造协同性作为其观测指标。

（二）集团财务协同控制的价值效应模型假设

企业集团财务协同控制的价值效应系统是一个有机整体，具有多维性、价值性、相干性等特征，影响系统有效运行的因素来自多个方面，企业集团通过实施财务协同控制来实现价值效应，必须紧紧抓住对系统的发展起决定性作用的关键变量。为了进一步探讨财务协同控制价值效应系统的内在本质，本节基于波特钻石模型、战略因素和战略管理循环的视角进行分析，以探讨决定企业集团财务协同控制价值效应系统的序参量，并提出相应的假设。

1."钻石模型"的企业集团财务协同控制价值效应分析

"钻石模型"（Diamond Model）是由美国战略管理学家迈克尔·波特提出的，它最初主要用于分析一个国家某种产业为什么会在国际上有较强的竞争力。波特认为，决定一个国家某种产业竞争力的因素有四个：生产要素（包括人力资源、天然资源、知识资源、资本资源、基础设施），需求条件（包括市场份额、市场竞争实力和潜质），相关产业和支持产业（包括产业积聚和集群），企业的战略、结构、同业竞争。波特认为，这四个要素具有双向作用，形成钻石体系，同时认为，政府（金融政策、财税政策）和机遇（科技创新）是影响这个竞争力因素的两大变数。波特"钻石模型"从四个竞争力因素和两个变数方面揭示了竞争力的来源，对于企业集团财务协同控制的价值效应系统来讲具有三维特性。一是反映了企业集团财务战略协同控制维度特性。企业集团财务协同控制的价值效应离不开财务竞争战略，而财务竞争战略又是企业集团的重要职能战略，它的实施和控制离不开企业集团所处的战略环境，既受到政治、经济、文化、社会的整合效应影响，又受到产业链、行业链的辐射集聚效应影响。外部财务环境不仅是企业集团人力资源、天然资源、知识资源、资本资源等生产要素的源泉，更是企业集团产品与服务市场的天然归宿，是企业集团赖以生存的根本。脱离或不匹配外部环境的企业集团财务战略，必然造成企业集团财务协同控制能力的下降，从而影响价值效应的实现。二是体现了企业集团财务资源协同控制维度特性。波特"钻石模型"所揭示的四要素双向特性，均需要通过有效的企业集团内部运行机制来保障，而财务资源配置是企业集团内部运营的基础，是价值效应的源泉。三是映射了企业集团财务关系协同控制维度特性。利益相关者为企业集团注入了资本、知识、劳动、政策等专用性资产，在要素市场、产品市场等方面既存在竞争又存在协作，在利益上既有共同点又有冲突，正是这些矛盾和统一推动了企业集团财务协同控制的价值效应实现。

通过对"钻石模型"的进一步分析可知，企业战略、组织结构和同业竞争是影响企业集团战略环境适应能力的关键因素，可归结为财务战略协同控制的环境适应要素。市场份额、市场竞争力和潜质等需求条件是企业集团参与市场竞争的资本，可归结为财务战略协同控制的市场竞争要素。环境适应和市场竞争共同构成了企业集团财务战略协同控制维度。基础设施、天然资源、知识资源、资本资源、人力资源等要素条件是企业集团赖以生存的基础，企业集团的生产经营活动成果必然反映在资源的配置效益和效率上，可归结为财务资源协同控制的资源配置效率和资源配置效益要素。资源配置效率和资源配置效益共同构成企业集团财务资源协同控制维度。产业集群、产业集聚、财税金融、客户等相关及支持条件，是企业集团参与市场竞争的外部支持力量，反映了企业集团外部利益相关者的关系特性，可归结为财务关系协同控制的外部利益协同要素。股东、员工等内部条件，是企业集团绩效产出的直接动力，企业集团的激励与约束机制和效益最大化目标，最终是通过他们来实现的，可归结为财务关系协同控制的内部利益协同要素。内部利益协同和外部利益协同共同构成了企业集团财务关系协同控制维度。基于“钻石模型”的企业集团财务协同控制价值效应分析模型如图 4-3 所示。

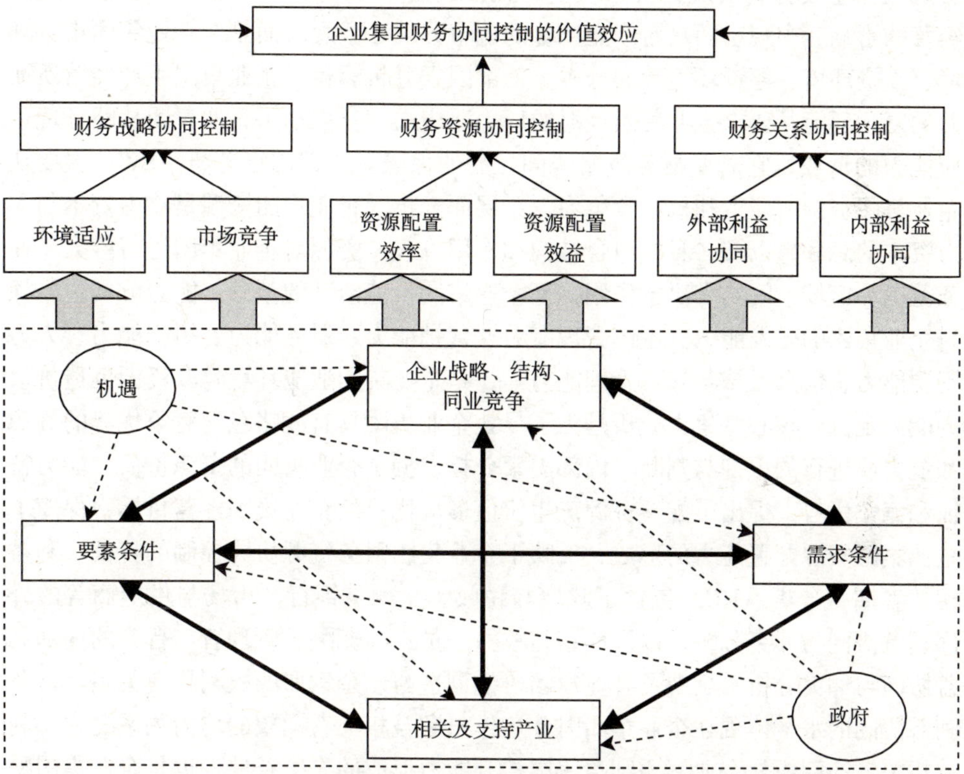

图 4-3　基于“钻石模型”的企业集团财务协同控制价值效应分析模型

2. 基于战略因素的企业集团财务协同控制价值效应分析

美国哈佛商学院的教授安德鲁斯（Ken Andrews，1971）将战略定位于一种决策模式，是企业内部优势与劣势、外部机会与威胁的平衡。他的战略分析框架（SWOT）包括了环境与实力两个维度。当前，围绕环境维度的研究主要集中在动态复杂条件下战略环境的适应性变化，围绕实力维度的研究主要是深入探讨企业资源配置的能力问题。随着市场竞争的日趋激烈、经营环境的复杂多变和客户需求的多样化，研究者越来越认识到战略分析中第三个维度的重要性，即利益相关者协同维度对于战略的良性循环至关重要。大量的研究文献表明，没有利益相关者的协同与支持，即使占有最好的资源，处于最好的环境中，企业集团也不可能实现战略目标。因此，战略分析框架应包括和体现三个维度，即 OT-SW-HC。OT 是外部的机会（Opportunity）与威胁（Threat），SW 是内部的优势（Strength）与劣势（Weakness），HC 是利益相关者和谐（Harmony）与冲突（Conflict）。

SWOT-HC 作为战略分析的有效工具，体现了企业集团财务协同控制价值效应的三个维度。外部因素分析（OT）主要从宏观、中观和微观三个层面进行。宏观层面主要分析宏观经济、政治、社会、技术（EPST）环境对企业集团生产经营的影响，中观层面是对产业环境的竞争分析，微观层面是对企业集团市场环境、投资环境、筹资环境等的分析。外部因素分析涵盖了企业集团生产经营所面对的复杂环境，要求企业集团理财的环境适应柔性，推动了企业集团战略环境适应能力的形成，它需要财务战略协同控制的保障。内部因素分析（SW）主要从企业集团资源、能力和核心竞争力三个层面分析。企业集团资源是物力资本与人力资本的总和，以及二者的组合结构和作用方式。资源对企业集团运行能力、业务范围和市场空间具有决定作用，是企业集团价值活动的基础。能力分析主要探讨企业集团的研发能力、生产管理能力、营销能力、财务能力、组织能力、人力资源能力、信息系统与知识管理能力等，是企业集团适应环境驾驭资源创造价值的能力定位。核心竞争力分析是为了寻找企业集团具有战略意义竞争优势的资源和能力而进行的识别与判断。内部因素分析发掘了企业集团的资源价值、能力特征和竞争优势，提出了配置资源产生价值形成优势的企业集团经营目标，保障了企业集团资源配置能力的形成，反映了企业集团财务资源协同控制的特征。利益相关者期望分析（HC）包含了政府与税收、金融与银行、市场与供应商等的外部利益协同与冲突分析，以及股东与权益、员工与薪酬、管理者与晋升的内部利益协同与冲突分析，反映了企业集团价值创造与剩余索取的权利均衡关系。财务利益协同的水平体现在企业集团财务运作与利益相关者期望的均衡关系之中，利益相关者的期望是企业集团利益协同控制能力形成的先决条件，也是企业集团财务关系协同控制的必然结果。基于战略因素的企业集团财务协同控制价值效应分析模型如图 4-4 所示。

3. 基于战略管理循环的企业集团财务协同控制价值效应分析

所谓战略管理循环，就是通过一定的程序和技术来获取战略最优效率与效果的战略性循环过程，它包括三个阶段的循环，即战略分析、战略制定和战略实施。战略管理循环的第一阶段——战略分析是战略管理的起始点，是战略制定的前提，是战略实施后效果评价与校验的基本工具。战略管理循环的第二阶段——战略制定就是在战略分析的基础上进行战略选择与战略定位，以确立总体战略、

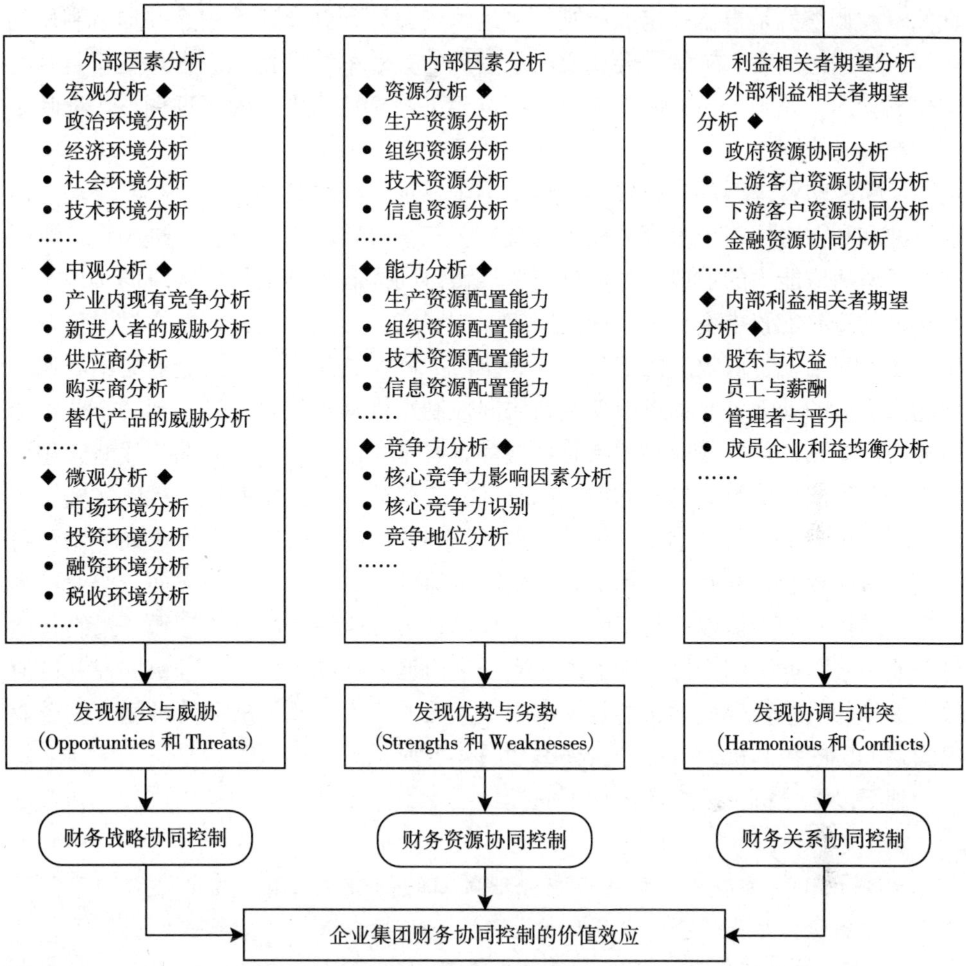

图 4-4　基于战略因素的企业集团财务协同控制价值效应分析模型

经营战略和职能战略，是战略实施的前提和保障。总体战略是企业集团战略性适应环境的需要，是根据企业集团所处的环境做出的整体方向性选择，体现了战略制定的环境维度。经营战略主要是业务单元（SBU）战略，是根据业务单元的资源配置能力进行的成本领先、差异化和集中化战略定位与选择，是业务单元优化配置资源，提供产品和服务参与市场竞争的战略性保障，体现了战略制定的资源配置维度。职能战略包含了企业集团财务、研发、营销、人力资源等部门的战略，体现的是协同合作关系，反映了战略性利益协同维度。战略管理循环的第三阶段——战略实施是战略管理的目的和落脚点。战略实施包括三个层面，即组织调整、资源调整和管理变革。组织调整是通过组织结构优化、业务流程再造来使组织结构与战略和外部环境匹配，反映了战略实施时与外部环境匹配的维度特性。资源调整就是根据一定的原则，将组织资源分配到合适的用途并加以利用的过程，以满足战略实施的需要，反映了资源配置效率维度特性。管理变革是一种文化驱动力，是为了最大限度地争取利益相关者支持而进行的管理调整，反映了利益相关者协同维度。

从对战略管理循环三阶段的分析中不难发现，战略管理循环是战略环境、内部资源和利益协同三个维度驱动下的循环。三个阶段的环境维度促进了企业集团战略环境适应能力的形成，并通过财务战略协同控制来推动价值效应的实现。三个阶段的资源配置维度，是企业集团资源配置能力形成的动力，并通过财务资源协同控制来推动价值效应的实现。三个阶段的利益关系协同，是企业集团利益协同能力形成的动力，并通过财务关系协同控制来推动价值效应的实现。企业集团财务协同控制的价值效应与战略管理循环有着密切的关系。一方面，战略管理循环是企业集团价值效应形成的前提和基础，战略分析、战略制定、战略实施所体现的环境、资源和关系维度，依赖于财务战略协同控制、财务资源协同控制和财务关系协同控制，并有力地促进企业集团价值效应的实现。另一方面，企业集团财务协同控制的价值效应是战略管理循环的动力和保障。战略管理循环最终要通过企业集团财务协同控制的价值效应实现来协调和保障，失去财务协同控制价值效应保障的战略管理循环只能是无本之木、无源之水。基于战略管理循环的企业集团财务协同控制价值效应分析模型如图 4–5 所示。

基于以上分析，本书提出如下假设：

- 假设 1 财务战略协同控制与企业集团的价值效应有紧密的关系，财务战略协同控制能力越强，企业集团的价值效应就越高；反之，就越低。
- 假设 2 财务资源协同控制与企业集团的价值效应有紧密的关系，财务资源协同控制能力越强，企业集团的价值效应就越高；反之，就越低。
- 假设 3 财务关系协同控制与企业集团的价值效应有紧密的关系，财务关系协同控制能力越强，企业集团的价值效应就越高；反之，就越低。
- 假设 4 财务战略协同控制与财务资源协同控制具有共变关系，二者相互影响相互作用。
- 假设 5 财务战略协同控制与财务关系协同控制具有共变关系，二者相互影响相互作用。
- 假设 6 财务资源协同控制与财务关系协同控制具有共变关系，二者相互影响相互作用。

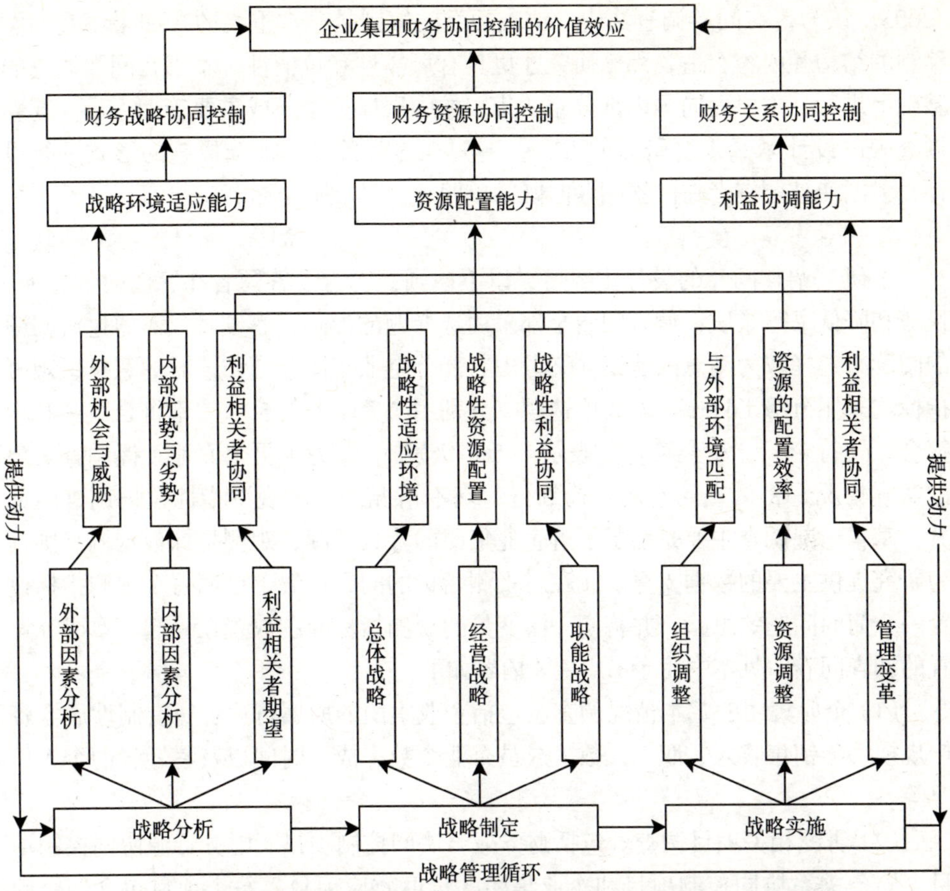

图 4–5　基于战略管理循环的企业集团财务协同控制价值效应分析模型

二、研究方法

（一）问卷调查法

问卷调查法是研究者为了研究的需要，以书面形式提出与研究课题相关的问题，并印制成问卷，要求调查对象填写或选择答案，收回问卷后将数据加以整理和分析的一种调查方法。调查问卷的设计关系到研究预期成果的能否取得，它的最高层次在于对问卷调查表的构思和问卷调查的目的，不同构思、不同目的和不同理论依据的调查问卷具有不同的问卷项目安排和问卷内容构成。吴明隆

(2003) 认为，在问卷调查法中，调查问卷的编制是非常重要的，如果调查问卷编制的结构和内容合适，那么研究才更具有可靠性和价值性。本书在问卷调查的基础上进行，主要面向国内部分企业集团的中层以上领导或重要管理人员。问卷调查表的设计紧紧围绕研究的内容，将调查的项目以单项选择题的形式进行设计，力图使被调查者在回答问题时既简单明了，又准确全面。

1. 问卷内容

本研究调查问卷的设计主要遵循以下原则：①为了答题者在答题时的方便、快捷和降低书写难度，调查问卷全部采用选择题的形式，答题者只需通过对问题的阅读来选择较为满意的答案。②考虑与部分企业集团领导访谈时的意见，观测指标均采用五级 Likert 量表式单选题（分别用“完全不符合”、“不符合”、“基本符合”、“符合”、“完全符合”表示 1~5 个级别）。③为了更全面地掌握调查对象的实际情况，将调查问卷的结构划分为基本情况调查和观测指标数据调查两部分，基本情况调查主要是为了了解企业集团的背景情况，观测指标数据调查则是为研究提供主要的数据支撑。④在对观测指标的问题设置上按照每个观测指标设置一个简明问题的思路，并将同一潜变量的观测指标问题放置在一起。本研究设置的调查问卷（见本书附录 C）主要内容如下：

（1）企业集团的基本情况调查。包括企业集团的所属行业、所有制性质、资产规模、年销售收入、职工人数、成员企业个数、成立时间以及答题者的个人情况等。

（2）研究相关项目调查。包括财务战略协同控制项目、财务资源协同控制项目、财务关系协同控制项目和企业集团的价值效应项目，每个项目包含四个问题，每个问题有五个选项。

2. 问卷设计过程

张辉美和王康乐在《社会学方法与调查研究》一书中指出，科学的问卷设计必须做到：“提出适当的问题，简单清晰的表达，获得诚实的回答，符合回答者心理的问题布局和问卷容量”。为了提高问卷的测度质量，保证问卷的可靠性和有效性，本研究在问卷设计中主要经历了以下三个阶段：

第一阶段：文献研究阶段。该阶段的主要工作是通过查阅国内外相关的文献资料，并进行归纳总结和分析整理，获得相关的文献支持。在此基础上，形成初始概念，并初步建立以五级 Likert 量表式单选题为基础的调查问卷。

第二阶段：实地访谈阶段。选取湖北、河南等地的部分企业集团进行实地考察，并对部分中层以上领导进行访谈，征求他们的意见，以检验问卷中问题的设计是否符合企业集团的实际，并根据反馈的意见对问卷的结构、措辞等进行修改。

第三阶段：问卷测试阶段。向前期访谈的企业集团发放测试问卷，针对测试者提出的问题，对调查问卷做进一步修正，同时，对获得的数据进行统计分析，在此基础上形成最终的调查问卷。

（二）数据收集过程

1. 调查对象选择

本书项目主要是针对企业集团的调查，故在调查对象的选择上剔除了一般意义上的企业，重点考察具有两个以上成员企业、资产规模在1亿元以上的国有或合资大中型企业集团（如许继集团、安钢集团等）。结合研究者的社会关系，通过电话、邮件或实地调查的方式与被调查的企业集团取得联系，并由相关的联系人帮助开展问卷的调查工作。

2. 答卷者选择

Fowler（1988）在《调查研究方法》一书中指出，被调查者难以对调查问题做出正确回答的原因主要体现在以下几个方面：被调查者不知道调查问题的有效信息；被调查者在作答时对调查问题的有效信息的暂时失忆；被调查者不愿意透露调查问题的有效信息；被调查者对问卷内容的不理解。李怀祖（2004）在《管理研究方法论》一书中也指出，研究者在进行问卷调查时应该事先考虑被调查者能否和愿意提供有效的预期信息。由于本研究的调查项目涉及企业集团的中高层管理问题，一般工作人员无法给出符合实际的满意回答，因此，在答卷者选择上重点关注企业集团的中高层管理人员及具有高级职称的管理人员。

3. 问卷发放及回收

表 4-1 调查问卷发放与回收情况

	发放（份）	回收（份）	有效问卷（份）	回收率（%）	有效率（%）
设备制造业	186	80	70	43.01	37.63
钢铁冶金业	100	73	55	73.00	55.00
交通运输业	122	80	71	65.57	58.20
其他行业	42	30	24	71.43	57.14
合计	450	263	220	58.44	48.89

问卷调查在2009年3~12月进行，采用邮寄、电子邮件、网上答题和邀请答题等方式，共发放问卷450份，回收263份，回收率58.44%，其中43份问卷的部分内容因填写不完整或明显有误，将其视为无效问卷，最终有效问卷220份，有效问卷回收率48.89%。被调查企业集团中资产规模在10亿元以上的占38.12%，资产规模在5亿~9亿元的占32.11%，资产规模在5亿元以下的占

29.77%；属于“设备制造业”的占 41.33%，属于“交通运输业”的占 27.11%，属于“钢铁冶金业”的占 22.22%，其他行业占 9.34%。问卷填写者当中高层管理人员占 46.13%，中层管理人员占 42.11%，其他职位的人员占 11.76%。

三、基础数据分析

通过调查问卷获得的数据是研究的基础数据，其分布特征、内部一致性和测量的效果是否满足研究的要求，需要进一步做描述性统计分析、信度检验和效度检验。描述性统计分析、信度检验和效度检验是实证研究过程中的必不可少环节，只有分布特征满足要求并通过信度和效度检验的数据，其实证分析结果才更具有说服力。

（一）基础数据的描述性统计分析

表 4–2 描述性统计分析

		N	极小值	极大值	均值	标准差	方差
财务战略协同控制项目	战略目标的明确性	220	1	5	3.08	0.754	0.569
	战略行动的一致性	220	1	5	3.05	0.744	0.554
	战略资源的互补性	220	2	5	3.09	0.738	0.545
	战略风险的规避性	220	1	5	2.99	0.767	0.589
财务资源协同控制项目	生产资源配置效率	220	1	5	3.09	0.741	0.549
	技术资源配置效率	220	1	5	3.11	0.696	0.485
	关系资源配置效率	220	1	4	2.92	0.748	0.559
	信息资源配置效率	220	1	4	2.95	0.739	0.546
财务关系协同控制项目	财权配置的保障力	220	1	5	3.05	0.726	0.528
	利益冲突的消解力	220	1	5	2.82	0.759	0.576
	收益分配的均衡力	220	1	5	2.87	0.774	0.599
	价值增值的协同力	220	1	5	3.00	0.746	0.557
价值效应项目	价值创造水平	220	1	5	2.93	0.718	0.515
	价值创造能力	220	1	4	2.87	0.786	0.617
	价值创造动力	220	1	5	3.00	0.773	0.598
	价值创造协同性	220	1	5	3.04	0.766	0.587
	有效的 N（列表状态）	220					

描述性统计分析主要是检查样本数据中各个指标变量的特异性及分布特征。对获得的有效数据采用 SPSS 17.0 软件进行描述性统计分析，可得表 4-2 的数据。由 220 个有效样本的描述性统计分析数据可知，财务战略协同控制潜变量的四个观测指标数据均值在 2.99~3.09，标准差在 0.738~0.767，方差在 0.545~0.589；财务资源协同控制潜变量的四个观测指标数据均值在 2.92~3.11，标准差在 0.696~0.748，方差在 0.485~0.559；财务关系协同控制潜变量的四个观测指标数据均值在 2.82~3.00，标准差在 0.726~0.774，方差在 0.528~0.599；企业集团价值效应潜变量的四个观测指标数据均值在 2.87~3.04，标准差在 0.718~0.786，方差在 0.515~0.617；基础数据的整体均值在 2.82~3.09，标准差在 0.515~0.617。

（二）基础数据的信度检验

信度是指测度量表的稳定性和一致性，它是在测量时对测度量表系统变异程度的反映（王重鸣，1990），它的影响因素主要是随机的测量误差，通常情况下，测量误差越大则测度量表的信度就越低。测度量表信度的影响因素主要有样本特征、测量长度、测验难度与时间间隔。信度的检验指标通常包括稳定性、等值性和内部一致性三类（李怀祖，2004）。稳定性主要是对重测信度的评估，它反映了随机因素导致的变化和不同的测度行为受随机误差影响的情况。等值性主要采用复本信度的测度方式，它是用两个测度复本来对同一群体进行测验，并求得测验得分的相关系数，它的高低反映了测度复本在内容上的等值性程度。内部一致性主要反映的是测验项目之间的内在关系，并考察测验项目是否具有相同的内容和特质。内部一致性信度可分为分半信度和同质性信度两种。分半信度检验通过将测验项目分为两半的方式来计算两半样本之间的信度系数。同质性信度检验是指测验项目内部在多大程度上考察了同一内容，它的信度系数越高表示内部一致性越好。由于稳定性信度检验需要进行重复性测试，等值性信度检验需要对调查对象进行准确分类，在实践中都存在一定的难度。运用统计软件进行信度检验时经常采用内部一致性指标。

运用 SPSS 软件进行测量样本的信度检验时，通常采用克朗巴赫 α 系数（Cronbach's α）来反映观测数据的内部一致性，α 系数越大观测数据的内部一致性越好。一般情况下，克朗巴赫 α 系数大于 0.9 表示观测数据的内部一致性非常好，克朗巴赫 α 系数在 0.8~0.9 表示观测数据的内部一致性很好，克朗巴赫 α 系数在 0.6~0.8 表示观测数据的内部一致性较好，克朗巴赫 α 系数小于 0.6 时表示观测数据的内部一致性差。对获得的 220 组有效样本数据采用 SPSS 17.0 软件进行内部一致性检验，并采用克朗巴赫 α 系数来反映观测数据的内部一致性情况。分析结果表明，综合数据的克朗巴赫 α 值为 0.948，财务战略协同控制观测指标

数据的克朗巴赫 α 系数为 0.825，财务资源协同控制观测指标数据的克朗巴赫 α 系数为 0.824，财务关系协同控制观测指标数据的克朗巴赫 α 系数为 0.807，企业集团价值效应观测指标数据的克朗巴赫 α 系数为 0.837，均大于 0.8，表示观测数据的内部一致性良好，满足信度要求。基础数据的信度检验情况见表 4-3。

表 4-3　基础数据的信度检验情况

潜变量	Cronbach's α	取值范围	检验结果
财务战略协同控制	0.825	>0.8	内部一致性很好
财务资源协同控制	0.824	>0.8	内部一致性很好
财务关系协同控制	0.807	>0.8	内部一致性很好
企业集团的价值效应	0.837	>0.8	内部一致性很好
综合	0.948	>0.9	内部一致性非常好

（三）基础数据的效度检验

效度表示一项研究的真实性和准确性程度，即测量结果与试图达到的目标之间的接近程度，包括内在效度与外在效度。通常对调查问卷效度的检验可通过三种方式取得，即对调查问卷内容效度、准则效度和构建效度的检验。内容效度是指调查问卷设计的各观测指标能否充分反映和涵盖所研究的概念，它可以采用已知文献中经检验过的衡量工具来判断。凭借逻辑去判断调查问卷的有效性时，研究者可通过对研究对象概念的了解来判断研究变量的特征是否在问卷调查中全部被考虑到。如果在理论层次上的概念所具备的各种特征，能够有效地反映在经验层次上的调查问卷中，则表示相应的研究具有内容效度。准则效度是指在对同一概念的多种测量方法中，如果某种方法成为准则，那么研究者所采用的测量方法就可以与之比较，如果测试结果与准则高度相关，则研究的准则效度就高。构建效度是指调查问卷能够测量到研究概念和特质的程度，通常包括收敛效度和区别效度。调查问卷的构建效度检验主要在 AMOS、LISREL、PLS 等工具所做的验证性因子分析中实现。

本书中涉及的各个潜变量的具体观测指标的提出，都是经过相应的界定和分析，包括概念范畴的确定、以往研究中相关衡量尺度的综合、研究的变量构建、调查量表的修订，因此，研究中提出的各个潜变量以及相应的观测指标，具有一定的内容效度。吴明隆（2003）指出，如果研究中所采用的潜变量是管理学科中的软性因子，对该因子的判断又需要借助调查对象的自身认知时，就很难找到概念上与之完全符合的客观判断准则，这就需要验证衡量分数与准则之间的关系，这样的研究属于统计实证分析。本书几乎没有现成的参照标准，需要通过实证的方法来验证效度。同时，本书的构建效度将在下文中得到验证。

在对测量基础数据进行验证性因子分析前，还需要对数据的结构效度进行检验，以判定测量数据是否适合作因子分析。运用 SPSS 软件对测量数据的结构效度检验时，通常采用 KMO（Kaiser-Meyer-Olkin）值和巴特莱特值（Bartlett）的显著性 P 值两个指标。判断的标准是：如果 KMO > 0.9，Bartlett 的显著性 P 值< 0.01，则说明数据结构效度非常好；如果 0.9 ≥ KMO > 0.8，Bartlett 的显著性 P 值 < 0.01，则说明数据结构效度很好；如果 0.8 ≥ KMO > 0.7，Bartlett 的显著性 P 值< 0.01，则说明数据结构效度较好；如果 0.7 ≥ KMO > 0.6，Bartlett 的显著性 P 值 < 0.01，则说明数据结构效度一般。将本书取得的调查数据运用 SPSS 软件分析，可得 KMO = 0.97 > 0.8，巴特莱特值的显著性 P = 0.00 < 0.01，说明数据的结构效度非常好，数据非常适合作因子分析。

四、结构方程模型的估计与检验

结构方程模型整合了因素分析与路径分析两种统计方法，它能够同时检验模型中包含的显性变量、潜在变量、干扰和误差变量间的关系，进而获得自变量对因变量影响的直接效果、间接效果或总效果（吴明隆，2009）。结构方程模型分析通常要借助统计软件，常用的分析软件有 LISREL 和 AMOS。由于 LISREL 软件需要严格的编程，使用起来不够方便，而 AMOS 软件的结构化和可视性好，能够直接绘出路径图和呈现统计参数，因此，AMOS 作为结构方程模型分析工具受到了青睐。

（一）结构方程模型的构建

根据前文的概念模型和假设，本书采用 AMOS 17.0 结构方程模型分析软件，来对企业集团财务协同控制的价值效应模型进行验证性因子分析，在 AMOS 17.0 软件环境中设计了初始的结构方程模型如图 4–6 所示。模型中包括两层关系，其中第一层为财务协同控制，包括财务战略协同控制、财务资源协同控制和财务关系协同控制；第二层为价值效应，分别用相应的观测指标测度。根据概念模型和前文的假设，建立的结构方程模型中包括 3 条路径关系，它们分别表示三个外因潜变量（财务战略协同控制、财务资源协同控制和财务关系协同控制）和一个内因潜变量（价值效应）之间的因果关系。另外，根据结构方程模型的分析惯例，模型设置了 e1~e16 的 16 个显变量的误差变量和 e17 的 1 个潜变量的残差变量。在结构方程模型中所有误差变量或残差变量的初始路径系数固定为 1，每一个潜变量必须固定一个观测指标的路径系数为 1。图中将战略风险的规避性、信息资源配置效率、价值增值的协同力和价值创造水平的路径系数固定为 1。

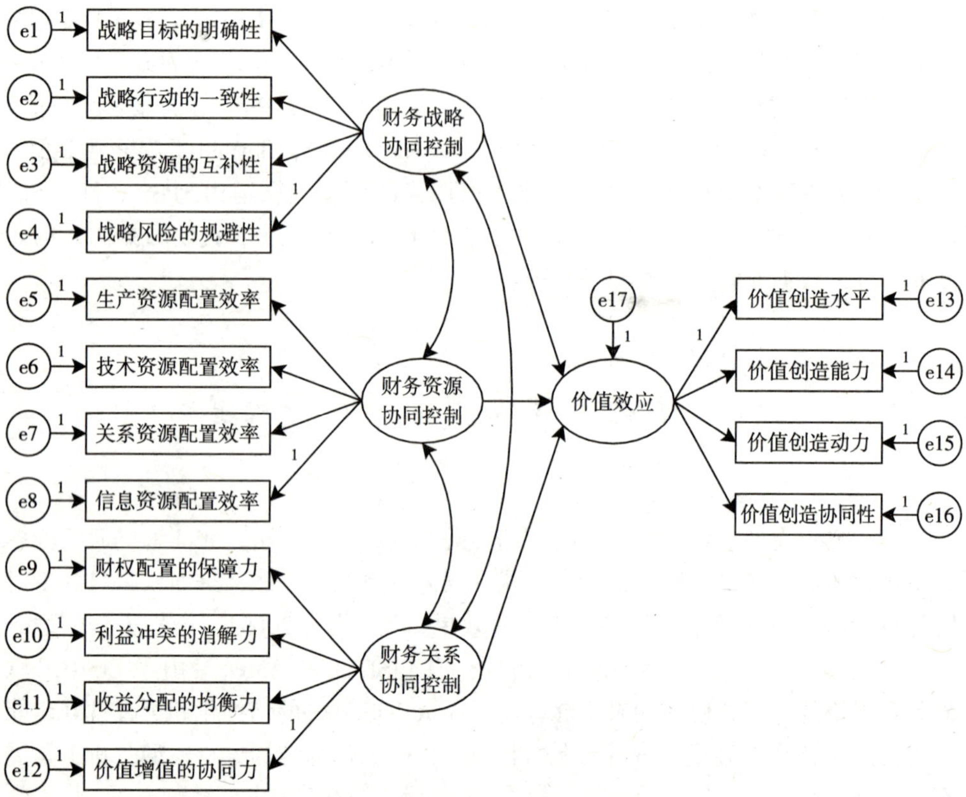

图 4-6 结构方程的测度路径关系

（二）结构方程模型的拟合性分析

在运用 AMOS 软件进行结构方程模型拟合分析时，主要采用以下六个步骤：绘制因果模型图；界定变量名称；选择相应的统计量；执行模型的估计；假设模型的检验；模型修正与诠释。根据调查取得的有效数据和建立的概念模型，本书利用 AMOS 17.0 分析软件建立结构方程模型，并采用极大似然估计法（Maximum Likelihood Estimates）进行验证性因子分析。选择相应的估计选项，并对测量模型进行计算估计，经过 11 次迭代后，模型可以收敛识别，并得到图 4-7 所示的未标准化估计结构方程模型和图 4-8 所示的标准化估计结构方程模型，以及相应的

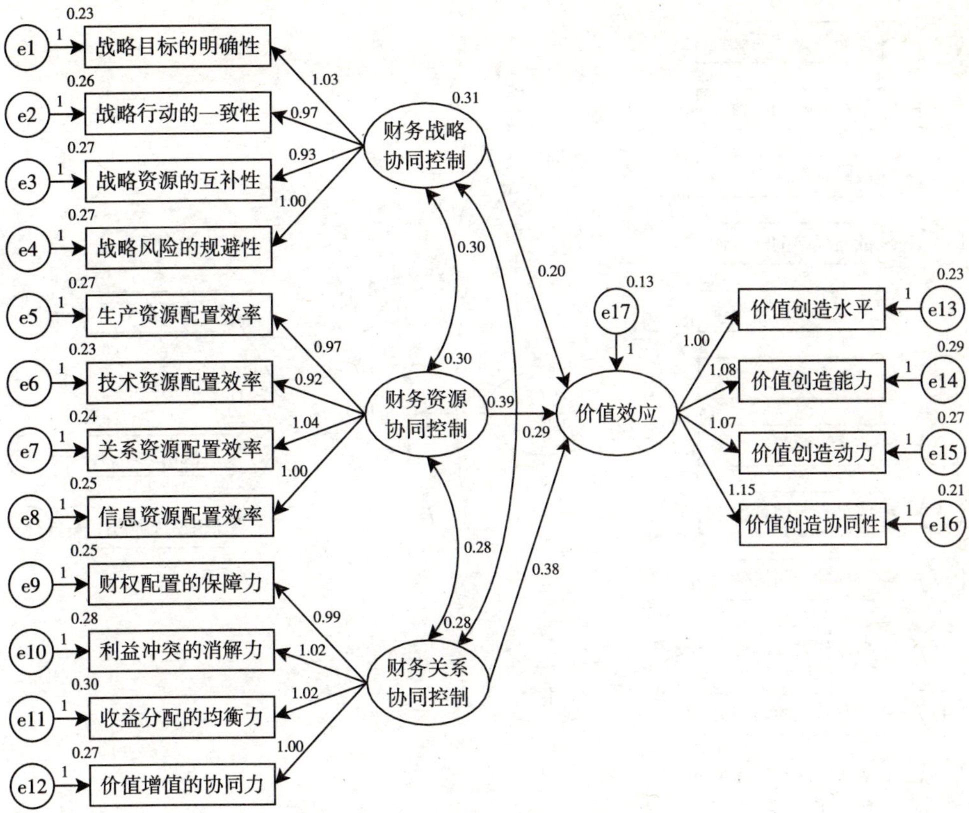

图 4–7　结构方程未标准化估计模型

模型输出指标数据。

对结构方程模型的适配度评价能够进一步检验假设模型与观测数据的契合程度。Bogozzi 和 Yi（1998）认为，假设模型与实际数据的契合需要由三类指标反映，即基本适配指标、整体模型适配指标和模型内在结构适配指标。基本适配指标主要指模型中不能出现负误差、所有误差项必须显著、不能有很大的标准误、因子负荷在 0.5~0.95。整体模型适配指标主要有卡方值、卡方自由度比、GFI、RMR、RFI 等。模型内在结构适配指标主要指组合信度、潜在变量的平均方差抽取量、标准化残差及修正指标等。

观察未标准化估计结构方程模型和标准化估计结构方程模型可以发现，未标准化估计结构方程模型中未出现负误差项，路径系数均为正值，说明估计方法和模型界定没有问题；标准化估计结构方程模型中各潜变量的因子载荷均大于或接近 0.71（一般应在 0.5~0.95，最好大于 0.71）（Hulland，1999），说明模型的聚合效度满足要求。根据模型注解可知，模型中待估计的自由参数为 38 个，自由度

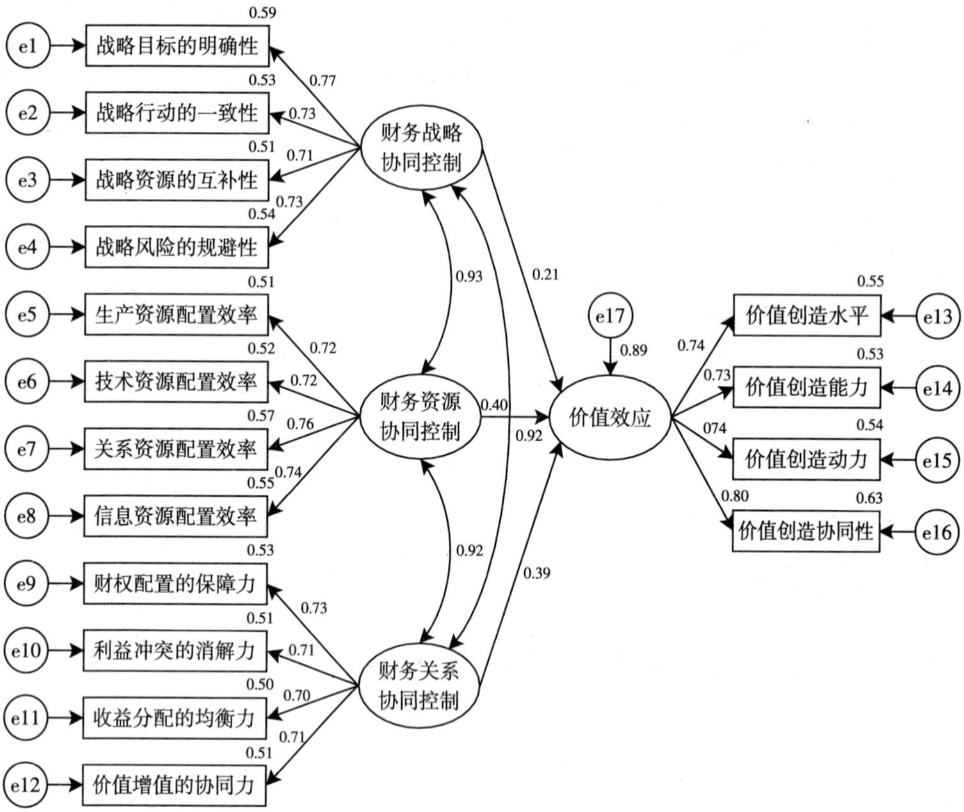

图 4-8　结构方程标准化估计模型

为 98，卡方值为 106.228，显著性概率为 $P = 0.268 > 0.05$。由于模型未达到显著水平，故接受虚无假设，即检验总体的协方差矩阵与假设模型隐含的变量协方差矩阵 $\sum(\theta)$ 相等的假设获得支持，从整体上讲假设模型与观测数据成功适配。观察整体模型适配指标和模型内在结构适配指标，均达到了标准，说明模型的适配良好。模型的适配情况如表 4-4 所示。测度模型中潜变量的参数估计如表 4-5 所示，可知除了非标准因子载荷假定为 1 的观测指标外，其余的标准误（the Standard Error of Estimate，S.E.）均小于等于 0.1，关键比率（Critical Ratio，C.R.）的绝对值均大于 2.58，显著性概率 P 值均小于 0.001，说明观测指标与相应的潜变量间因果关系显著。

（三）结构方程模型的路径关系检验

结构方程模型的路径关系显著性检验的主要指标有关键比率（C.R.）和显著性水平 P。关键比率（Critical Ratio，C.R.）等于参数估计值与估计值标准误（S.E.）

表 4-4 模型的适配指标

	适配指标	验证模型的指标值	判定标准	判定结果
基本适配度检验	是否没有负的误差变异量		没有负的误差变异量	是
	因子负荷是否介于 0.5~0.95		因子负荷介于 0.5~0.95	是
	是否没有很大的标准误		标准误很小	是
整体模型适配检验	卡方 χ^2	106.228	靠近自由度	是
	自由度 df	98.00	越大越好	是
	卡方自由度比 χ^2/df	1.084	<2.00	是
	适配度指数 GFI	0.944	>0.90	是
	调整后适配度指数 AGFI	0.922	>0.90	是
	残差均方和平方根 RMR	0.015	<0.05	是
	渐进残差均方和平方根 RMSEA	0.020	<0.05 适配良好 <0.08 适配合理	适配良好
	规准适配指数 NFI	0.950	>0.90	是
	相对适配指数 RFI	0.939	>0.90	是
	增值适配指数 IFI	0.996	>0.90	是
	非规准适配指数 TLI	0.995	>0.90	是
	比较适配指数 CFI	0.996	>0.90	是
模型内在结构适配检验	估计参数显著水平	见表 4-5	C.R.>1.96	显著
	指标变量项目信度	见表 4-3	R^2>0.50	是
	潜变量组合信度	见表 4-3	>0.60	是
	标准化残差		绝对值<2.58	是
	修正指标		MI<6.00	是

表 4-5 测度模型中潜变量的参数估计

潜变量	观测指标	非标准因子载荷	标准误 S.E.	关键比率 C.R.	显著性 P	R^2	标准因子载荷 R
财务战略协同控制	战略目标的明确性	1.034	0.090	11.446	***	0.594	0.771
	战略行动的一致性	0.966	0.090	10.788	***	0.532	0.729
	战略资源的互补性	0.934	0.089	10.509	***	0.506	0.711
	战略风险的规避性	1.000	—	—		0.536	0.732
财务资源协同控制	生产资源配置效率	0.973	0.091	10.710	***	0.515	0.717
	技术资源配置效率	0.923	0.085	10.830	***	0.524	0.724
	关系资源配置效率	1.035	0.092	11.264	***	0.571	0.756
	信息资源配置效率	1.000	—	—		0.546	0.739
财务关系协同控制	财权配置的保障力	0.992	0.095	10.475	***	0.530	0.728
	利益冲突的消解力	1.016	0.100	10.143	***	0.510	0.714
	收益分配的均衡力	1.021	0.100	10.161	***	0.495	0.704
	价值增值的协同力	1.000	—	—		0.511	0.715

续表

潜变量	观测指标	非标准因子载荷	标准误 S.E.	关键比率 C.R.	显著性 P	R^2	标准因子载荷 R
企业集团的价值效应	价值创造水平	1.000	—	—		0.549	0.741
	价值创造能力	1.080	0.099	10.922	***	0.535	0.731
	价值创造动力	1.072	0.097	11.082	***	0.544	0.738
	价值创造协同性	1.147	0.095	12.077	***	0.634	0.796

的比值，相当于统计检验中的t检验值，如果关键比率的绝对值大于1.96小于2.58，则结构方程的路径关系达到0.05显著水平，如果关键比率的绝对值大于2.58小于3.84，则参数估计值达到0.01显著水平，如果关键比率的绝对值大于3.84，则参数估计值达到0.001显著水平（吴明隆，2009）。根据模型的拟合结果，可以得到表4–6所示的路径系数检验指标数据。由表4–6可知，财务战略协同控制与财务资源协同控制的路径系数为0.927，C.R.值为7.548，检验结果为路径关系达到0.001显著水平；财务战略协同控制与财务关系协同控制的路径系数为0.919，C.R.值为7.361，检验结果为路径关系达到0.001显著水平；财务资源协同控制与财务关系协同控制的路径系数为0.920，C.R.值为7.381，检验结果为路径关系达到0.001显著水平；财务战略协同控制与价值效应的路径系数为0.210，C.R.值为2.164，检验结果为路径关系达到0.05显著水平；财务资源协同控制与价值效应的路径系数为0.402，C.R.值为3.188，检验结果为路径关系达到0.01显著水平；财务关系协同控制与价值效应的路径系数为0.385，C.R.值为1.982，检验结果为路径关系达到0.05显著水平。

表4–6 假设模型的路径系数检验

			估计值	S.E.	C.R.	P	标准估计值
财务资源协同控制	<-->	财务关系协同控制	0.284	0.038	7.381	***	0.920
财务战略协同控制	<-->	财务关系协同控制	0.292	0.040	7.361	***	0.919
财务战略协同控制	<-->	财务资源协同控制	0.302	0.040	7.548	***	0.927
价值效应	<---	财务战略协同控制	0.391	0.181	2.164	*	0.210
价值效应	<---	财务资源协同控制	0.384	0.121	3.188	**	0.402
价值效应	<---	财务关系协同控制	0.199	0.101	1.982	*	0.385

注：* 为 p<0.05；** 为 p<0.01；*** 为 p<0.001。

（四）结构方程模型的变量影响效果分析

根据结构方程模型的路径系数，可以进行变量间的影响效果分析，以探讨变量间的相互影响关系。变量间的影响效果可分为直接影响效果（Direct Effects）、间接影响效果（Indirect Effects）和总效果（Total Effects）三种。总效果是直接影响效果和间接影响效果的加总。由于本书没有中间变量，故潜变量间只有直接影响效果，没有间接影响效果。潜变量与观测指标间存在直接影响效果和间接影响效果。分析可知，财务战略协同控制、财务资源协同控制和财务关系协同控制对价值效应均具有直接影响效果，分别达到 0.21、0.403 和 0.385。由表 4–7、表 4–8 和表 4–9 可以看出，无论是潜变量或者观测变量，它们相互间的影响效果均达到了预期设想。

表 4–7 标准化的总影响效果

	财务关系协同控制	财务资源协同控制	财务战略协同控制	价值效应
价值效应	0.385	0.402	0.210	0.000
价值创造协同性	0.307	0.320	0.167	0.796
价值创造动力	0.284	0.296	0.155	0.738
价值创造能力	0.282	0.294	0.154	0.731
价值创造水平	0.286	0.298	0.156	0.741
财权配置的保障力	0.728	0.000	0.000	0.000
利益冲突的消解力	0.714	0.000	0.000	0.000
收益分配的均衡力	0.704	0.000	0.000	0.000
价值增值的协同力	0.715	0.000	0.000	0.000
生产资源配置效率	0.000	0.717	0.000	0.000
技术资源配置效率	0.000	0.724	0.000	0.000
关系资源配置效率	0.000	0.756	0.000	0.000
信息资源配置效率	0.000	0.739	0.000	0.000
战略目标的明确性	0.000	0.000	0.771	0.000
战略行动的一致性	0.000	0.000	0.729	0.000
战略资源的互补性	0.000	0.000	0.711	0.000
战略风险的规避性	0.000	0.000	0.732	0.000

表 4–8 标准化的直接影响效果

	财务关系协同控制	财务资源协同控制	财务战略协同控制	价值效应
价值效应	0.385	0.402	0.210	0.000
价值创造协同性	0.000	0.000	0.000	0.796
价值创造动力	0.000	0.000	0.000	0.738
价值创造能力	0.000	0.000	0.000	0.731
价值创造水平	0.000	0.000	0.000	0.741
财权配置的保障力	0.728	0.000	0.000	0.000
利益冲突的消解力	0.714	0.000	0.000	0.000
收益分配的均衡力	0.704	0.000	0.000	0.000

续表

	财务关系协同控制	财务资源协同控制	财务战略协同控制	价值效应
价值增值的协同力	0.715	0.000	0.000	0.000
生产资源配置效率	0.000	0.717	0.000	0.000
技术资源配置效率	0.000	0.724	0.000	0.000
关系资源配置效率	0.000	0.756	0.000	0.000
信息资源配置效率	0.000	0.739	0.000	0.000
战略目标的明确性	0.000	0.000	0.771	0.000
战略行动的一致性	0.000	0.000	0.729	0.000
战略资源的互补性	0.000	0.000	0.711	0.000
战略风险的规避性	0.000	0.000	0.732	0.000

表 4–9　标准化的间接影响效果

	财务关系协同控制	财务资源协同控制	财务战略协同控制
价值创造协同性	0.307	0.320	0.167
价值创造动力	0.284	0.296	0.155
价值创造能力	0.282	0.294	0.154
价值创造水平	0.286	0.298	0.156

（五）结构方程模型的测量模型和结构模型

根据以上研究，将研究变量用代码表示（见表 4–10），则可建立相应的外因潜变量测量模型、内因潜变量测量模型和结构模型如下：

1. 外因潜变量的测量模型

$$\begin{bmatrix} X_1 \\ X_2 \\ X_3 \\ X_4 \\ X_5 \\ X_6 \\ X_7 \\ X_8 \\ X_9 \\ X_{10} \\ X_{11} \\ X_{12} \end{bmatrix} = \begin{bmatrix} 0.771 & 0.000 & 0.000 \\ 0.729 & 0.000 & 0.000 \\ 0.711 & 0.000 & 0.000 \\ 0.732 & 0.000 & 0.000 \\ 0.000 & 0.717 & 0.000 \\ 0.000 & 0.724 & 0.000 \\ 0.000 & 0.756 & 0.000 \\ 0.000 & 0.739 & 0.000 \\ 0.000 & 0.000 & 0.728 \\ 0.000 & 0.000 & 0.714 \\ 0.000 & 0.000 & 0.704 \\ 0.000 & 0.000 & 0.715 \end{bmatrix} \begin{bmatrix} \zeta_1 \\ \zeta_2 \\ \zeta_3 \end{bmatrix} + \begin{bmatrix} 0.230 \\ 0.258 \\ 0.268 \\ 0.272 \\ 0.265 \\ 0.230 \\ 0.239 \\ 0.247 \\ 0.247 \\ 0.281 \\ 0.301 \\ 0.271 \end{bmatrix} \quad (4\text{–}1)$$

2. 内因潜变量的测量模型

$$\begin{bmatrix} X_{13} \\ X_{14} \\ X_{15} \\ X_{16} \end{bmatrix} = \begin{bmatrix} 0.741 \\ 0.731 \\ 0.738 \\ 0.769 \end{bmatrix} [\eta] + \begin{bmatrix} 0.231 \\ 0.286 \\ 0.271 \\ 0.214 \end{bmatrix} \tag{4-2}$$

3. 结构模型

$$[\eta] = [0.210 \quad 0.402 \quad 0.385] \begin{bmatrix} \zeta_1 \\ \zeta_2 \\ \zeta_3 \end{bmatrix} + [0.005] \tag{4-3}$$

表 4-10 变量对应

变量名	变量代码	类型	变量名	变量代码	类型
战略目标的明确性	X_1	观测变量	收益分配的均衡力	X_{11}	观测变量
战略行动的一致性	X_2	观测变量	价值增值的协同力	X_{12}	观测变量
战略资源的互补性	X_3	观测变量	价值创造水平	X_{13}	观测变量
战略风险的规避性	X_4	观测变量	价值创造能力	X_{14}	观测变量
生产资源配置效率	X_5	观测变量	价值创造动力	X_{15}	观测变量
技术资源配置效率	X_6	观测变量	价值创造协同性	X_{16}	观测变量
关系资源配置效率	X_7	观测变量	财务战略协同控制	ξ_1	外因潜变量
信息资源配置效率	X_8	观测变量	财务资源协同控制	ξ_2	外因潜变量
财权配置的保障力	X_9	观测变量	财务关系协同控制	ξ_3	外因潜变量
利益冲突的消解力	X_{10}	观测变量	价值效应	η	内因潜变量

五、主要研究结论

通过以上研究，假设 1~假设 6 均得到了支持，因此可以得出如下结论：财务战略协同控制、财务资源协同控制和财务关系协同控制与企业集团的价值效应具有显著的因果关系，其中财务资源协同控制与企业集团的价值效应因果关系最强，财务关系协同控制与企业集团的价值效应因果关系次之，财务战略协同控制与企业集团的价值效应因果关系最弱，同时，财务战略协同控制、财务资源协同控制和财务关系协同控制之间具有明显的共变关系，三者相互影响相互作用，共同推动企业集团价值效应的实现。

本章小结

本章按照“概念模型与假设”、“研究方法”、“基础数据分析”、“结构方程模型的估计与检验”、“研究结果的讨论”的思路，结合问卷调查和采用结构方程模型的方法对企业集团财务协同控制的价值效应模型进行研究。首先，建立了由企业集团财务战略协同控制、财务资源协同控制和财务关系协同控制三个外因潜变量和价值效应内因潜变量构成的概念模型，并在相关分析的基础上提出了6个研究假设。其次，采用问卷调查的方法获得了220个有效样本数据，并对样本数据进行了描述性统计分析、信度和效度检验。最后，运用结构方程模型进行了拟合分析、路径关系检验、变量影响效果分析，并根据研究数据建立了结构方程模型的测量模型和结构模型。研究结果表明：财务战略协同控制、财务资源协同控制和财务关系协同控制与企业集团的价值效应具有显著的因果关系，其中财务资源协同控制与企业集团的价值效应因果关系最强，财务关系协同控制与企业集团的价值效应因果关系次之，财务战略协同控制与企业集团的价值效应因果关系最弱，同时，财务战略协同控制、财务资源协同控制和财务关系协同控制之间具有明显的共变关系，三者相互影响相互作用，共同推动企业集团价值效应的实现。

第五章　企业集团财务协同控制的价值效应评价体系

价值效应是企业集团战略目标的重要组成部分，是组织运行绩效的直接反映，它的高低强弱不仅能够反映企业集团财务协同控制的效果，而且能为企业集团的战略决策提供科学的依据。因此，科学有效地对企业集团财务协同控制的价值效应进行评价，既是企业集团持久价值创造的需要，也是企业集团协同管理的需要。本章试图突破现有的绩效评价原理与方法，从企业集团财务协同控制的价值效应评价的基本框架分析出发，结合价值效应评价指标的层次与结构，设计建立企业集团财务协同控制的价值效应评价指标、模型和流程。本章的逻辑框架如图 5–1 所示。

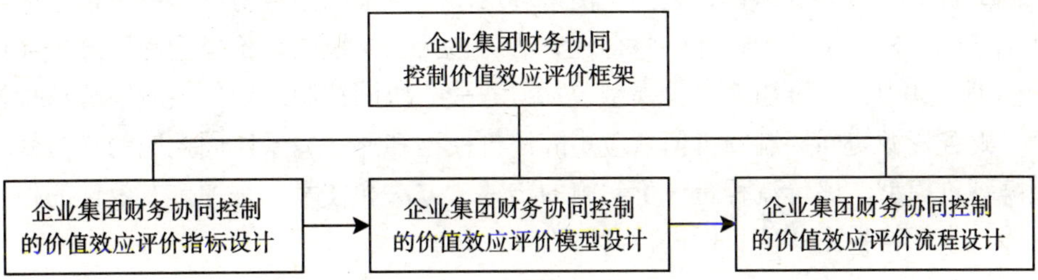

图 5–1　企业集团财务协同控制的价值效应评价体系研究框架

一、企业集团财务协同控制的价值效应评价框架

企业集团财务协同控制的价值效应评价是指评价主体为了实现价值效应目标，运用特定的指标和判定准则，采用科学的方法，对企业集团财务协同控制的过程和结果作出的一种价值判断，它是对价值效应目标实现程度的检验与计量，它的结果不仅是对企业集团财务协同控制价值效应绩效的衡量，而且能为企业集团财务协同控制价值效应目标的实现指明方向。评价应遵循的基本原则是：科学

性原则；系统性原则；实用性原则；全面性原则。按照评价的目标、评价的对象和评价的原则要求，企业集团财务协同控制的价值效应评价框架设计必须能够突出三个特色：①评价指标的全面性。②评价模型的科学性。③评价流程的实用性。从评价指标的全面性分析，评价指标应包含和体现财务战略协同控制、财务资源协同控制和财务关系协同控制三个维度。从评价模型的科学性分析，评价模型的建立应能正确反映企业集团财务协同控制的价值效应绩效关系。从评价流程的实用性分析，随着计算机开发语言、数据库技术、数据挖掘技术的日渐完善，计算机协同开发平台为评价实用性提供了技术支撑。

企业集团财务协同控制的价值效应评价目标是评价的基本指引和导向，主要包括以下几个方面：①以企业集团整体价值持续增长的财务目标为中心，系统地考察企业集团财务协同控制的绩效水平。②以价值创造的驱动因素和驱动过程为重点，从不同维度来评价企业集团财务协同控制的绩效层次关系。③以价值创造的时空关系为基础，从空间层面来评价企业集团的价值效应类型。围绕评价目标，建立企业集团财务协同控制的价值效应评价基本框架（见图 5-2）。框架主要包括评价指标、评价模型和评价流程三大部分。评价指标包括财务战略协同控制的价值效应评价指标、财务资源协同控制的价值效应评价指标和财务关系协同控制的价值效应评价指标，它们是衡量和反映企业集团财务协同控制价值效应的基础指标。模型是评价指标的整合性方法，包括二维矩阵评价模型和三维立体评价模型。其中，二维矩阵评价模型包括财务战略协同控制的价值效应矩阵评价模型、财务资源协同控制的价值效应矩阵评价模型和财务关系协同控制的价值效应矩阵评价模型。评价流程是评价实施的步骤、方法和技术，是评价有效性的根本保障，本章将根据评价目标进行具体设计。

二、企业集团财务协同控制的价值效应评价指标设计

（一）企业集团财务协同控制的价值效应评价指标层次结构

指标是评价的灵魂和基础，不同的指标是对价值效应不同侧面的反映，对价值效应的有效评价必须以建立科学有效的指标为前提。罗伯特·卡普兰和戴维·诺顿的研究表明，企业的长期成功取决于四个维度的因素，即财务、顾客、内部流程以及学习与成长，并将财务协同看作是组织绩效的基本源泉之一。Fitzgerald 在

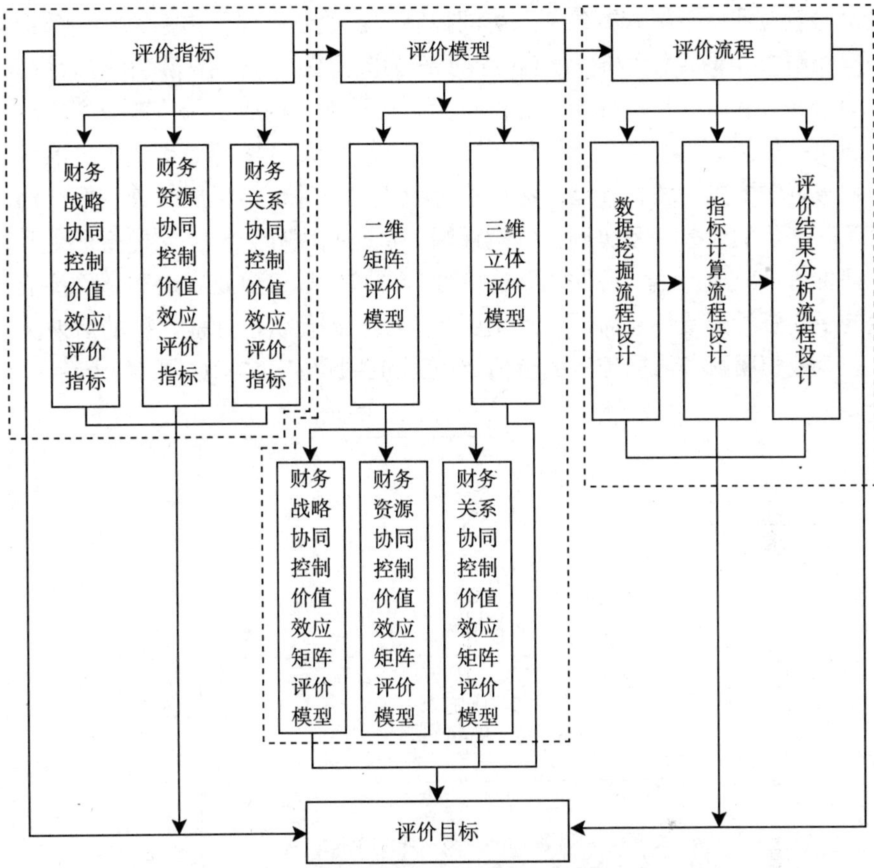

图 5-2 企业集团财务协同控制的价值效应评价框架

《经营绩效测度》一文中将企业长期成功的因素归结为财务、竞争、服务质量、革新、灵活性和资源利用六个方面。许多研究者也因此开始尝试从多个维度来建立评价指标，以综合评价企业的运行绩效，并取得了一定的研究成果。考虑企业集团财务协同控制价值效应评价的财务特征，按照“科学性”、“全面性”、“易获取性”和“实用性”等原则的要求，以财务指标为基础，从多个层次、多个维度来建立企业集团财务协同控制的价值效应评价指标也是研究的基本要求。

企业集团财务协同控制的价值效应评价既是对财务目标实现程度的评估，又是对财务协同控制战略制定与实施的方向指引，它是一个多维度、多层次、多目标的评价。首先，按照整体价值效应评价目标的具体要求，完整的评价指标应该包括能够反映财务战略、财务资源和财务关系三方面协同控制的价值效应内容。其次，按照价值效应的空间维度和时间序列划分，企业集团财务协同控制的价值效应评价指标可分为：财务战略协同控制的价值效应评价指标、财务资源协同控制的价值效应评价指标和财务关系协同控制的价值效应评价指标，它们分别构成企业集团财务协同控制价值效应评价的先导指标层、同步指标层和滞后指标层。从空间层面分析，先导指标位于评价指标的最上部，构成了价值效应评价的战略环境适应价值指标层；同步指标位于产出评价指标层的中部，构成了价值效应评价的财务资源配置价值指标层；滞后指标位于产出评价指标层的最底部，构成了价值效应评价的财务关系协调价值指标层。从时间序列分析，先导指标主要是反映和评价价值效应产生的前期战略适应性；同步指标主要是反映和评价价值效应产生的中期资源配置性；滞后指标主要是反映和评价价值效应产生的后期关系协调性。企业集团财务协同控制的价值效应评价指标层次结构如图 5–3 所示。

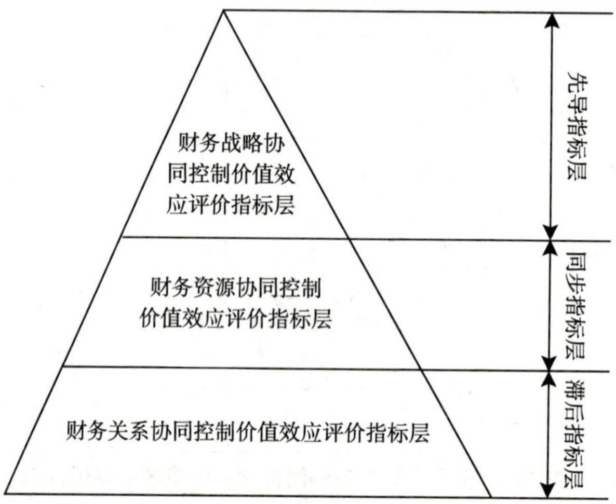

图 5–3　企业集团财务协同控制的价值效应评价指标层次结构

（二）企业集团财务协同控制的价值效应评价指标

企业集团财务协同控制的价值效应来源于财务战略、财务资源和财务关系的协同控制三个维度，因此企业集团财务协同控制的价值效应评价指标设计应能分别反映和体现这三个维度的内容。根据评价目标，本书设计了企业集团财务协同控制的价值效应评价指标（见表 5–1），包括财务战略协同控制的价值效应评价指标、财务资源协同控制的价值效应评价指标和财务关系协同控制的价值效应评价指标。财务战略协同控制的价值效应评价指标包括“市场环境适应度”、“投资环境适应度”、“融资环境适应度”和“投入资本价值创造率”；财务资源协同控制的价值效应评价指标包括“现金循环周转优势度”、“现金延期支付优势度”和“投入资本自由现金率”；财务关系协同控制的价值效应评价指标包括“股东协同满意度”、“员工协同满意度”、“客户协同满意度”、“供应商协同满意度”和“投入资本现金增值率”。“市场环境适应度”、“投资环境适应度”和“融资环境适应度”反映了企业集团对市场和投融资环境的适应能力，“投入资本价值创造率”反映了企业集团的价值创造与转换能力；“现金循环周转优势度”和“现金延期支付优势度”反映了企业集团的资源配置能力，“投入资本自由现金率”反映了企业集团价值创造的资金保障能力；“股东协同满意度”、“员工协同满意度”、“客户协同满意度”和“供应商协同满意度”反映了企业集团满足利益相关者的价值期望的利益协同能力，“投入资本现金增值率”反映了企业集团的现金盈余能力。用 $v_k(k=1, 2, \cdots)$ 表示各个指标变量，则评价的指标向量可表示为：$v=(v_1, v_2, \cdots, v_k, \cdots)^T$。

表 5-1 企业集团财务协同控制的价值效应评价指标

序号	维度	指标名称	变量名称	类型
1	财务战略协同控制	市场环境适应度	v_1	越大越好型
2		投资环境适应度	v_2	越大越好型
3		融资环境适应度	v_3	越大越好型
4		投入资本价值创造率	v_4	越大越好型
5	财务资源协同控制	现金循环周转优势度	v_5	越大越好型
6		现金延期支付优势度	v_6	越大越好型
7		投入资本自由现金率	v_7	越大越好型
8	财务关系协同控制	股东协同满意度	v_8	越大越好型
9		员工协同满意度	v_9	越大越好型
10		客户协同满意度	v_{10}	越大越好型
11		供应商协同满意度	v_{11}	越大越好型
12		投入资本现金增值率	v_{12}	越大越好型

1. 财务战略协同控制的价值效应评价指标

(1) 市场环境适应度 (v_1)。市场是实现价值转换的场所，是企业集团赖以生存的基本环境。市场资源的稀缺性决定了市场竞争的风险性。企业集团正是为了适应市场竞争而组成的中间性组织，它通过将部分外部市场内部化来降低交易费用，从而通过资源互补、协同配合来实现比一般企业更大的价值效应。财务战略协同控制的基本任务之一就是最大限度地规避市场风险，从而实现企业集团的长期协同价值。市场环境适应能力的强弱决定了企业集团财务协同控制价值效应的实现程度，也在一定程度上反映了企业集团财务战略协同控制的效率和效果。本书采用“市场环境适应度”指标来衡量市场环境适应能力的大小，并将其定义为：经营活动现金流入量变化率与营业收入变化率的几何平均值，如果该指标值大于1则表示市场环境适应度在提高。该指标为企业集团价值效应的越大越好型评价指标。

其计算公式如下：

$$v_1=\sqrt{\frac{\text{经营活动现金流入量}_t}{\text{经营活动现金流入量}_{t-1}}\cdot\frac{\text{营业收入}_t}{\text{营业收入}_{t-1}}} \tag{5-1}$$ ①

（2）投资环境适应度（v_2）。投资活动是企业集团扩大经营规模，促进价值增值的基本价值活动，它的持续性增长是适应市场竞争的需要。随着技术更新进程的加快和市场需求的日益复杂化，产品寿命周期日益缩短，这就迫使企业集团要跟随市场需求，进一步加强技术创新和技术改造，以适应千变万化的市场需求。投资环境制约和影响着企业集团的投资活动，假定企业集团的投资是一个理性过程，则企业集团投资的变化状况就能够反映其对投资环境适应的能力。本书采用"投资环境适应度"指标来衡量投资环境适应能力的大小，并将其定义为：构建固定资产、无形资产和其他长期资产支付的现金的变化率与在建工程投资的变化率的几何平均值，如果该指标值大于1则表示投资环境适应度在提高。该指标为企业集团价值效应的越大越好型评价指标。

其计算公式如下：

$$v_2=\sqrt{\frac{\text{构建固定资产无形资产和其他长期资产支付的现金}_t}{\text{构建固定资产无形资产和其他长期资产等支付的现金}_{t-1}}\cdot\frac{\text{在建工程}_t}{\text{在建工程}_{t-1}}} \tag{5-2}$$

（3）融资环境适应度（v_3）。融资活动与投资活动一样，也是企业集团资本扩张的基本关联活动之一，它和投资活动共同决定了企业集团实施扩张战略的成败。企业集团融资是实现未来财务协同控制价值效应的关键，其资金来源涉及多个渠道。MM理论认为，在考虑公司所得税的情况下，由于负债的利息是免税支出，可以降低综合资本成本，增加企业的价值。优序融资理论则认为，以不对称信息理论为基础，并考虑交易成本的存在时，权益融资会传递企业经营的负面信息，而且外部融资要多支付各种成本，因而企业融资一般会遵循内源融资、债务融资、权益融资这样的先后顺序。企业集团的融资状况反映了对融资环境的适应能力，可采用"融资环境适应度"指标来衡量融资环境适应能力的大小，其定义为：长期负债的变化率与所有者权益的变化率的几何平均值，如果该指标值大于1则表示融资环境适应度在提高。该指标为企业集团价值效应的越大越好型评价指标。

其计算公式如下：

① 公式中的下标t表示当期数据，t－1表示上期数据，以下公式同。

$$v_3=\sqrt{\frac{长期负债_t}{长期负债_{t-1}}\cdot\frac{所有者权益_t}{所有者权益_{t-1}}} \tag{5-3}$$

（4）投入资本价值创造率（v_4）。企业集团财务战略协同控制的目的是为了实现价值的增值和转换，而这种转换表现在两个方面：一是资本的投入；二是价值的实现。资本的投入来自决策层对未来的资本增值价值期望，价值的实现则受制于由市场、金融等因素构成的战略环境。经济增加值①（Economic Value Added，EVA），是由美国的Stern和Stewart管理咨询公司开发的经营业绩评价指标，它是扣除债务成本和权益成本后的增值收益，反映了资本的增值能力。“投入资本价值创造率”可用经济增加值与投入资本②的比率表示，它反映了企业集团投入资本的价值转换程度，是企业集团环境适应能力的综合反映，也是财务战略协同控制价值效应的一个度量，如果该指标值大于0则表示价值得到了创造。该指标是企业集团价值效应的越大越好型评价指标。

其计算公式如下：

$$v_4=\frac{经济增加值_t}{投入资本_t} \tag{5-4}$$

2. 财务资源协同控制的价值效应评价指标

（1）现金循环周转优势度（v_5）。财务资源协同控制的价值效应最终是通过财务资源的优化配置来实现的，而财务资源的配置主要表现在现金的流动上。“现金循环周转优势度”表征的是现金循环周转的快慢，可用“应收账款周转率”、“存货周转率”和“应付账款周转率”来衡量，它反映了企业集团财务协同控制过程中价值创造的效率，如果本期“现金循环周转率”大于上期“现金循环周转率”，则表示资源向优配方向发展。该指标为企业集团价值效应的越大越好型评价指标。

其计算公式如下：

① 美国的Stern和Stewart管理咨询公司针对剩余收益指标作为单期间业绩评价指标的局限性，于1993年在《财富》杂志上发布了经济增加值（Economic Value Added，EVA）评价指标，并将其定义为：公司经过调整的净营业利润减去其现有资产经济价值的机会成本后的余额。EVA的公式为：EVA＝税后营业利润－加权资本成本×投入资本，即EVA＝NOPAT－WACC·IC。其中，税后营业利润NOPAT＝EBIT·(1－T)，加权资本成本 $WACC=K_D(1-T_C)\frac{D}{D+E}+K_E\frac{E}{D+E}$，$K_D$为利息成本，$K_E$为权益成本。EVA的计算结果取决于税后营业利润、资本总额和加权平均资本成本三个变量，而加权平均资本成本的计算相对较复杂，可参考我国中央企业的均值选取5.5%。

② 投入资本是公司经营者为了维持正常的生产经营实际投入的资本数额。公司的资本通常投入到三个项目上：现金及现金等价物、营运资本需求和固定资产。管理资产负债表中的现金、营运资本需求和固定资产净值构成了企业的投入资本。营运资本需求＝(应收账款＋存货＋预付账款)－(应付账款＋应计费用)。

$$v_5=\frac{应收账款周转率_t+存货周转率_t-应付账款周转率_t}{应收账款周转率_{t-1}+存货周转率_{t-1}-应付账款周转率_{t-1}} \quad (5-5)$$

其中：$应收账款周转率=\frac{营业收入}{应收账款平均余额}$

$存货周转率=\frac{主营业务成本}{存货平均余额}$

$应付账款周转率=\frac{主营业务成本}{应付账款平均余额}$

（2）现金延期支付优势度（v_6）。企业集团财务协同控制是以现金的充裕性为前提的，而现金的延期支付意味着能够充分利用外部现金的流入来实现资源配置，现金延期支付的数额越大，对企业集团的资源配置越有利。“应收账款周转率”和“存货周转率”表示了应收账款与存货占用内部现金的情况，其数值越大对企业集团的资源配置越有利。“应付账款周转率”表示了企业集团占用外部现金的情况，其数值越小对企业集团资源配置越有利。本书采用“现金延期支付优势度”来衡量企业集团财务资源协同控制过程中内外现金的占用，能够反映和评价企业集团财务资源协同控制价值效应实现过程中的资源配置情况。如果本期“现金延期支付优势度”大于上期“现金延期支付优势度”，则表示外部资源的占用增加，资源向优配方向发展。该指标为企业集团价值效应的越大越好型评价指标。

其计算公式如下：

$$v_6=\frac{(应收账款周转率_t+存货周转率_t)/应付账款周转率_t}{(应收账款周转率_{t-1}+存货周转率_{t-1})/应付账款周转率_{t-1}} \quad (5-6)$$

（3）投入资本自由现金率（v_7）。自由现金流量[①]（Free Cash Flow，FCF），是企业集团财务协同控制过程中产生的在满足了再投资需要之后剩余的现金流量，它是在不影响公司持续发展的前提下可由公司自由支配的现金额，是反映和衡量现金充裕性的基本指标。“投入资本自由现金率”可用自由现金流量与投入资本的比率表示，它反映了企业集团在资源优化配置中的现金充裕程度，是企业集团资源配置能力的综合反映，也是财务资源协同控制价值效应的一个度量，如果该指标值大于 0 则表示价值创造中有充足的现金保障。该指标为企业集团价值效应的越大越好型评价指标。

---

① 自由现金流量是企业价值评估的一种概念、理论、方法和体系，它是 20 世纪 80 年代由美国西北大学拉巴波特和哈佛大学詹森等学者提出的，经历多年的发展，该指标已经广泛应用于企业价值评估领域。卡普兰（1990）比较详尽地阐述了自由现金流量的计算方法：“自由现金流量等于企业的税后净营业利润加上折旧及摊销等非现金支出，再减去营运资本的追加和物业厂房设备及其他资产方面的投资。”即：自由现金流量 =（税后净营业利润 + 折旧及摊销）-（资本支出 + 营运资本增加）。

其计算公式为：

$$v_7=\frac{自由现金流量_t}{投入资本_t} \tag{5-7}$$

3. 财务关系协同控制的价值效应评价指标

（1）股东协同满意度（v_8）。股东是企业集团物质资本的投入者，对企业集团的经营活动具有重要的影响和制约作用。股东协同满意是物质资本投入的前提和基础，它取决于股东对企业集团价值的感知，从财务角度分析，这种感知主要由股东资本投入后所获得的增值收益所决定。如果股东对企业集团的经营不满意，就会影响和左右公司决策，从而影响公司股票价格、资金筹集等，导致企业集团长期决策失效，从而使企业集团的价值创造能力下降。“股东协同满意度”是股东对企业集团财务关系协同控制满意程度的度量之一，是企业集团财务关系协同控制能力的一个重要反映，可通过分配股利和偿付利息支付的现金比率反映，如果该指标值大于 1 则表示股东协同满意度在提高。该指标为企业集团价值效应的越大越好型评价指标。

其计算公式如下：

$$v_8=\frac{分配股利和偿付利息支付的现金_t}{分配股利和偿付利息支付的现金_{t-1}} \tag{5-8}$$

（2）员工协同满意度（v_9）。人力资本是企业集团价值创造的核心，而作为人力资本的提供者——员工来说，他们的积极性、主动性和创造性的发挥程度，直接决定了企业集团的劳动生产率、技术创新能力以及综合竞争能力。员工满意是发挥财务协同控制优势的基础，是企业集团实现财务协同控制价值效应的基本途径，它可表现为企业集团对员工价值创造的肯定以及为保障价值创造能力的提高而进行的一系列智力资本投入。“员工协同满意度”是员工对企业集团财务关系协同控制满意程度的度量之一，是企业集团财务关系协同控制能力的一个重要反映，可通过支付给职工及为职工支付的现金比率反映，如果该指标值大于 1 则表示员工协同满意度在提高。该指标为企业集团价值效应的越大越好型评价指标。

其计算公式如下：

$$v_9=\frac{支付给职工及为职工支付的现金_t}{支付给职工及为职工支付的现金_{t-1}} \tag{5-9}$$

（3）客户协同满意度（v_{10}）。客户是企业集团产品与服务的基本归宿，也是企业集团财务协同控制价值效应得以实现的终极环节。客户的需求和满意能够推动企业集团的价值创造和实现，他们的持续购买行为导致企业集团源源不断的现金流入，从而有效地保证了企业集团的现金循环。客户协同满意来源于客户对企业集团价值的感知和忠诚，其核心变量是客户的期望价值的实现。“客户协同满意度”是客户对企业集团财务关系协同控制满意程度的度量之一，是企业集团财务关系协同控制能力的一个重要反映，可通过销售商品提供劳务收到的现金比率来反映，如果该指标值大于 1 则表示客户协同满意度在提高。该指标为企业集团价值效应的越大越好型评价指标。

其计算公式如下：

$$v_{10}=\frac{销售商品提供劳务收到的现金_{t}}{销售商品提供劳务收到的现金_{t-1}} \quad (5\text{-}10)$$

（4）供应商协同满意度（v_{11}）。供应商是企业集团的重要战略伙伴，能为企业集团的价值创造提供物质资料。供应商是通过供货渠道和供货价格来作用于企业集团，而稳定的供货渠道和供货价格又是影响企业集团产品成本的重要方面，从而制约企业集团财务协同控制的价值效应。企业集团必须与供应商建立长期稳定的财务关系，而关系形成的基础是保证供应商协同满意程度的提高。“供应商协同满意度”是供应商对企业集团财务关系协同控制满意程度的度量之一，是企业集团财务关系协同控制能力的一个重要反映，可通过购买商品和使用劳务支付的现金比率反映，如果该指标值大于 1 则表示供应商协同满意度在提高。该指标为企业集团价值效应的越大越好型评价指标。

其计算公式如下：

$$v_{11}=\frac{购买商品和使用劳务支付的现金_{t}}{购买商品和使用劳务支付的现金_{t-1}} \quad (5\text{-}11)$$

（5）投入资本现金增值率（v_{12}）。利益相关者价值期望的实现程度反映于以现金流量表示的净利润和留存收益，评价的指标有现金盈利值（Cash Earning Value，CEV）和现金盈利增加值（Cash Added Value，CAV）。现金盈利值是用现金流量表示的净利润，它在数值上等于经营活动现金净流量、取得投资收益收到的现金、处置资产收回的现金之和。现金盈利增加值是用现金流量表示的留存收益，它在数据上等于现金盈利值减去分配股利和偿付利息支付的现金。用现金盈利增加值与投入资本的比率表示“投入资本现金增值率”，能够反映企业集团财务关系协同控制价值效应的实现程度，如果该指标值大于 0，则说明企业集团财务协同控制的现金出现盈余。该指标为企业集团价值效应的越大越好型评价指标。

其计算公式如下：

$$v_{12}=\frac{现金盈利增加值_{t}}{投入资本_{t}} \quad (5\text{-}12)$$

三、企业集团财务协同控制的价值效应评价模型设计

（一）企业集团财务协同控制的价值效应二维矩阵评价模型

1. 常用矩阵评价方法的启示性分析

矩阵评价法是一种直观的评价方法，常用于战略决策分析和项目风险评价等领域。它的核心思想是：利用二维正交坐标，设定相应阈值，将二维平面划分为多个评价区域，并赋予不同区域相应的经济含义，以此判断和评价战略决策或组织绩效，比较典型的矩阵有：波士顿矩阵、风险矩阵。

（1）波士顿矩阵（又称 BCG 矩阵，见图 5-4）是由波士顿公司开发的，用于描述市场相对份额和销售增长率的差别，以此确定企业的行业地位和竞争力状况，从而为战略决策提供依据。BCG 矩阵以市场占有率为横轴，以销售增长率为纵轴，并设定纵横坐标轴的阈值，将二维平面划分为四个区域。第Ⅰ区域称为“明星类”，表示企业处于高增长行业和具有高的市场占有率，因此具有竞争实力和扩展机会。第Ⅱ区域称为“问题类”，表示企业处于高增长行业和具有低的市场占有率，因此应适当得到帮助，将“问题类”转换为“明星类”。第Ⅲ区域称为“金牛类”，表示企业处于低增长率行业和具有高的市场占有率，因此能够获得高利润，但发展潜力不足。第Ⅳ区域称为“瘦狗类”，表示企业处于低增长率行业和具有低的市场占有率，因此企业不能获得高利润，发展潜力也不足。

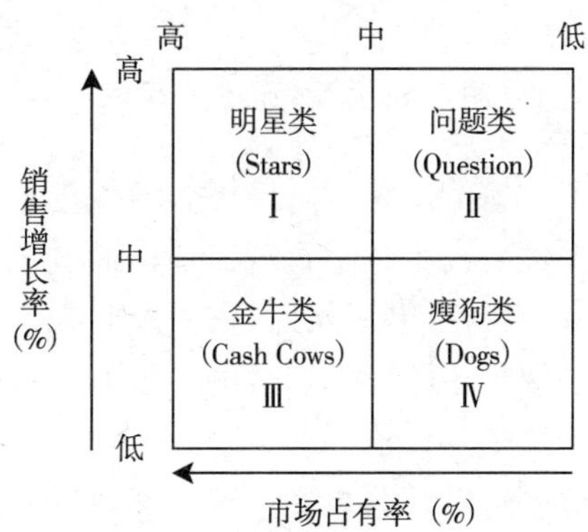

图 5-4　BCG 矩阵分析模型

（2）风险矩阵（Risk Matrix，见图 5-5）作为有效的风险管理工具，常用于评价项目的潜在风险，它出现于 20 世纪 90 年代中后期，是在项目管理过程中识别项目风险重要性的一种结构性方法。该方法是由美国空军电子系统中心最先提出的，并在美国军方武器系统研制项目风险管理中得到广泛的推广应用，它将定性分析与定量分析有机地结合起来，在对项目的潜在风险进行评估时，具有操作简便、显示直观等特点。风险矩阵方法，通过确定风险影响等级和风险概率，并利用 Borda 排序的方法将风险按照重要性进行排序，从而达到识别风险的目的。运用风险矩阵方法能够识别项目风险、评估风险潜在影响、计算风险发生概率、评定风险等级，为风险的监控与化解提供基础数据。Borda 排序的基本原理是：设风险的总个数为 n，i 表示风险，k 表示准则（k = 1 表示风险影响准则 I，k = 2 表示风险概率准则 P），风险 i 在准则 k 下的风险等级表示为 R_{ik}，则风险 i 的 Borda 数可表示为：

$$b_i = \sum_{k=1}^{2}(n - R_{ik}) \tag{5-13}$$

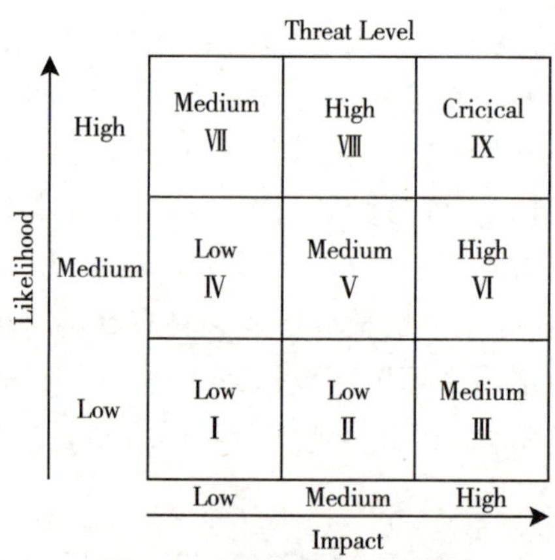

图 5-5 风险矩阵评价模型

矩阵评价方法在多个领域的广泛应用，极大地促进了管理技术和管理水平的提高。该评价方法的主要优点在于：①直观性强，通过矩阵显示结果能够简捷明了地分析和判断评价结果与目标的差异性，便于及时采取应对策略。②对样本容量的依赖性不强，克服了评价中因样本容量的不足而带来的目标偏差。对本书研究的主要启示在于：①利用矩阵评价方法，建立矩阵评价模型，能够对企业集团财务协同控制的价值效应进行直观分析和评价。②建立财务战略协同控制、财务资源协同控制、财务关系协同控制三个维度的价值效应矩阵评价模型，能够分析和评价企业集团不同维度的协同控制状况，便于企业集团对不同维度的财务协同控制水平进行分析。③矩阵评价的数据采集、计算和结果显示均可采用数据库技术、计算机编程技术进行处理，能够快速准确地进行数据处理和结果显示与分析。④矩阵评价可与其他评价方法有效地结合，以确保评价的全面性和科学性。本书将企业集团价值效应矩阵评价的模型分为基本模型和扩展模型两种，并进行具体的设计。

2. 矩阵评价的基本模型构建

企业集团财务协同控制的价值效应表现在财务战略协同控制、财务资源协同控制和财务关系协同控制三个维度，因此，需要分别建立三个维度的评价矩阵来进行评价，它们是财务战略协同控制价值效应评价矩阵、财务资源协同控制价值效应评价矩阵和财务关系协同控制价值效应评价矩阵。财务战略协同控制价值效应评价矩阵的构建思路是，以财务战略环境适应率（x_1）为横轴，投入资本价值创造率（$y_1 = v_4$）为纵轴进行构建，它反映的是企业集团价值转换能力与环境适应能力的二维关系。财务资源协同控制价值效应评价矩阵的构建思路是，以财务资源优配率（x_2）为横轴，投入资本自由现金率（$y_2 = v_7$）为纵轴进行构建，它反映的是企业集团现金保障能力与资源配置能力的二维关系。财务关系协同控制价值效应评价矩阵的构建思路是，以财务利益协同率（x_3）为横轴，以投入资本现金增值率（$y_3 = v_{12}$）为纵轴进行构建，它反映的是企业集团现金增值能力与利益协调能力的二维关系。构建的价值效应矩阵评价基本模型如图 5-6 所示，每个评价矩阵划分为四个区域，分别用 A 区、B 区、C 区和 D 区表示，不同的矩阵、不同的区域分别代表了不同的经济含义。

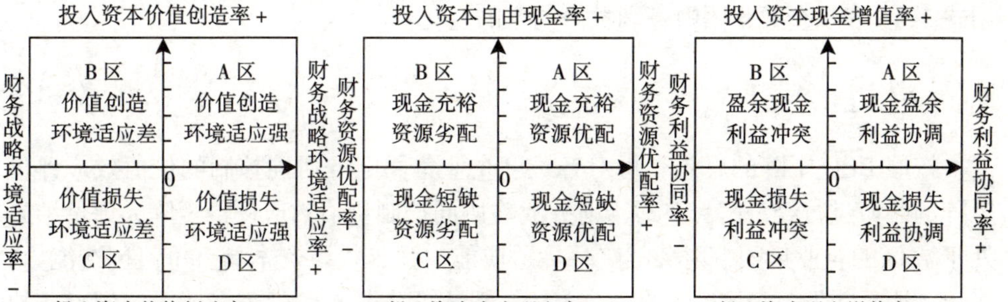

（1）财务战略协同控制价值效应矩阵评价基本模型　（2）财务资源协同控制价值效应矩阵评价基本模型　（3）财务关系协同控制价值效应矩阵评价基本模型

图 5-6　企业集团财务协同控制的价值效应矩阵评价基本模型

由于投入资本价值创造率（$y_1 = v_4$）、投入资本自由现金率（$y_2 = v_7$）和投入资本现金增值率（$y_3 = v_{12}$）是评价的基本指标，其计算公式已分别由公式 5-4、公式 5-7 和公式 5-12 给出，而财务战略环境适应率（x_1）、财务资源优配率（x_2）和财务利益协同率（x_3）是非基本评价指标，因此需要在评价基本指标的基础上进行构建。

财务战略环境适应率（x_1）是市场环境适应度（v_1）、投资环境适应度（v_2）和融资环境适应度（v_3）的综合反映，三者的几何平均值代表了财务战略环境的适应水平，如果数值大于 1，则表示企业集团的财务战略环境适应率在增强；如果数值小于 1，则表示企业集团的财务战略环境适应率在减弱，因此可用式 5-14 表示企业集团财务战略环境适应率的变化：

$$x_1 = \left(\prod_{i=1}^{3} v_i \right)^{1/3} - 1 \tag{5-14}$$

财务资源优配率（x_2）是现金循环周转优势度（v_5）和现金延期支付优势度（v_6）两个指标的综合反映，二者的几何平均值代表了财务资源的配置水平，如果数值大于 1，则表示企业集团的财务资源优配率在增强；如果数值小于 1，则表示企业集团的财务资源优配率在减弱，因此可用式 5-15 表示企业集团财务资源优配率的变化：

$$x_2 = \left(\prod_{i=5}^{6} v_i \right)^{1/2} - 1 \tag{5-15}$$

财务利益协同率（x_3）是股东协同满意度（v_8）、员工协同满意度（v_9）、客户协同满意度（v_{10}）、供应商协同满意度（v_{11}）的综合反映，三者的几何平均值代表了财务利益关系的协调水平，如果数值大于 1，则表示企业集团的财务利益协同率在增强；如果数值小于 1，则表示企业集团的财务利益协同率在减弱，因此可用式 5-16 表示企业集团财务利益协同率的变化：

$$x_3 = \left(\prod_{i=8}^{11} v_i \right)^{1/4} - 1 \tag{5-16}$$

按照 BCG 矩阵的思想，可对各维度企业集团财务协同控制的价值效应评价矩阵的区域进行经济解释。对于财务战略协同控制价值效应评价矩阵，评价结果处于 A 区的企业集团，财务战略环境适应能力强，投入资本具有价值创造能力，属于“明星类”；处于 B 区的企业集团，投入资本具有价值创造能力，但财务战略环境适应能力差，属于“金牛类”；处于 C 区的企业集团，财务战略环境适应能力差，投入资本的价值创造能力亦差，属于“瘦狗类”；处于 D 区的企业集团，财务战略环境适应能力强，投入资本的价值创造能力差，属于“问题类”。对于财务资源协同控制价值效应评价矩阵，处于 A 区的企业集团，财务资源的配置能力强，价值创造的自由现金充足，属于“明星类”；处于 B 区的企业集团，价值创造的自由现金充足，但财务资源的配置能力差，属于“金牛类”；处于 C 区的企业集团，财务资源的配置能力差，价值创造的自由现金短缺，属于“瘦狗类”；处于D区的企业集团，财务资源的配置能力强，价值创造的自由现金短缺，属于“问题类”。对于财务关系协同控制价值效应评价矩阵，处于A区的企业集团，财务利益协同能力强，投入资本现金增值能力强，属于“明星类”；处于B区的企业集团，投入资本现金增值能力强，但财务利益协同能力差，整体上属于“金牛类”；处于C区的企业集团，财务利益协同能力差，投入资本现金增值能力差，整体上属于“瘦狗类”；处于D区的企业集团，财务利益协同能力强，投入资本现金增值能力差，整体上属于“问题类”。企业集团财务协同控制的价值效应矩阵评价基本模型各区域的经济含义如表5–2所示。

表5–2 企业集团价值效应矩阵评价基本模型各区域经济含义

评价区域	财务战略协同控制价值效应基本评价矩阵		财务资源协同控制价值效应基本评价矩阵		财务关系协同控制价值效应基本评价矩阵		类型
	横轴	纵轴	横轴	纵轴	横轴	纵轴	
	财务战略环境适应率	投入资本价值创造率	财务资源优配率	投入资本自由现金率	财务利益协同率	投入资本现金增值率	
A	适应环境	创造价值	资源优配	现金充裕	利益协调	现金盈余	明星
B	不适应环境	创造价值	资源劣配	现金充裕	利益冲突	现金盈余	金牛
C	不适应环境	损失价值	资源劣配	现金短缺	利益冲突	现金损失	瘦狗
D	适应环境	损失价值	资源优配	现金短缺	利益协调	现金损失	问题

3. 矩阵评价的扩展模型构建

为了更详细地对企业集团价值效应进行分类评价，对构建的三个维度的基本评价矩阵进一步划分，将各个矩阵的第一象限划分为A1~A4区域，第二象限划分为B1~B4区域，第三象限划分为C1~C4区域，第四象限划分为D1~D4区域，形成企业集团财务协同控制的价值效应评价的扩展模型见图5–7。划分的标准是：①对于每个矩阵的纵横坐标分别设定两个阈值，从阈值点的位置作直线将矩阵划分为16个方格。②每个坐标轴的正向阈值设定原则是以所有大于0的指标的均值为基础，负向阈值设定原则是以所有小于0的指标的均值为基础。根据构建的企业集团财务协同控制的价值效应评价的扩展模型，可建立价值效应的评价集 $E=\{E^1, E^2, E^3\}$，其中：$E^d=\{A, B, C, D\}$，$A=\{A_1, A_2, A_3, A_4\}$，$B=\{B_1, B_2, B_3, B_4\}$，$C=\{C_1, C_2, C_3, C_4\}$，$D=\{D_1, D_2, D_3, D_4\}$，上标 $d=\{1, 2, 3\}$ 分别表示财务战略协同控制、财务资源协同控制和财务关系协同控制三个维度。

如果计算得到三个维度的X坐标轴和Y坐标轴的评价数据矩阵分别为：

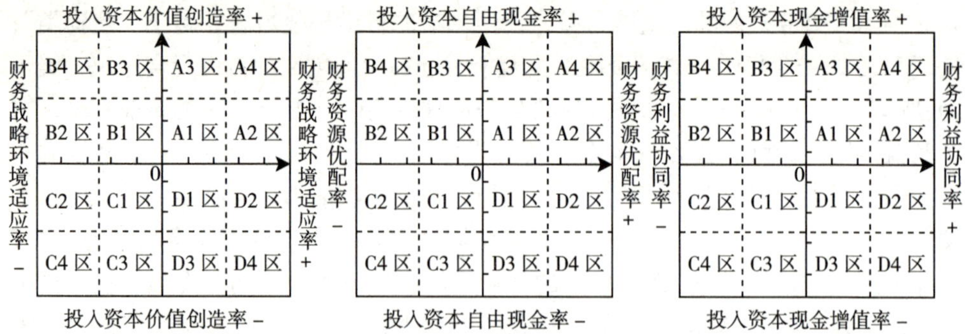

（1）财务战略协同控制价值效应矩阵评价扩展模型

（2）财务资源协同控制价值效应矩阵评价扩展模型

（3）财务关系协同控制价值效应矩阵评价扩展模型

图 5–7　企业集团财务协同控制的价值效应矩阵评价扩展模型

$$\begin{bmatrix} x_{11} & x_{12} & \cdots & x_{1n} \\ x_{21} & x_{22} & \cdots & x_{2n} \\ x_{31} & x_{32} & \cdots & x_{3n} \end{bmatrix} \text{和} \begin{bmatrix} y_{11} & y_{12} & \cdots & y_{1n} \\ y_{21} & y_{22} & \cdots & y_{2n} \\ y_{31} & y_{32} & \cdots & y_{3n} \end{bmatrix}$$

矩阵按照每行进行由小到大排序后，可得到：

$$\begin{bmatrix} X_{11} & X_{12} & \cdots & X_{1n} \\ X_{21} & X_{22} & \cdots & X_{2n} \\ X_{31} & X_{32} & \cdots & X_{3n} \end{bmatrix} \text{和} \begin{bmatrix} Y_{11} & Y_{12} & \cdots & Y_{1n} \\ Y_{21} & Y_{22} & \cdots & Y_{2n} \\ Y_{31} & Y_{32} & \cdots & Y_{3n} \end{bmatrix}$$

则各维度 X 坐标轴和 Y 坐标轴的正向和负向阈值确定可采用：

$$X_{i-} = \frac{1}{k}\sum_{j=1}^{k} X_{ij} \quad \text{for} \quad X_{ij} < 0 \tag{5-17}$$

$$X_{i+} = \frac{1}{n-k}\sum_{j=k+1}^{k} X_{ij} \quad \text{for} \quad Y_{ij} > 0 \tag{5-18}$$

$$Y_{i-} = \frac{1}{k}\sum_{j=1}^{k} Y_{ij} \quad \text{for} \quad Y_{ij} < 0 \tag{5-19}$$

$$Y_{i+} = \frac{1}{n-k}\sum_{j=k+1}^{k} Y_{ij} \quad \text{for} \quad Y_{ij} > 0 \tag{5-20}$$

式中：X_{i+}、X_{i-}、Y_{i+}、Y_{i-}分别表示第 i 维度评价矩阵的 X 坐标轴正向阈值、X 坐标轴负向阈值、Y 坐标轴正向阈值和 Y 坐标轴负向阈值。k 表示每一坐标轴的负值样本个数，n – k 表示每一坐标轴的正值样本个数，n 为样本总数。i 表示维度，i =（1，2，3）。

这样，矩阵中每个坐标轴（X 轴和 Y 轴）都有 5 个阈值控制，分别为 X_{min}（最小值）、X_{i-}、0、X_{i+}和 X_{max}（最大值）；Y_{min}（最小值）、Y_{i-}、0、Y_{i+}和 Y_{max}（最大

值）。为了对计算得到的原始坐标数据进行标准化，设数列 u_{i1}，u_{i2}，…，u_{in} 的控制阈值分别为 min_j（最小值）、t_{1j}、0、t_{2j} 和 max_j（最大值），建立如图 5-8 所示的映射关系，将标准化后的数据压缩到［-1，1］的范围内。则矩阵原始数据进行标准化的计算公式可表示为：

$$R_{ij}=\begin{cases}\dfrac{0.5(u_{ij}-min_j)}{t_{1j}-min_j}-1 & \text{当 } min_j\leqslant u_{ij}<t_{1j}\text{ 时}\\ \dfrac{0.5(u_{ij}-t_{1j})}{-t_{1j}}-0.5 & \text{当 } t_{1j}\leqslant u_{ij}<0\text{ 时}\\ \dfrac{0.5u_{ij}}{t_{2j}} & \text{当 } 0\leqslant u_{ij}<t_{2j}\text{ 时}\\ \dfrac{0.5(u_{ij}-t_{2j})}{max_j-t_{2j}}+0.5 & \text{当 } t_{2j}\leqslant u_{ij}\leqslant max_j\text{ 时}\end{cases} \tag{5-21}$$

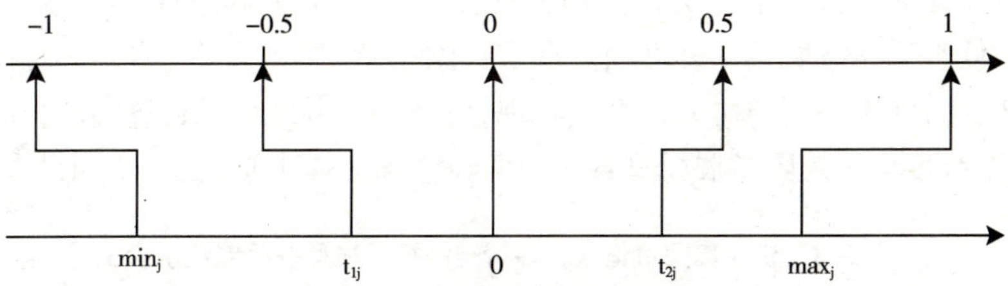

图 5-8　数据标准化映射关系

对各维度价值效应评价矩阵扩展模型区域的经济解释如下：

（1）对于财务战略协同控制价值效应评价矩阵的扩展模型。A1 区为低水平适应环境，低水平价值转换；A2 区为高水平适应环境，低水平价值转换，A3 区为低水平适应环境，高水平价值转换；A4 区为高水平适应环境，高水平价值转换。B1 区为轻微不适应环境，低水平价值转换；B2 区为极不适应环境，低水平价值转换；B3 区为轻微不适应环境，高水平价值转换；B4 区为极不适应环境，高水平价值转换。C1 区为轻微不适应环境，轻微损失价值；C2 区为极不适应环境，轻微损失价值；C3 区为轻微不适应环境，高损失价值；C4 区为极不适应环境，高损失价值。D1 区为低水平适应环境，轻微损失价值；D2 区为高水平适应环境，轻微损失价值；D3 区为低水平适应环境，高损失价值；D4 区为高水平适应环境，高损失价值。

（2）对于财务资源协同控制价值效应评价矩阵的扩展模型。A1 区为低水平资源优配，低水平现金充裕；A2 区为高水平资源优配，低水平现金充裕。A3 区为低水平资源优配，高水平现金充裕；A4 区为高水平资源优配，高水平现金充裕。B1 区为轻微资源劣配，低水平现金充裕；B2 区为高资源劣配，低水平现金充裕；B3 区为轻微资源劣配，高水平现金充裕；B4 区为高资源劣配，高水平现金充裕。C1 区为轻微资源劣配，轻微现金短缺；C2 区为高资源劣配，轻微现金短缺；C3 区为轻微资源劣配，高现金短缺；C4 区为高资源劣配，高现金短缺。D1 区为低水平资源优配，轻微现金短缺；D2 区为高水平资源优配，轻微现金短缺；D3 区为低水平资源优配，高现金短缺；D4 区为高水平资源优配，高现金短缺。

（3）对于财务关系协同控制价值效应评价矩阵的扩展模型。A1 区为低水平利益协调，低水平盈余现金；A2 区为高水平利益协调，低水平盈余现金，A3 区为低水平利益协调，高水平盈余现金；A4 区为高水平利益协调，高水平盈余现金。B1 区为轻微利益冲突，低水平盈余现金；B2 区为强利益冲突，低水平盈余现金；B3 区为轻微利益冲突，高水平盈余现金；B4 区为强利益冲突，高水平盈余现金。C1 区为轻微利益冲突，轻微损失现金；C2 区为强利益冲突，轻微损失现金；C3 区为轻微利益冲突，高损失现金；C4 区为强利益冲突，高损失现金。D1 区为低水平利益协调，轻微损失现金；D2 区为高水平利益协调，轻微损失现金；D3 区为低水平利益协调，高损失现金；D4 区为高水平利益协调，高损失现金。三个维度评价矩阵扩展模型各区域的经济含义具体如表 5–3 所示。

表 5–3 企业集团价值效应评价矩阵扩展模型各区域经济含义

评价区域	财务战略协同控制价值效应扩展评价矩阵		财务资源协同控制价值效应扩展评价矩阵		财务关系协同控制价值效应扩展评价矩阵	
	横轴	纵轴	横轴	纵轴	横轴	纵轴
	财务战略环境适应率	投入资本价值创造率	财务资源优配率	投入资本自由现金率	财务利益协同率	投入资本现金增值率
A1	低环境适应	低价值创造	低资源优配	低现金充裕	低利益协调	低盈余现金
A2	高环境适应	低价值创造	高资源优配	低现金充裕	高利益协调	低盈余现金
A3	低环境适应	高价值创造	低资源优配	高现金充裕	低利益协调	高盈余现金
A4	高环境适应	高价值创造	高资源优配	高现金充裕	高利益协调	高盈余现金
B1	低环境不适应	低价值创造	低资源劣配	低现金充裕	低利益冲突	低盈余现金
B2	高环境不适应	低价值创造	高资源劣配	低现金充裕	高利益冲突	低盈余现金
B3	低环境不适应	高价值创造	低资源劣配	高现金充裕	低利益冲突	高盈余现金
B4	高环境不适应	高价值创造	高资源劣配	高现金充裕	高利益冲突	高盈余现金
C1	低环境不适应	低损失价值	低资源劣配	低现金短缺	低利益冲突	低损失现金
C2	高环境不适应	低损失价值	高资源劣配	低现金短缺	高利益冲突	低损失现金
C3	低环境不适应	高损失价值	低资源劣配	高现金短缺	低利益冲突	高损失现金
C4	高环境不适应	高损失价值	高资源劣配	高现金短缺	高利益冲突	高损失现金
D1	低环境适应	低损失价值	低资源优配	低现金短缺	低利益协调	低损失现金
D2	高环境适应	低损失价值	高资源优配	低现金短缺	高利益协调	低损失现金
D3	低环境适应	高损失价值	低资源优配	高现金短缺	低利益协调	高损失现金
D4	高环境适应	高损失价值	高资源优配	高现金短缺	高利益协调	高损失现金

（二）企业集团财务协同控制的价值效应三维立体评价模型

1. 企业集团财务协同控制价值效应的三维立体评价模型构建

为了进一步分析和对比不同企业集团的价值效应水平，采用三维立体模型评价的方法构建评价模型。设定三个维度的评价水平分别为：财务战略协同控制价值效应水平（X 轴）、财务资源协同控制价值效应水平（Y 轴）和财务关系协同控制价值效应水平（Z 轴）。根据评价目标，对每个维度设定三个阈值，假定坐标轴的阈值分别为 a_1、a_2 和 a_3，且 $0 < a_1 < a_2 < a_3$；Y 坐标轴的阈值分别为 b_1、b_2 和 b_3，且 $0 < b_1 < b_2 < b_3$；Z 坐标轴的阈值分别为 c_1、c_2 和 c_3，且 $0 < c_1 < c_2 < c_3$。则按照三维正交的思想可建立企业集团财务协同控制的价值效应立体评价模型（见图 5–9）。根据评价模型的模块划分标准，评价模型共由 4^3=64 个模块组成，分别代表了不同的评价水平。如果将各维度的评价集都定义为｛强，中，弱，差｝，用字母表示为｛A，B，C，D｝，则每个模块可按照各维度的评价类型进行编码，编码可表示为［XXX］，如 001 模块的编码为［AAA］（评价模块编码见表 5–4），表示三个维度的评价结果都为“强”，该企业集团财务协同控制的价值效应处于相对最优状态。

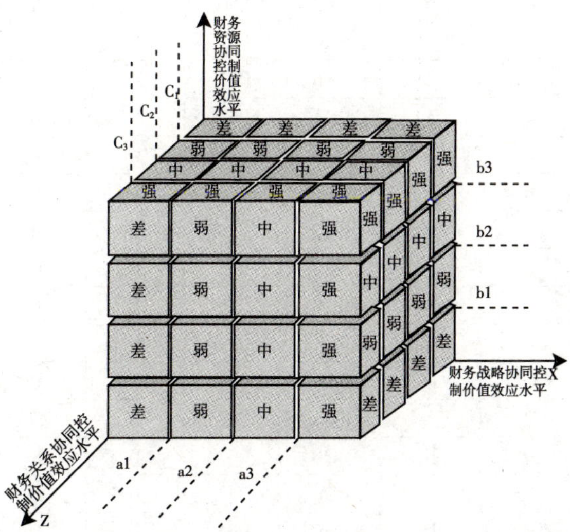

图 5–9　企业集团财务协同控制的价值效应三维立体评价模型

2. 企业集团财务协同控制价值效应三维立体评价的数学模型

设参与评价的企业集团个数为 n，即论域 $E = \{e_1, e_2, \cdots, e_n\}$，财务协同控制价值效应评价的指标向量集为 $I = \{X, Y, Z\}$，各维度的指标向量 $X = (x_{i1}, x_{i2}, \cdots, x_{is})$，$Y = (y_{i1}, y_{i2}, \cdots, y_{it})$，$Z = (z_{i1}, z_{i2}, \cdots, z_{ik})$，标准化后的各维度指标

表 5-4 企业集团财务协同控制的价值效应三维立体评价模型模块编码

模块编码	财务战略	财务资源	财务关系	评价类型	模块编码	财务战略	财务资源	财务关系	评价类型
001	A	A	A	[AAA]	033	C	A	A	[CAA]
002	A	A	B	[AAB]	034	C	A	B	[CAB]
003	A	A	C	[AAC]	035	C	A	C	[CAC]
004	A	A	D	[AAD]	036	C	A	D	[CAD]
005	A	B	A	[ABA]	037	C	B	A	[CBA]
006	A	B	B	[ABB]	038	C	B	B	[CBB]
007	A	B	C	[ABC]	039	C	B	C	[CBC]
008	A	B	D	[ABD]	040	C	B	D	[CBD]
009	A	C	A	[ACA]	041	C	C	A	[CCA]
010	A	C	B	[ACB]	042	C	C	B	[CCB]
011	A	C	C	[ACC]	043	C	C	C	[CCC]
012	A	C	D	[ACD]	044	C	C	D	[CCD]
013	A	D	A	[ADA]	045	C	D	A	[CDA]
014	A	D	B	[ADB]	046	C	D	B	[CDB]
015	A	D	C	[ADC]	047	C	D	C	[CDC]
016	A	D	D	[ADD]	048	C	D	D	[CDD]
017	B	A	A	[BAA]	049	D	A	A	[DAA]
018	B	A	B	[BAB]	050	D	A	B	[DAB]
019	B	A	C	[BAC]	051	D	A	C	[DAC]
020	B	A	D	[BAD]	052	D	A	D	[DAD]
021	B	B	A	[BBA]	053	D	B	A	[DBA]
022	B	B	B	[BBB]	054	D	B	B	[DBB]
023	B	B	C	[BBC]	055	D	B	C	[DBC]
024	B	B	D	[BBD]	056	D	B	D	[DBD]
025	B	C	A	[BCA]	057	D	C	A	[DCA]
026	B	C	B	[BCB]	058	D	C	B	[DCB]
027	B	C	C	[BCC]	059	D	C	C	[DCC]
028	B	C	D	[BCD]	060	D	C	D	[DCD]
029	B	D	A	[BDA]	061	D	D	A	[DDA]
030	B	D	B	[BDB]	062	D	D	B	[DDB]
031	B	D	C	[BDC]	063	D	D	C	[DDC]
032	B	D	D	[BDD]	064	D	D	D	[DDD]

向量为 $\overrightarrow{X}=(\vec{x}_{i1},\ \vec{x}_{i2},\cdots,\vec{x}_{is})$，$\overrightarrow{Y}=(\vec{y}_{i1},\ \vec{y}_{i2},\cdots,\vec{y}_{it})$，$\overrightarrow{Z}=(\vec{z}_{i1},\ \vec{z}_{i2},\cdots,\vec{z}_{is})$，各维度的权向量为 $W_x=(w^x_1,\ w^x_2,\ \cdots,\ w^x_s)^T$，$W_y=(w^y_1,\ w^y_2,\ \cdots,\ w^y_t)^T$，$W_z=(w^z_1,\ w^z_2,\ \cdots,\ w^z_k)^T$，各维度的评价水平向量为 $\hat{X}=(\hat{x}_1,\ \hat{x}_2,\ \cdots,\ \hat{x}_n)$，$\hat{Y}=(\hat{y}_1,\ \hat{y}_2,\ \cdots,$

$\hat{y}_n$)，$\hat{Z}=(\hat{z}_1, \hat{z}_2, \cdots, \hat{z}_n)$。其中：s、t、k 分别为三个维度评价指标的个数，i 为被评价企业集团的序号，i = 1，2，…，n。则评价的数学模型可表达为：$\hat{X}=\overrightarrow{X}\cdot W_x$，$\hat{Y}=\overrightarrow{Y}\cdot W_y$，$\hat{Z}=\overrightarrow{Z}\cdot W_z$，即：

$$\begin{bmatrix}\hat{x}_1\\\hat{x}_2\\\cdots\\\hat{x}_n\end{bmatrix}=\begin{bmatrix}\overrightarrow{x}_{11} & \overrightarrow{x}_{12} & \cdots & \overrightarrow{x}_{1s}\\\overrightarrow{x}_{21} & \overrightarrow{x}_{22} & \cdots & \overrightarrow{x}_{2s}\\\cdots & \cdots & \cdots & \cdots\\\overrightarrow{x}_{n,1} & \overrightarrow{x}_{n,2} & \cdots & \overrightarrow{x}_{n,s}\end{bmatrix}\begin{bmatrix}w^x_1\\w^x_2\\\cdots\\w^x_s\end{bmatrix}=\begin{bmatrix}\overrightarrow{x}_{11}w^x_1 & \overrightarrow{x}_{12}w^x_2 & \cdots & \overrightarrow{x}_{1s}w^x_s\\\overrightarrow{x}_{21}w^x_1 & \overrightarrow{x}_{22}w^x_2 & \cdots & \overrightarrow{x}_{2s}w^x_s\\\cdots & \cdots & \cdots & \cdots\\\overrightarrow{x}_{n,1}w^x_1 & \overrightarrow{x}_{n,2}w^x_2 & \cdots & \overrightarrow{x}_{n,s}w^x_s\end{bmatrix} \tag{5-22}$$

$$\begin{bmatrix}\hat{y}_1\\\hat{y}_2\\\cdots\\\hat{y}_n\end{bmatrix}=\begin{bmatrix}\overrightarrow{y}_{11} & \overrightarrow{y}_{12} & \cdots & \overrightarrow{y}_{1t}\\\overrightarrow{y}_{21} & \overrightarrow{y}_{22} & \cdots & \overrightarrow{y}_{2t}\\\cdots & \cdots & \cdots & \cdots\\\overrightarrow{y}_{n,1} & \overrightarrow{y}_{n,2} & \cdots & \overrightarrow{y}_{n,t}\end{bmatrix}\begin{bmatrix}w^y_1\\w^y_2\\\cdots\\w^y_t\end{bmatrix}=\begin{bmatrix}\overrightarrow{y}_{11}w^y_1 & \overrightarrow{y}_{12}w^y_2 & \cdots & \overrightarrow{y}_{1t}w^y_t\\\overrightarrow{y}_{21}w^y_1 & \overrightarrow{y}_{22}w^y_2 & \cdots & \overrightarrow{y}_{2t}w^y_t\\\cdots & \cdots & \cdots & \cdots\\\overrightarrow{y}_{n,1}w^y_1 & \overrightarrow{y}_{n,2}w^y_2 & \cdots & \overrightarrow{y}_{n,t}w^y_t\end{bmatrix} \tag{5-23}$$

$$\begin{bmatrix}\hat{z}_1\\\hat{z}_2\\\cdots\\\hat{z}_n\end{bmatrix}=\begin{bmatrix}\overrightarrow{z}_{11} & \overrightarrow{z}_{12} & \cdots & \overrightarrow{z}_{1k}\\\overrightarrow{z}_{21} & \overrightarrow{z}_{22} & \cdots & \overrightarrow{z}_{2k}\\\cdots & \cdots & \cdots & \cdots\\\overrightarrow{z}_{n,1} & \overrightarrow{z}_{n,2} & \cdots & \overrightarrow{z}_{n,k}\end{bmatrix}\begin{bmatrix}w^z_1\\w^z_2\\\cdots\\w^z_k\end{bmatrix}=\begin{bmatrix}\overrightarrow{z}_{11}w^z_1 & \overrightarrow{z}_{12}w^z_2 & \cdots & \overrightarrow{z}_{1k}w^z_k\\\overrightarrow{z}_{21}w^z_1 & \overrightarrow{z}_{22}w^z_2 & \cdots & z_{2k}w^z_k\\\cdots & \cdots & \cdots & \cdots\\\overrightarrow{z}_{n,1}w^z_1 & \overrightarrow{z}_{n,2}w^z_2 & \cdots & \overrightarrow{z}_{n,k}w^z_k\end{bmatrix} \tag{5-24}$$

3. 指标值的数据标准化处理方法及评价判定准则

由原始指标计算得到的评价数据因量纲的影响或指标方向的不一致等原因，可能导致评价结果的不科学，需要通过数据标准化的方法进行处理。一般情况下，评价指标根据属性可分为正向指标、逆向指标、中性指标。正向指标是越大越好型指标，逆向指标是越小越好型指标，中性指标则是处于理想的区间范围内才符合要求。对指标的数据标准化方法包括平移标准差变换、平移极差变换、对数变换等。本章构造的指标全部为正向指标，结合研究目标，设计数据区域映射极差变换数据标准化处理方法，将指标值对应映射到［0，100］的范围。

如果评价指标的计算值为 O_{ij}，企业集团财务协同控制价值效应判定阈值向量集为 $A_j=[t_{1j}, t_{2j}, t_{3j}]$，则可给出如下定义：

定义 1　如果计算值 $min_j \leqslant v_{ij} < t_{1j}$，则 $R_{ij}=25(t_{ij}-min_j)/(t_{1j}-min_j)$，此时 $R_{ij}\in[0, 25)$，表示评价指标数据处于“差”的水平。

定义 2　如果计算值 $t_{1j} \leqslant v_{ij} < t_{2j}$，则 $R_{ij}=25(t_{ij}-t_{1j})/(t_{2j}-t_{1j})+25$，此时 $R_{ij}\in[25, 50)$，表示评价指标数据处于“弱”的水平。

定义 3　如果计算值 $t_{2j} \leqslant v_{ij} < t_{3j}$，则 $R_{ij}=25(t_{ij}-t_{2j})/(t_{3j}-t_{2j})+50$，此时 $R_{ij}\in[50, 75)$，表示评价指标数据处于“中”的水平。

定义 4　如果计算值 $t_{3j} \leqslant v_{ij} \leqslant max_j$，则 $R_{ij} = 25\ (t_{ij} - t_{3j})/(max_j - t_{3j}) + 75$，此时 $R_{ij} \in [75, 100)$，表示评价指标数据处于“强”的水平。

指标计算值与评价值的映射关系如图 5–10 所示，则指标值的标准化数学模型表达式为（指标值与评价值的函数关系可用图 5–11 表示）：

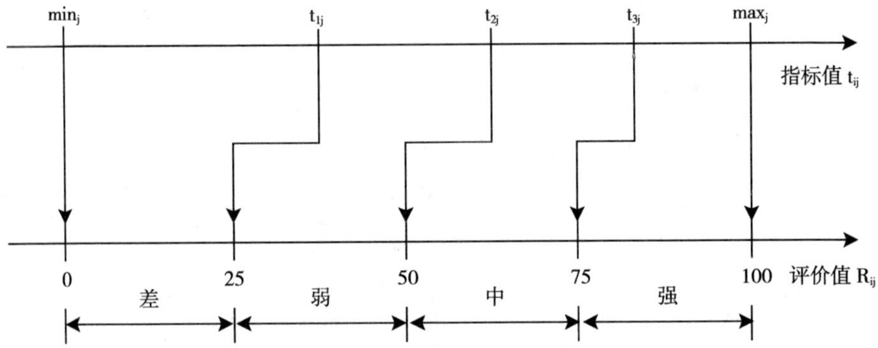

图 5–10　指标计算值与评价值的映射对应关系

$$
R_{ij}=\begin{cases}\dfrac{25(v_{ij}-min_j)}{t_{1j}-min_j} & \text{if}\quad min_j \leqslant v_{ij}<t_{1j}\\ 25\left(\dfrac{v_{ij}-t_{1j}}{t_{2j}-t_{1j}}+1\right) & \text{if}\quad t_{1j} \leqslant v_{ij}<t_{2j}\\ 25\left(\dfrac{v_{ij}-t_{2j}}{t_{3j}-t_{2j}}+2\right) & \text{if}\quad t_{2j} \leqslant v_{ij}<t_{3j}\\ 25\left(\dfrac{v_{ij}-t_{3j}}{max_j-t_{3j}}+3\right) & \text{if}\quad t_{3j} \leqslant v_{ij}\leqslant max_j\end{cases} \tag{5-25}
$$

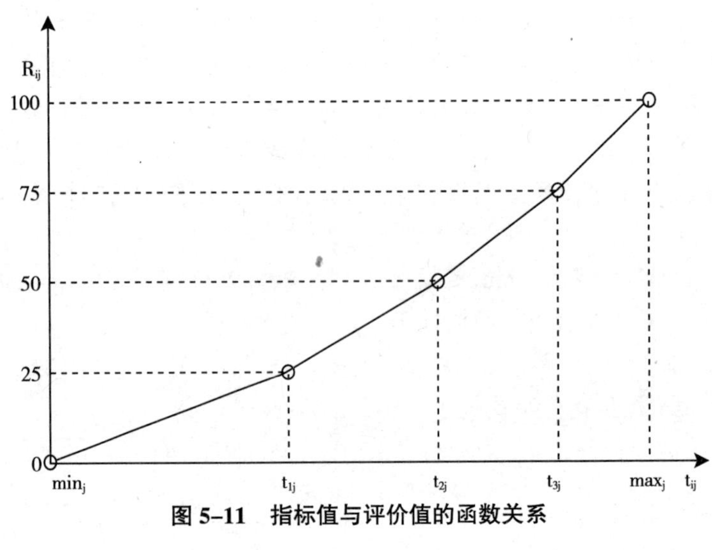

图 5–11　指标值与评价值的函数关系

如果参与评价企业集团的指标计算值矩阵为：

$$\begin{bmatrix} x_{11} & x_{12} & \cdots & x_{1s} & y_{11} & y_{12} & \cdots & y_{1t} & z_{11} & z_{12} & \cdots & z_{1k} \\ x_{21} & x_{22} & \cdots & x_{2s} & y_{21} & y_{22} & \cdots & y_{2t} & z_{21} & z_{22} & \cdots & z_{2k} \\ \cdots & \cdots & \cdots & \cdots & \cdots & \cdots & \cdots & \cdots & \cdots & \cdots & \cdots & \cdots \\ x_{n1} & x_{n2} & \cdots & x_{ns} & y_{n1} & y_{n2} & \cdots & y_{nt} & z_{n1} & z_{n2} & \cdots & z_{nk} \end{bmatrix}$$

矩阵按照每列进行由小到大排序后，可得到排序后的矩阵为：

$$\begin{bmatrix} v'_{11} & \cdots & v'_{1s} & v'_{1,s+1} & \cdots & v'_{1,s+t} & v'_{1,s+t+1} & \cdots & v'_{1,s+t+k} \\ v'_{21} & \cdots & v'_{2s} & v'_{2,s+1} & \cdots & v'_{2,s+t} & v'_{2,s+t+1} & \cdots & v'_{2,s+t+k} \\ \cdots & \cdots & \cdots & \cdots & \cdots & \cdots & \cdots & \cdots & \cdots \\ v'_{n1} & \cdots & v'_{ns} & v'_{n,s+1} & \cdots & v'_{n,s+t} & v'_{n,s+t+1} & \cdots & v'_{n,s+t+k} \end{bmatrix}$$

t_{2j} 为第 j 个指标值的均值，t_{1j} 为小于等于 t_{2j} 的所有指标值的均值，t_{3j} 为大于 t_{2j} 小于等于 max_j 指标值的均值，数学表达式为：

$$t_{1j} = \frac{1}{l}\sum_{i=1}^{l} v'_{ij} \tag{5-26}$$

$$t_{2j} = \frac{1}{n}\sum_{i=1}^{n} v'_{ij} \tag{5-27}$$

$$t_{3j} = \frac{1}{n-l}\sum_{i=l+1}^{l} v'_{ij} \tag{5-28}$$

其中：s，t，k 为各维度指标个数，n 为样本个数，l 为小于等于均值的样本个数。

企业集团财务协同控制价值效应水平判定准则如表 5-5 所示。

表 5-5　企业集团财务协同控制价值效应水平判定准则

R-value 范围	价值效应水平	评价等级	含义
[0,25)	差	D	企业集团财务协同控制的价值效应水平很差
[25,50)	弱	C	企业集团财务协同控制的价值效应水平较弱
[50,75)	中	B	企业集团财务协同控制的价值效应水平适中
[75,100]	强	A	企业集团财务协同控制的价值效应水平处于领先水平

4. *权重确定方法*

多指标综合评价方法通常包括主观赋权评价法和客观赋权评价法，它的核心和关键是如何确定指标的权重，它是多目标决策理论的基本内容之一，通常是通过方案优劣比较来解决具有多个指标有限决策方案的排序问题。常用的主观赋权评价法有 Delphi 法和 AHP 法。Delphi 法又叫专家咨询法，是通过多次搜集专家的经验与意见来确定指标权重的方法，并在不断反馈和修改中得到比较满意的结果。AHP（Analytic Hierarchy Process）法是 Saaty 教授提出的一种定性和定量相结合的多准则决策分析方法，该方法通过构造判断矩阵来进行两两比较及计算矩阵最大特征根，来确定各指标的权重。常用的客观赋权评价法有熵权法、标准离差法和 CRITIC 法。熵权法的核心在于，指标的信息熵越小，表明指标值的变异程度越大，提供的信息量越大，则其权重也应越大；指标的信息熵越大，表明其变异程度越小，提供的信息量越小，在评价中所起的作用越小，则其权重也应越小。设有 m 个对象 n 个评价指标，原始数据矩阵为 $S = (s_{ij})_{m\times n}$，其标准化后的矩阵为$T = (t_{ij})_{m\times n}$，则各指标的熵值为：

$$e_j = -\frac{1}{\ln m}\sum_{i=1}^{m} t_{ij}\ln t_{ij} \tag{5-29}$$

权重为：

$$W_j = \frac{1 - e_j}{\sum_{j=1}^{n}(1 - e_j)} \quad j = (1,\ 2,\ 3,\ \cdots) \tag{5-30}$$

标准离差法的核心在于，指标的标准差越大，表明其指标值的变异程度越大，提供的信息量越大，在评价中所起的作用越大，则其权重也应越大。反之，指标的标准差越小，表明指标值的变异程度越小，提供的信息量越小，在评价中所起的作用越小，则其权重也应越小。用 σ_j 表示第 j 个指标的标准差，则各指标的权重为：

$$W_j = \frac{\sigma_j}{\sum_{j=1}^{n}\sigma_j} \quad j = (1,\ 2,\ 3,\ \cdots) \tag{5-31}$$

CITIC 法（Criteria Importance Through Intercriteria Correlaiton）是由 Diakoulaki 提出的基于指标强度和冲突性的一种客观权重赋权方法，以指标对比强度和冲突性为基础进行赋权，对比强度表示同一指标各个评价方案之间取值差距的大小，以标准差的形式来表现，指标间的冲突性是通过指标间的相关系数来反映，如果两个指标之间具有较强的正相关，说明两个指标的冲突性较低。第 j 个评价指标所包含的信息量 $C_j = \sigma_j\sum_{i=1}^{n}(1 - r_{ij})$，则各指标的客观权重为：

$$W_j = \frac{C_j}{\sum_{j=1}^{n}C_j} \quad j = (1,2,3,\cdots) \tag{5-32}$$

由于主观赋权评价法受评价者的知识水平、业务技能、生活阅历等方面的影响较大，因此，评价结果有较大的变异性，常用于定性评价。客观赋权法虽然消除了主观因素的影响，能够根据指标的变异程度进行定量评价，但权重的确定仍然受样本的容量、指标的个数等因素的影响较大，且不同的评价方法得到的权重不同，从而得到不同的评价结果。结合研究目标，考虑各种赋权方法的优劣，选用 CITIC 客观赋权方法。

四、企业集团财务协同控制的价值效应评价流程设计

评价流程是指实施评价的过程和步骤，是按照一定的程序和技术保障评价得以有效实施的基本程序，它是企业集团财务协同控制价值效应评价的基本保障。根据评价目标、评价模型与评价方法，将企业集团财务协同控制价值效应评价的流程分为数据挖掘流程（Data Mining Procedure）、指标计算流程（Index Caculating Procedure）和结果分析流程（Result Analysis Procedure）三大部分。数据挖掘流程主要是指利用现代数据挖掘技术，[①] 快速有效地获取评价数据的步骤和程序。指标计算流程是指利用已经获得的有效数据、建立的评价模型和采用的评价方法，对评价数据进行计算处理，得到评价结果数据的步骤和程序。结果分析流程是指结合被评价对象的实际情况，采用一定的技术和方法对评价结果进行分析和处理的步骤和过程。

（一）企业集团财务协同控制的价值效应评价数据挖掘流程

企业集团财务协同控制的价值效应评价涉及多期间、多维度、多层次的财务数据，需要处理的数据可多达数十万条记录和数百万个数据，一般的数据处理工具（如 Excel）无法快速有效地对数据进行处理。如何从纷繁芜杂的数据中挖掘出评价数据，需要采用数据库技术和计算机软件编程技术。计算机高级程序开发语言（如 Visual Basic、Visual C++、Visual Foxpro、Matlab）为企业集团财务协同控制价值效应评价的数据挖掘提供了技术平台，结合各计算机程序语言的特点和

① 数据挖掘（Data Mining）就是从存放在数据库、数据仓库或其他信息库的大量数据中获取有效的、新颖的、潜在有用的、最终可理解的非平凡过程。它是知识发现的关键步骤，利用了来自如下一些领域的思想：统计学的抽样、估计和假设检验；人工智能、模式识别和机器学习的搜索算法、建模技术和学习理论。它可完成分类、估值、预言、相关性分组、聚集、描述和可视化等任务，主要方法有：神经网络、遗传算法、粗集方法、SVM、决策树方法等。

作者的熟练程度，本书拟采用 Visual Foxpro 开发语言进行设计。Visual Foxpro 是面向对象的程序设计语言，具有强大的数据处理功能，主要优点在于：数据库建立的便捷性；程序设计的结构化；面向对象的可视化。所建立的企业集团财务协同控制的价值效应评价数据挖掘主要流程如图 5-12 所示。

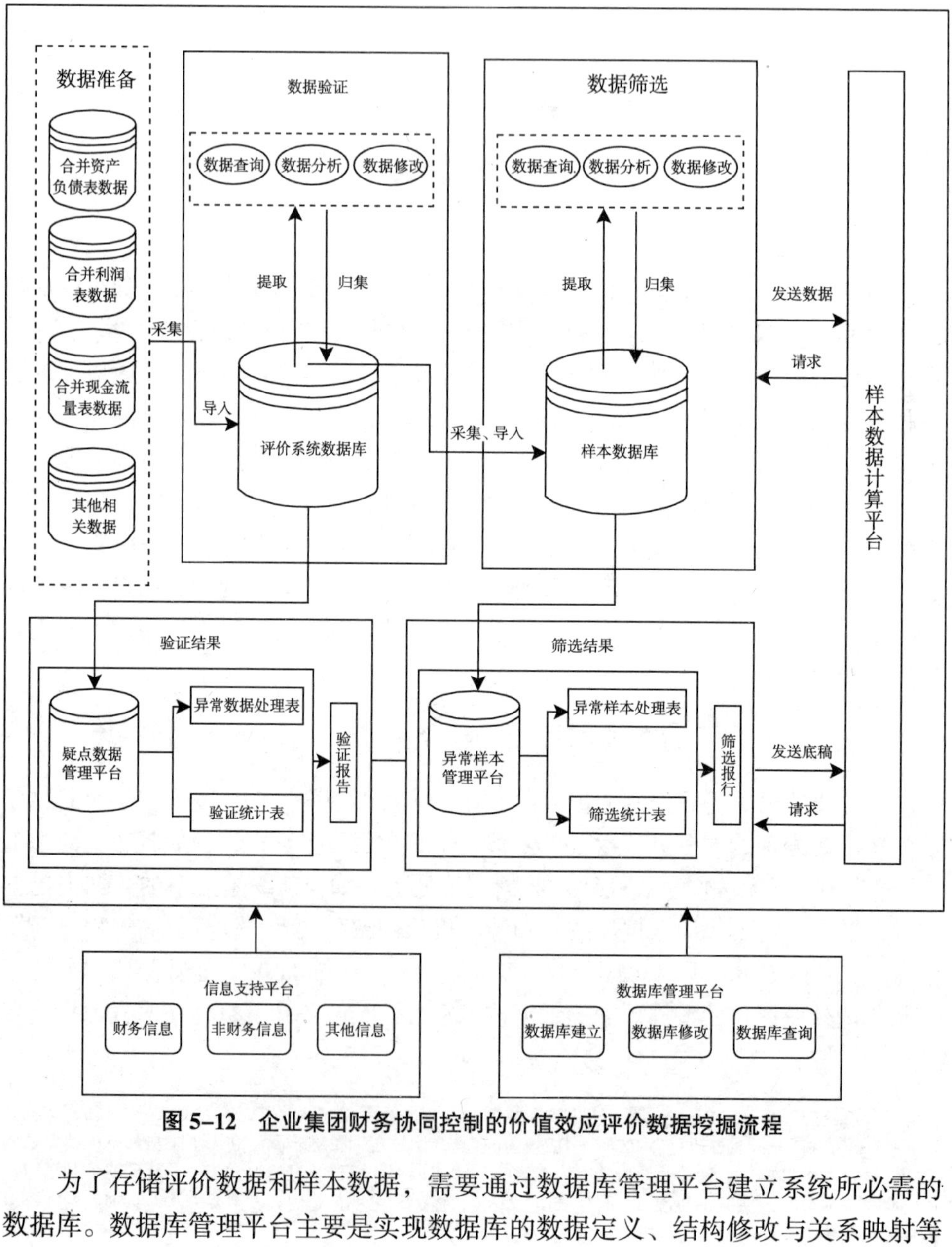

图 5-12　企业集团财务协同控制的价值效应评价数据挖掘流程

为了存储评价数据和样本数据，需要通过数据库管理平台建立系统所必需的数据库。数据库管理平台主要是实现数据库的数据定义、结构修改与关系映射等功能，同时提供满足数据安全的数据库加密与解密技术（如 DNS 非对称加解密技术），保证数据库的存储效率与安全。信息支持平台也是系统运行的基本支撑，主要是提供评价系统所必需的财务信息和非财务信息，保证评价信息的真实性、有效性和全面性。数据准备是评价流程的起点，主要是围绕评价目标，搜集评价所必需的相关数据，包括合并资产负债表数据、合并利润表数据和合并现金流量表数据以及其他相关数据，并通过计算机录入系统将原始数据导入评价系统数据库。数据验证是评价的必要环节，主要是对原始数据进行查询、分析与修改，并通过疑点数据管理平台对异常数据进行处理，形成数据验证报告。数据筛选是评价的关键和核心，主要是根据评价目标，将符合要求的评价样本数据从评价系统数据库中提取出来，导入评价样本数据库中，同时启动异常样本管理平台对异常样本数据进行处理，最后形成样本数据筛选报告。

（二）企业集团财务协同控制的价值效应评价指标计算流程

通过数据准备、数据验证和数据筛选等流程得到了符合要求的评价样本数据，必须通过合理的计算才能得到有效的评价数据。如图 5-13 所示，企业集团财务协同控制的价值效应评价指标计算主要涉及三大计算模块、三部分计算值、两组评价数据和两大数据库。三大计算模块是指指标计算模块、数据标准化模块和赋权计算模块。指标计算模块主要是通过提取和采集样本数据库数据，按照设定的计算程序，完成指标值和二维矩阵模型评价数据的计算功能。数据标准化模块主要是根据计算模块计算的指标值，按照数据标准化模型和方法对数据进行标

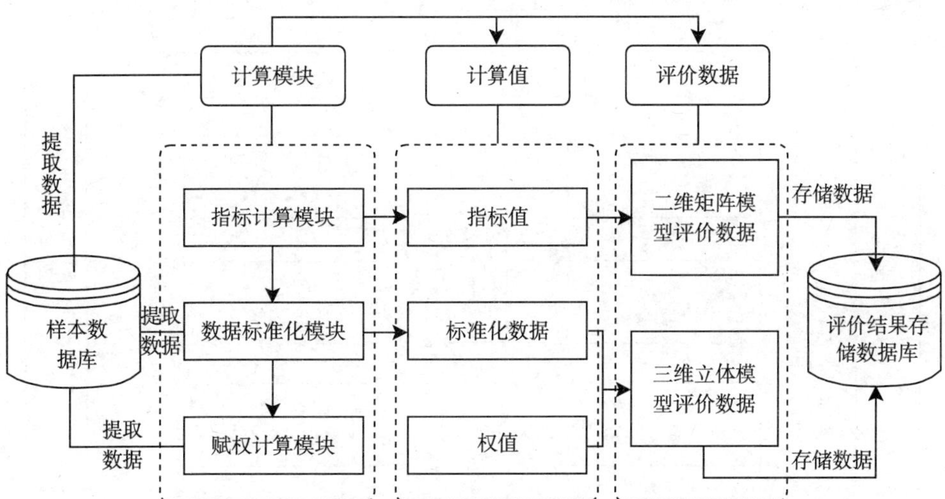

图 5-13　企业集团财务协同控制的价值效应评价指标计算流程

准化处理，完成对指标值的标准化功能。赋权计算模块，主要是根据计算的标准化数据，采用合理的赋权计算方法，完成指标的赋权计算功能。三部分计算值包括指标值、标准化数据和权值，它们是评价中不可或缺的中间数据。两组评价数据包括二维矩阵模型评价数据和三维立体模型评价数据，它们是通过一系列计算得到的评价数据，是进行评价分析和评价结果显示的基本数据。两大数据库包括样本数据库和评价结果存储数据库。样本数据库是评价样本数据存储与提取的基本数据库，评价结果存储数据库是评价结果提取分析与存储的数据库。

（三）企业集团财务协同控制的价值效应评价结果分析流程

评价结果分析与处理是评价实施的最终环节，也是评价的价值归宿。针对计算得到的评价数据，如何快速准确地分析出评价成功的关键因素和找出评价存在的问题，需要科学合理的分析程序。如图 5-14 所示，企业集团财务协同控制价值效应的评价结果分析包括四个流程：评价结果的可靠性分析、二维矩阵模型评价结果分析、三维立体模型评价结果分析和综合评价分析。评价结果的可靠性分析主要是重新审视评价的程序、模型和数据的真实性与有效性，并确认系统误差对评价结果的影响。二维矩阵模型评价结果分析主要是根据评价数据的相关性分析，确认评价结果的关联程度，根据二维矩阵评价显示图，分析矩阵评价的类型，并根据各评价类型的经济意义，获得不同样本的矩阵评价结果。三维立体模型评价结果分析主要是通过评价数据的相关性分析、三维立体评价图分析、

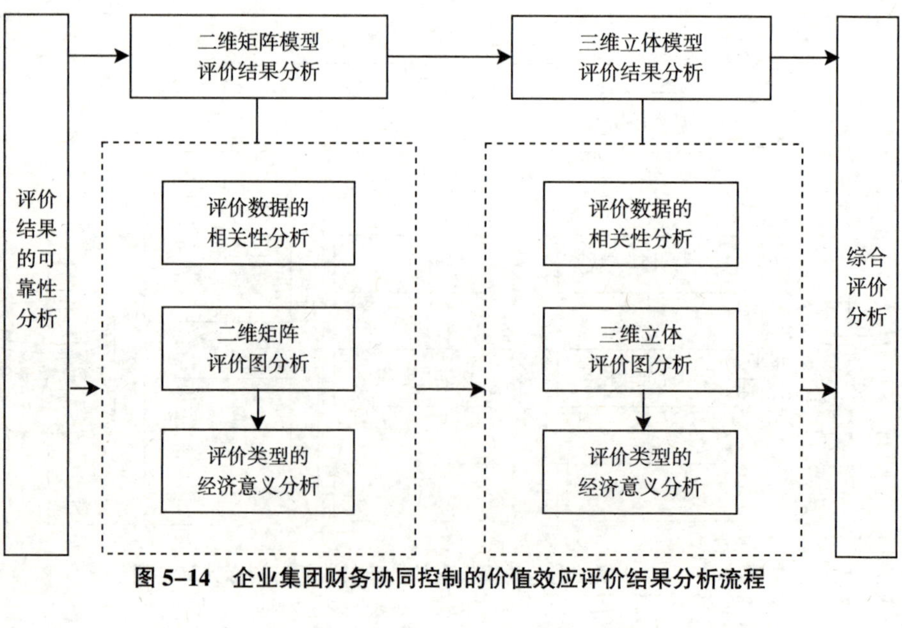

图 5-14 企业集团财务协同控制的价值效应评价结果分析流程

评价类型的经济意义分析以及耦合度分析，获得评价样本的各维度的评价水平。综合评价分析主要是对评价的成功因素和存在的问题进行分析总结，以弥补评价的不足。

本章小结

本章试图突破现有的管理评价原理和方法，构建企业集团财务协同控制价值效应评价基本框架，设计评价指标体系，建立二维矩阵评价模型和三维立体评价模型，并进行价值效应评价的流程设计。主要内容包括：

（1）企业集团财务协同控制价值效应评价指标设计。首先从时间层面和空间层面分析企业集团的价值效应评价指标层次结构，然后从财务战略协同控制、财务资源协同控制和财务关系协同控制维度建立价值效应评价的指标，给出了计算的数学模型和理论阐释。

（2）企业集团财务协同控制的价值效应评价模型设计。设计了二维矩阵评价的基本模型和扩展模型，建立了三维立体评价模型，并针对不同模型进行了评价类型的划分和经济阐释。建立了各模型的评价计算数学模型、阈值计算数学模型。突破了传统数据标准化思路，研究和设计了新的数据标准化模型，并探讨了权重确定方法。

（3）企业集团财务协同控制的价值效应评价流程设计。设计了企业集团价值效应评价的数据挖掘流程、指标计算流程和结果分析流程，并针对各个流程的不同特点进行了系统分析，为企业集团的价值效应评价的科学性和完整性奠定了基础。

第六章　实证分析

在系统研究企业集团财务协同控制机理、模型和评价体系的基础上，本章以计算机辅助计算和管理为手段、以定量研究为基础、以评价分析为目标，来进行企业集团财务协同控制的价值效应评价实证分析，进一步探讨前文所提出的评价理论模型和框架，为企业集团财务协同控制的价值效应科学评价提供有价值的参考。实证分析逻辑框架如图 6-1 所示。

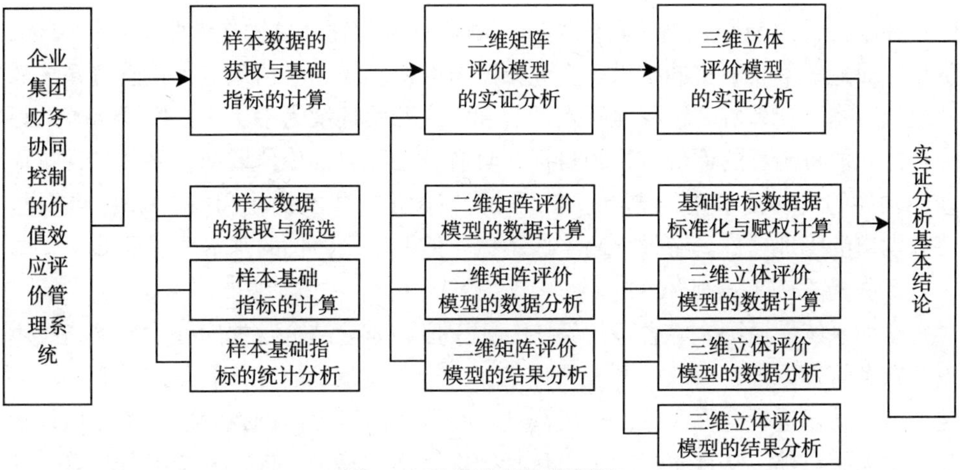

图 6-1　实证分析逻辑框架

一、企业集团财务协同控制的价值效应评价管理系统

企业集团财务协同控制的价值效应评价是一个系统工程，涉及面广，系统复杂，需要大量的数据计算和功能管理。为了保证样本数据的获取、筛选、验证、计算以及评价的准确性，研究和开发小型计算机管理软件尤为必要。本节结合

Visual Foxpro 集成开发环境的特点，对企业集团财务协同控制的价值效应评价管理系统的设计原则、基本功能进行必要的阐述。

（一）企业集团财务协同控制的价值效应评价管理系统设计原则

计算机辅助管理（CAM）、计算机辅助设计（CAD）是现代科学技术在管理领域和制造领域等的具体运用，对于推进管理工作效率和设计效果具有不可替代的作用。结合管理目标，采用合适的计算机软件集成开发语言和工具，能够快速便捷地设计出适用性较强的计算机管理软件。对于企业集团财务协同控制的价值效应评价管理系统来说，其软件设计应体现目标性、经济性、适用性、科学性和扩展性，主要遵循以下原则：

1. 目标明确性原则

设计目标是软件设计开发的宏观方向性指引，是设计程序、设计方法、设计技术和设计其他投入的综合权衡，它是保障设计工作有效开展的前提和基础，因此，在软件开发前必须结合具体实际，制定具体明确、可操作性强的设计目标，防止片面追求华而不实的结果。企业集团财务协同控制价值效应评价管理系统软件设计，是以计算机高级程序开发语言和集成开发环境为手段，以实现基本的评价功能和取得满意的评价结果为目标，具有较强的目标价值取向，必须将评价原理与软件的实现技术充分结合起来，以代码优化、成本优化和效率优化为前提，使开发出的管理软件具有效率高、成本低、能够满足评价的基本功能要求。

2. 全面系统性原则

全面系统性原则是综合运用系统分析手段，充分结合数据库技术、网络技术以及财务管理原理，对软件开发设计工作进行全面系统的分析和规划，并采取一定的方法技术进行全面实施的行为规范。企业集团财务协同控制的价值效应评价是一个系统整体，从评价过程上讲包括数据采集、筛选、计算和结果分析等，从评价维度上讲包括财务战略协同控制、财务资源协同控制和财务关系协同控制的价值效应计算分析，从体系结构上讲包括二维矩阵模型的计算分析和三维立体模型的计算分析。这就要求设计开发的管理软件必须能够全面体现评价的基本过程、维度特征和评价体系，涵盖评价系统所要求的基本内容，从而有效地保障评价系统基本功能的实现。

3. 科学适用性原则

科学适用性原则是指软件设计要以建立的理论体系为指导，运用科学的技术手段予以实施，并按照“效率优先，成本适度，可操作性强”的指导思想，保障软件能够满足最基本的评价要求。企业集团财务协同控制的价值效应评价管理软件，必须建立起具有友好的交互式操作界面，保障人机对话的方便性和即时性；

必须合理运用和减少资源开支、代码冗余和数据无效链接为目标的数据库技术，选择成本低、效率高的数据库；必须以提高软件的评价功能为目标，综合运用高级计算机开发语言，开发出具有功能完备、成本低廉、能够满足一般人员操作的软件。坚持科学适用性原则是企业集团财务协同控制价值效应评价的基本要求。

4. 功能扩展性原则

功能扩展性原则是指能够充分运用计算机软件接口技术，对于已经开发出来的管理系统，预留一定的开发空间，并随时能够进行模块扩充，实现系统功能的扩展。企业集团财务协同控制的价值效应评价管理软件，首先必须能够满足一般的评价管理功能，保障评价工作能够快速、准确地完成，同时还应具备数据转换、资源管理、图形输出与分析等功能，并能够根据评价要求的进一步提高，增加系统的功能模块，实现系统功能的扩充和完善。系统功能的可扩展性是衡量软件开发质量的一个很重要的方面，对于保障企业集团财务协同控制的价值效应评价具有重要的作用。

（二）企业集团财务协同控制价值效应评价管理系统的功能

Visual FoxPro 是一种面向对象的数据库管理开发系统，是为数据库结构和应用程序开发而设计的功能强大的面向对象的软件开发环境。无论是组织信息、运行查询、创建集成的关系型数据库系统，还是为最终用户编写功能全面的数据管理应用程序，Visual FoxPro 都可以提供管理数据所需要的所有工具。它的主要特点是：具有强大的项目管理和数据库管理能力；快速的应用程序创建能力；真正的面向对象程序设计的能力；灵活的客户端/服务器解决能力。鉴于 Visual FoxPro 的开发能力和特点，结合企业集团财务协同控制价值效应评价的软件设计目标，以及限于时间、精力和研究者的软件开发能力的局限，本书采用 Visual FoxPro 6.0 进行系统软件开发，系统的主程序见本书附录 A。系统的特色是：交互性强，功能完备，操作简便。主要功能如下：

1. 系统管理

系统管理主要完成系统的初始化、系统操作权限的管理、文件格式的转换、数据的导入/导出等功能，以保证系统能够按照既定的目标进行规范操作。

2. 数据管理

数据管理主要完成数据的录入、修改、查询、验证以及筛选过滤等功能，形成数据验证报告，以保证评价数据的完整性、正确性，为评价计算的开展奠定基础。

3. 矩阵模型评价

根据企业集团财务协同控制矩阵模型的评价原理，进行矩阵评价指标的计算、分析，形成矩阵评价的相关数据文件以及各维度的矩阵评价图形等。

4. 立体模型评价

根据企业集团财务协同控制三维立体模型评价的原理，进行三维立体评价指标的计算、赋权计算，形成三维立体评价的相关数据文件以及立体评价图形。

二、样本数据的获取与基础指标的计算

（一）样本数据的获取与筛选

样本及样本数据是企业集团财务协同控制价值效应评价实证分析的基础，样本的合理选择、样本数据的完整性和准确性对于评价的正确性具有重要影响作用。考虑不同行业的企业集团具有较大的差异性，而同一行业的企业集团具有可比性，因此，按照行业分类进行实证分析能够满足评价的基本原则，能够保证评价结果的真实性和科学性。按照国民经济行业分类标准，我国的行业可划分为二十几个，其中设备制造行业的整体发展水平较高，控股或整体上市的企业集团数目较多，具有样本数目充分、数据来源广泛、资料真实可靠等特点。因此，为了检验评价指标的计算情况、模型的应用情况和分析企业集团财务协同控制价值效应的评价结果，选取我国设备制造行业的部分企业集团作为评价样本进行实证分析，完全能够取得满意的评价结果。

考虑数据的易获得性，样本数据采用沪、深两市由企业集团控股的上市公司公开披露的年度财务报表数据，主要包括《合并资产负债表》、《合并利润表》和《合并现金流量表》，这些数据经过审计后公开披露，其真实性和可靠性基本符合评价目标对数据的要求。然而，由于特殊原因的存在，公开披露的年度财务报表数据当中仍然存在数据不全、项目不全或数据异常的情况，因此必须对原始数据进行必要的筛选和验证处理。结合评价的目标，对获得的原始数据主要进行如下处理：①进行数据的验证性分析，剔除非企业集团的公司数据和项目不全的公司数据。②进行样本的筛选处理，剔除异常样本数据。最终选取设备制造行业的70家企业集团数据作为评价的样本数据，存储在样本数据库中。

所选择的70家企业集团样本名称及其代码如表6-1所示。为了便于计算机对样本数据的选择和计算，样本名称采用企业集团的实际名称，样本代码采用七位字符，代码的第一位采用字母“F”，后六位采用企业集团控股的上市公司股票代码，如深圳市飞亚达（集团）股份有限公司的代码为“F000026”。因上市公司报表数据披露的滞后性，评价年度选择2007年，则需要的样本数据涉及2007年

（合并报表数据见本书附录 B）和 2006 年两个年度的报表数据，这些数据可从专业数据库网站直接下载取得，并分别经过处理和转换后存储在相应的数据库中。建立的评价样本数据库及其作用如表 6-2 所示。

表 6-1 企业集团样本名称及代码

样本名称	样本代码	样本名称	样本代码	样本名称	样本代码
深圳市飞亚达（集团）股份有限公司	F000026	钱江集团有限公司	F000913	广东明珠集团股份有限公司	F600382
许继集团有限公司	F000400	中国南方机车车辆工业集团公司	F000920	萍乡矿业集团有限责任公司	F600397
沈阳机床（集团）有限责任公司	F000410	海信科龙电器股份有限公司	F000921	湘电集团有限公司	F600416
徐工集团工程机械有限公司	F000425	哈尔滨电站设备集团公司	F000922	安徽江淮汽车集团有限公司	F600418
合肥美菱集团控股有限公司	F000521	宣化工程机械集团有限公司	F000923	河南轮胎集团有限责任公司	F600469
广西柳工集团有限公司	F000528	中通汽车工业集团有限责任公司	F000957	无锡国联环保能源集团有限公司	F600475
大连冰山集团有限公司	F000530	黄山金马集团有限公司	F000980	江苏双良集团有限公司	F600481
佛山电器照明股份有限公司	F000541	精功集团有限公司	F002006	中国贵州航空工业（集团）有限责任公司	F600523
江铃汽车集团公司	F000550	华翔集团股份有限公司	F002048	菲达集团有限公司	F600526
苏州创元（集团）有限公司	F000551	万丰奥特控股集团有限公司	F002085	保定天威集团有限公司	F600550
万向集团公司	F000559	东风汽车股份有限公司	F600006	福建龙溪轴承（集团）股份有限公司	F600592
常柴集团有限公司	F000570	北京医药集团有限责任公司	F600055	中国船舶工业集团公司	F600685
无锡威孚集团有限公司	F000581	东风电子科技股份有限公司	F600081	中国福马机械集团有限公司	F600710
西北轴承集团有限责任公司	F000595	新疆特变（集团）有限公司	F600089	山东黑豹集团有限公司	F600760
华立产业集团有限公司	F000607	吉林东光集团有限公司	F600148	安徽叉车集团有限责任公司	F600761
中国纺织机械（集团）有限公司	F000666	太原重型机械（集团）制造有限公司	F600169	厦门机电集团有限公司	F600815
山东工程机械集团有限公司	F000680	安徽铜峰电子集团有限公司	F600237	上海汽车集团股份有限公司	F600841
南京华东电子集团有限公司	F000727	广东华龙集团股份有限公司	F600243	上工申贝（集团）股份有限公司	F600843
广西银河集团有限公司	F000806	内蒙古北方重工业集团有限公司	F600262	中国南方工业集团公司	F600877

续表

样本名称	样本代码	样本名称	样本代码	样本名称	样本代码
烟台冰轮集团有限公司	F000811	辽宁曙光集团有限责任公司	F600303	中国航天科技集团公司	F600879
江苏江动集团有限公司	F000816	平高集团有限公司	F600312	内蒙古第一机械制造（集团）有限公司	F600967
陕西秦川机床工具集团有限公司	F000837	洪都航空工业集团有限责任公司	F600316	长丰（集团）有限责任公司	F600991
安徽安凯汽车集团有限公司	F000868	上海振华港口机械（集团）股份有限责任公司	F600320		
三环集团公司	F000883	韵升控股集团有限公司	F600366		

表 6–2 评价样本数据库及其作用描述

序号	样本数据库名称	描述	备注
1	fs_zcfzb_2007_12.dbf	评价本年度期末合并资产负债表数据库	存储样本相关数据
2	fs_lrb_2007_12	评价本年度期末合并利润表数据库	存储样本相关数据
3	fs_xjllb_2007_12.dbf	评价本年度期末合并现金流量表数据库	存储样本相关数据
4	fs_zcfzb_2007_1.dbf	评价本年度期初合并资产负债表数据库	存储样本相关数据
5	fs_lrb_2007_1.dbf	评价本年度期初合并利润表数据库	存储样本相关数据
6	fs_zcfzb_2006_12.dbf	评价上年度期末合并资产负债表数据库	存储样本相关数据
7	fs_lrb_2006_12.dbf	评价上年度期末合并利润表数据库	存储样本相关数据
8	fs_xjllb_2006_12.dbf	评价上年度期末合并现金流量表数据库	存储样本相关数据
9	fs_zcfzb_2006_1.dbf	评价上年度期初合并资产负债表数据库	存储样本相关数据
10	fs_lrb_2006_1.dbf	评价上年度期初合并利润表数据库	存储样本相关数据
11	fzq_data.dbf	评价结果数据库	存储评价结果数据

（二）样本基础指标的计算

基础指标是评价的核心要件，是在相关数据计算的基础上才能得到的。在价值效应评价样本基础指标计算前，必须对关联指标的数据进行计算，主要包括：营运资本需求的计算、投入资本的计算、经济增加值的计算、自由现金流量的计算和现金盈利增加值的计算，计算结果如本书附录 C 中的表 C1 所示。在营运资本需求、投入资本、经济增加值、自由现金流量和现金盈利增加值等指标的计算基础上进行价值效应评价样本基础指标的计算，计算结果如本书附录 C 中的表 C2 所示。

（三）样本基础指标的统计分析

运用 SPSS 软件，对样本基础指标的计算结果进行统计性分析可得表 6–3。

对 70 家样本企业集团的基础指标计算数据进行描述性统计分析可知：市场环境适应度（v_1）指标的标准差较小，峰度和偏度亦小，说明指标测度数据的偏离程度相对较小，各样本企业集团在对市场环境适应方面具有相对较小的差异性；投资环境适应度（v_2）指标的标准差大于 1，峰度大于 10，偏度大于 3，说明各样本企业集团在投资环境适应能力方面具有较大的差异性；融资环境适应度（v_3）指标的标准差大于 0.5，峰度大于 7，偏度大于 2，说明各样本企业集团在融资环境适应能力方面具有较大的差异性；投入资本价值创造率（v_4）指标的标准差相对较小，但峰度较大，说明样本企业集团在投入资本价值转换能力方面整体上具有较小的差异性，但能力强的企业集团与能力差的企业集团相比差异性大；现金循环周转优势度（v_5）指标的标准差大于 0.5，峰度大于 2，偏度大于 1，说明各样本企业集团的现金循环周转能力具有一定的差异性；现金延期支付优势度（v_6）指标的标准差小于 0.3，峰度大于 3，偏度小于 1，说明各样本企业集团的现金延期支付能力上的差异性小，但存在较大的现金延期支付企业集团；投入资本自由现金率（v_7）指标的方差较小，峰度和偏度亦小，说明各样本企业集团投入资本自由现金率具有相对较小的差异性；股东协同满意度（v_8）指标的方差、峰度和偏度都较大，说明样本企业集团的股东协同满意度存在较大的差异性；员工协同满意度（v_9）指标的方差、峰度和偏度都较小，说明样本企业集团的员工协同满意度差异性较小；客户协同满意度（v_{10}）指标的方差、峰度和偏度都较小，说明样本企业集团的客户协同满意度差异性较小；供应商协同满意度（v_{11}）指标的方差、峰度和偏度都较小，说明样本企业集团的供应商协同满意度差异性较小；投

表 6–3　样本基础指标值的描述性统计分析

	N	全距	极小值	极大值	均值		标准差	偏度		峰度	
	统计量	统计量	统计量	统计量	统计量	标准误	统计量	统计量	标准误	统计量	标准误
v_1	70	1.2586	0.6994	1.9581	1.2332	0.0273	0.2288	0.7617	0.2868	0.7701	0.5663
v_2	70	7.4561	0.1088	7.5650	1.3284	0.1722	1.4410	3.0276	0.2868	10.3889	0.5663
v_3	70	3.7523	0.0550	3.8073	1.0825	0.0693	0.5798	2.0432	0.2868	7.4133	0.5663
v_4	70	1.2620	–0.8298	0.4322	0.0456	0.0164	0.1372	–3.4419	0.2868	24.3797	0.5663
v_5	70	3.3437	0.0589	3.4025	1.1608	0.0691	0.5779	1.0822	0.2868	2.6863	0.5663
v_6	70	1.6312	0.2108	1.8420	1.0524	0.0277	0.2314	0.2725	0.2868	3.2609	0.5663
v_7	70	1.2161	–0.7678	0.4482	–0.0283	0.0275	0.2298	–0.2575	0.2868	1.2020	0.5663
v_8	70	7.3996	0.1759	7.5754	1.2316	0.1126	0.9419	4.7130	0.2868	30.0065	0.5663
v_9	70	1.4185	0.6834	2.1019	1.2975	0.0309	0.2586	0.8563	0.2868	1.5272	0.5663
v_{10}	70	1.2786	0.5763	1.8549	1.1799	0.0299	0.2502	0.1136	0.2868	0.7396	0.5663
v_{11}	70	1.5991	0.5157	2.1148	1.1942	0.0342	0.2863	0.2761	0.2868	1.1221	0.5663
v_{12}	70	0.8918	–0.2161	0.6758	0.0776	0.0183	0.1530	1.6314	0.2868	4.4670	0.5663

入资本现金增值率（v_{12}）指标的方差较小，但峰度和偏度较大，说明样本企业集团整体投入资本现金增值能力具有较小的差异性，但能力强者与能力弱者之间的差异性较大。

运用 SPSS 软件，对样本基础指标的计算结果进行 Pearson 相关性分析可得表 6-4。从显著性检验结果可以看出，市场环境适应度（v_1）指标与员工协同满意度（v_9）、客户协同满意度（v_{10}）和供应商协同满意度（v_{11}）三个指标在 0.01 水平（双侧）上显著正相关；投资环境适应度（v_2）与员工协同满意度（v_9）在 0.05 水平（双侧）上显著正相关；投入资本价值创造率（v_4）与投入资本自由现金率（v_7）和客户协同满意度（v_{10}）分别在 0.01 水平（双侧）上显著负相关和在 0.05 水平（双侧）上显著负相关；现金循环周转优势度（v_5）与现金延期支付优势度（v_6）和投入资本自由现金率（v_7）分别在 0.01 水平（双侧）上显著正相关和在 0.05 水平（双侧）上显著正相关；投入资本自由现金率（v_7）与投入资本现金增值率（v_{12}）在 0.01 水平（双侧）上显著正相关；客户协同满意度（v_{10}）与员工协同满意度（v_9）、供应商协同满意度（v_{11}）在 0.01 水平（双侧）上显著正相关；供应商协同满意度（v_{11}）和投入资本现金增值率（v_{12}）在 0.05 水平（双侧）上显著负相关。

表 6-4 变量间的相关系数与显著性检验

		v_1	v_2	v_3	v_4	v_5	v_6	v_7	v_8	v_9	v_{10}	v_{11}	v_{12}
v_1	Pearson 相关性	1.000	0.181	0.047	−0.205	0.200	0.082	0.080	0.234	0.325**	0.836**	0.779**	−0.046
	显著性（双侧）		0.134	0.700	0.088	0.097	0.498	0.510	0.051	0.006	0.000	0.000	0.705
v_2	Pearson 相关性	0.181	1.000	−0.158	0.053	−0.022	−0.153	−0.066	0.091	0.268*	0.161	0.097	0.104
	显著性（双侧）	0.134		0.193	0.665	0.854	0.206	0.587	0.453	0.025	0.183	0.425	0.393
v_3	Pearson 相关性	0.047	−0.158	1.000	0.146	0.059	0.003	−0.234	−0.056	−0.043	0.007	0.025	−0.148
	显著性（双侧）	0.700	0.193		0.227	0.629	0.978	0.052	0.645	0.724	0.951	0.840	0.223
v_4	Pearson 相关性	−0.205	0.053	0.146	1.000	−0.045	−0.074	−0.333**	−0.001	−0.219	−0.244*	−0.102	0.077
	显著性（双侧）	0.088	0.665	0.227		0.710	0.542	0.005	0.991	0.069	0.042	0.401	0.524
v_5	Pearson 相关性	0.200	−0.022	0.059	−0.045	1.000	0.584**	0.243*	0.065	−0.015	0.057	0.019	0.011
	显著性（双侧）	0.097	0.854	0.629	0.710		0.000	0.043	0.595	0.900	0.638	0.874	0.931

续表

		v_1	v_2	v_3	v_4	v_5	v_6	v_7	v_8	v_9	v_{10}	v_{11}	v_{12}
v_6	Pearson 相关性	0.082	−0.153	0.003	−0.074	0.584**	1.000	0.234	−0.014	0.072	0.056	0.000	−0.138
	显著性（双侧）	0.498	0.206	0.978	0.542	0.000		0.051	0.905	0.552	0.645	0.996	0.256
v_7	Pearson 相关性	0.080	−0.066	−0.234	−0.333**	0.243*	0.234	1.000	0.080	−0.028	0.061	−0.039	0.447**
	显著性（双侧）	0.510	0.587	0.052	0.005	0.043	0.051		0.509	0.819	0.617	0.751	0.000
v_8	Pearson 相关性	0.234	0.091	−0.056	−0.001	0.065	−0.014	0.080	1.000	0.160	0.123	0.167	0.097
	显著性（双侧）	0.051	0.453	0.645	0.991	0.595	0.905	0.509		0.186	0.310	0.168	0.425
v_9	Pearson 相关性	0.325**	0.268*	−0.043	−0.219	−0.015	0.072	−0.028	0.160	1.000	0.386**	0.187	0.011
	显著性（双侧）	0.006	0.025	0.724	0.069	0.900	0.552	0.819	0.186		0.001	0.122	0.929
v_{10}	Pearson 相关性	0.836**	0.161	0.007	−0.244*	0.057	0.056	0.061	0.123	0.386**	1.000	0.861**	−0.142
	显著性（双侧）	0.000	0.183	0.951	0.042	0.638	0.645	0.617	0.310	0.001		0.000	0.240
v_{11}	Pearson 相关性	0.779**	0.097	0.025	−0.102	0.019	0.000	−0.039	0.167	0.187	0.861**	1.000	−0.267*
	显著性（双侧）	0.000	0.425	0.840	0.401	0.874	0.996	0.751	0.168	0.122	0.000		0.026
v_{12}	Pearson 相关性	−0.046	0.104	−0.148	0.077	0.011	−0.138	0.447**	0.097	0.011	−0.142	−0.267*	1.000
	显著性（双侧）	0.705	0.393	0.223	0.524	0.931	0.256	0.000	0.425	0.929	0.240	0.026	

注：** 表示在 0.01 水平（双侧）上显著相关，* 表示在 0.05 水平（双侧）上显著相关，有效样本数为 N=70。

在剔除其他变量的影响后，进一步执行偏相关（Partial）分析表明：市场环境适应度（v_1）与客户协同满意度（v_{10}）和供应商协同满意度（v_{11}）显著正相关（显著性水平分别为 Sig. = 0.001 < 0.05，Sig. = 0.026 < 0.05）；投入资本价值创造率（v_4）和投入资本自由现金率（v_7）显著负相关（Sig. = 0.002 < 0.05）；现金循环周转优势度（v_5）和现金延期支付优势度（v_6）显著正相关（Sig. = 0.00 < 0.05）；投入资本自由现金率（v_7）与投入资本现金增值率（v_{12}）显著正相关（Sig. = 0.00 < 0.05）；员工协同满意度（v_9）与客户协同满意度（v_{10}）显著正相关（Sig. = 0.008 < 0.05）；员工协同满意度（v_9）与供应商协同满意度（v_{11}）显著负相关（Sig. = 0.034 < 0.05）；供应商协同满意度（v_{11}）和投入资本现金增值率（v_{12}）显著负相关（Sig. = 0.01 < 0.05）。

三、二维矩阵评价模型的实证分析

(一) 二维矩阵评价模型的数据计算

按照第五章建立的数学模型［公式（5-14）~公式（5-16）］，对计算得到的基础指标数据进一步处理，可得到企业集团财务战略协同控制价值效应二维矩阵评价数据、企业集团财务资源协同控制价值效应二维矩阵评价数据和企业集团财务关系协同控制价值效应二维矩阵评价数据，存储于相应的数据库中（二维矩阵评价模型的数据计算结果如表 6-5 所示）。得到的计算结果数据矩阵如下所示：

$$\begin{bmatrix} x_{11} & y_{11} & x_{12} & y_{12} & x_{13} & y_{13} \\ x_{21} & y_{21} & x_{22} & y_{22} & x_{23} & y_{23} \\ \cdots & \cdots & \cdots & \cdots & \cdots & \cdots \\ x_{70,1} & y_{70,1} & x_{70,2} & y_{70,2} & x_{70,3} & y_{70,3} \end{bmatrix} = \begin{bmatrix} 0.5881 & 0.0525 & 0.3561 & -0.4670 & 0.8659 & -0.0977 \\ -0.3829 & 0.0357 & -0.7835 & 0.0705 & 0.1525 & 0.0753 \\ \cdots & \cdots & \cdots & \cdots & \cdots & \cdots \\ -0.0181 & 0.0344 & -0.0528 & 0.0174 & 0.0889 & 0.0868 \end{bmatrix}$$

表 6-5　二维矩阵评价模型的数据计算结果

企业集团代码	财务战略协同控制价值效应评价矩阵		财务资源协同控制价值效应评价矩阵		财务关系协同控制价值效应评价矩阵	
	横轴	纵轴	横轴	纵轴	横轴	纵轴
F000026	0.5881	0.0525	0.3561	-0.4670	0.8659	-0.0977
F000400	-0.3829	0.0357	-0.7835	0.0705	0.1525	0.0753
F000410	-0.5633	-0.0106	0.2209	-0.1550	0.0231	-0.0688
F000425	0.0735	-0.0300	0.1504	0.4057	0.0330	0.3067
F000521	0.8537	0.0234	0.0168	0.2038	0.0806	0.3505
F000528	0.7796	0.2131	-0.0078	-0.1404	0.5464	0.0846
F000530	-0.0206	0.1712	-0.0443	-0.0951	0.0375	0.0232
F000541	-0.0900	0.1517	0.0655	-0.1061	0.1002	0.0996
F000550	0.6357	0.2391	-0.1657	0.1741	0.0063	0.2088
F000551	0.0160	0.1139	0.0220	-0.2530	0.1192	0.0402
F000559	0.3242	0.1183	0.1061	-0.0192	0.4007	0.0695
F000570	-0.5315	0.1512	0.1827	0.0991	0.2370	0.3084
F000581	0.0461	0.0964	0.8004	0.0726	-0.0442	0.0490
F000595	-0.3423	0.0630	0.2864	0.0751	-0.2977	0.0520
F000607	-0.2508	-0.1736	0.0834	0.0939	-0.0995	0.0239
F000666	-0.0367	0.0361	0.3811	-0.3714	0.1276	0.0250

续表

企业集团代码	财务战略协同控制价值效应评价矩阵		财务资源协同控制价值效应评价矩阵		财务关系协同控制价值效应评价矩阵	
	横轴	纵轴	横轴	纵轴	横轴	纵轴
F000680	0.2331	0.2284	0.2226	–0.0704	0.0838	0.1294
F000727	–0.1208	–0.8298	0.1957	0.3517	0.5460	0.3212
F000806	–0.3295	0.0171	0.0289	0.2190	0.0933	0.1761
F000811	0.0536	0.0401	0.0320	–0.0948	0.0964	–0.0761
F000816	0.3885	0.0380	0.0599	–0.0768	0.3608	0.1491
F000837	0.8786	0.0454	1.0990	0.1920	0.2160	0.1515
F000868	–0.4460	–0.0255	–0.0216	0.0567	0.1055	0.0295
F000883	0.6362	0.0184	0.0899	–0.1075	0.8581	–0.0488
F000913	0.0635	0.0879	0.1457	–0.1028	0.2456	–0.0214
F000920	–0.1615	–0.0046	0.6406	0.4428	0.0977	0.3445
F000921	–0.0719	0.4322	–0.0982	–0.7678	–0.2904	0.6320
F000922	–0.4204	–0.0031	1.0326	0.4482	0.0124	0.2848
F000923	–0.3559	–0.0028	–0.1781	–0.0078	0.0407	–0.0056
F000957	0.4741	–0.0108	0.2017	–0.0718	0.2469	0.0509
F000980	0.2595	–0.0143	–0.2339	–0.5436	0.2634	–0.0051
F002006	–0.5679	–0.0310	–0.0526	–0.0149	0.2197	–0.0138
F002048	–0.0006	0.1591	0.0067	–0.0734	0.4613	0.1098
F002085	0.5755	0.0261	–0.2162	–0.0388	–0.0431	0.0999
F600006	0.1787	0.0592	0.0303	–0.0733	0.3389	0.0389
F600055	–0.0283	0.0100	–0.3581	–0.2101	–0.0841	–0.0885
F600081	0.0365	0.0055	0.4134	–0.0356	0.2306	0.0309
F600089	0.3569	0.1098	–0.5511	0.0596	0.2548	0.1090
F600148	–0.2657	–0.0019	0.0354	0.0165	0.1408	0.0413
F600169	–0.4239	0.1125	0.1091	–0.1685	0.3525	0.0611
F600237	–0.4916	–0.0810	0.0312	–0.0068	–0.0492	–0.0056
F600243	0.1048	0.0242	–0.2431	0.0741	0.2263	0.0607
F600262	0.1077	–0.0211	0.2361	–0.1475	0.4217	–0.0561
F600303	0.1761	0.0129	–0.1137	–0.1527	0.1149	0.0340
F600312	0.0847	0.0659	–0.1997	–0.3329	–0.3658	–0.1779
F600316	0.2509	0.0075	0.4807	0.2075	0.4217	0.1292
F600320	0.5423	0.1230	0.2331	–0.4881	0.1038	–0.0137
F600366	0.1588	0.0781	–0.0507	0.0134	0.1481	0.0347
F600382	–0.1682	0.2122	0.7311	0.2872	–0.0878	0.1185
F600397	0.0085	–0.0233	0.2363	0.0344	0.4546	0.0459
F600416	0.4417	0.0193	–0.3300	–0.3504	0.3173	–0.1144
F600418	–0.1336	0.0554	0.1584	0.2122	0.1748	0.1902

续表

企业集团代码	财务战略协同控制价值效应评价矩阵		财务资源协同控制价值效应评价矩阵		财务关系协同控制价值效应评价矩阵	
	横轴	纵轴	横轴	纵轴	横轴	纵轴
F600469	-0.2449	0.0338	-0.0490	-0.0930	0.1105	-0.0754
F600475	0.0225	0.0968	-0.3253	-0.2316	0.4172	-0.0472
F600481	0.2613	0.1185	0.9231	-0.2340	0.4044	-0.2161
F600523	0.0118	0.0450	0.1210	-0.0123	0.0923	0.0501
F600526	-0.3503	-0.0166	-0.0326	-0.1293	0.1438	-0.0528
F600550	-0.0839	0.1103	-0.2862	-0.1003	0.2043	0.0240
F600592	0.1193	0.1217	0.5031	-0.1041	0.0660	0.0023
F600685	0.4269	0.0500	0.2599	0.2822	1.1970	0.2150
F600710	0.3801	0.0723	-0.0274	-0.0253	-0.2228	0.1095
F600760	0.0321	0.1377	-0.7935	0.3790	0.2088	0.6758
F600761	-0.0310	0.1470	-0.0129	-0.0546	0.3380	0.1209
F600815	0.9030	0.0343	-0.2547	-0.1348	0.1280	0.0754
F600841	-0.3790	-0.0391	0.6343	0.4432	-0.1875	0.1848
F600843	-0.2213	-0.0031	-0.4231	-0.0256	0.0497	0.0866
F600877	0.0772	0.0198	0.0965	-0.0863	0.1471	-0.0382
F600879	0.5554	0.0596	-0.6142	-0.1174	0.3014	0.0095
F600967	0.2428	-0.0218	0.4229	-0.0194	0.1182	-0.0721
F600991	-0.0181	0.0344	-0.0528	0.0174	0.0889	0.0868

计算机对上述数据矩阵按列由小到大进行排序，并按照矩阵评价的阈值计算公式进一步计算公式（5–17）~公式（5–20），可得到企业集团财务战略协同控制价值效应二维矩阵评价模型、企业集团财务资源协同控制价值效应二维矩阵评价模型和企业集团财务关系协同控制价值效应二维矩阵评价模型各个坐标轴的正负阈值分别为：$X_{1+}=0.309$，$X_{1-}=-0.2511$，$Y_{1+}=0.0889$，$Y_{1-}=-0.0707$；$X_{2+}=0.2877$，$X_{2-}=-0.2329$，$Y_{2+}=0.1897$，$Y_{2-}=-0.1571$；$X_{3+}=0.244$，$X_{3-}=-0.1611$，$Y_{3+}=0.1346$，$Y_{3-}=-0.0648$。采用公式（5–21）对原始计算坐标数据进行标准化，可得企业集团价值效应矩阵评价模型的坐标标准化数据（见表 6–6）。

（二）二维矩阵评价模型的数据分析

对二维矩阵评价模型的原始计算数据进行统计分析可知：财务战略环境适应率的均值为 0.069，方差为 0.1321，大于正阈值的样本个数为 17，占总数的 24.29%；小于负阈值的样本个数为 14，占总数的 20%；投入资本价值创造率均值为 0.0456，方差为 0.0188，大于正阈值的样本个数为 21，占总数的 30%；小

表 6-6　二维矩阵评价模型的数据标准化计算结果

企业集团代码	财务战略协同控制价值效应评价矩阵		财务资源协同控制价值效应评价矩阵		财务关系协同控制价值效应评价矩阵	
	横轴	纵轴	横轴	纵轴	横轴	纵轴
F000026	0.7349	0.2953	0.5422	–0.7537	0.8263	–0.6087
F000400	–0.7080	0.2008	–0.9911	0.1858	0.3125	0.2797
F000410	–0.9927	–0.0750	0.3839	–0.4933	0.0473	–0.5132
F000425	0.1189	–0.2122	0.2614	0.9178	0.0676	0.6590
F000521	0.9585	0.1316	0.0292	0.5273	0.1652	0.6995
F000528	0.8961	0.6809	–0.0167	–0.4468	0.6587	0.3143
F000530	–0.0410	0.6199	–0.0951	–0.3027	0.0768	0.0862
F000541	–0.1792	0.5915	0.1138	–0.3377	0.2053	0.3700
F000550	0.7750	0.7188	–0.3557	0.4589	0.0129	0.5686
F000551	0.0259	0.5364	0.0382	–0.5785	0.2443	0.1493
F000559	0.5128	0.5428	0.1844	–0.0611	0.5822	0.2582
F000570	–0.9426	0.5907	0.3175	0.2612	0.4857	0.6606
F000581	0.0746	0.5109	0.8160	0.1914	–0.1372	0.1820
F000595	–0.6439	0.3543	0.4977	0.1979	–0.8337	0.1932
F000607	–0.4994	–0.5678	0.1449	0.2475	–0.3088	0.0888
F000666	–0.0731	0.2030	0.5576	–0.6755	0.2615	0.0929
F000680	0.3772	0.7032	0.3869	–0.2241	0.1717	0.4807
F000727	–0.2405	–1.0000	0.3401	0.8133	0.6584	0.6724
F000806	–0.6237	0.0962	0.0502	0.5567	0.1912	0.5383
F000811	0.0867	0.2255	0.0556	–0.3017	0.1975	–0.5373
F000816	0.5669	0.2137	0.1041	–0.2444	0.5613	0.5134
F000837	0.9795	0.2553	1.0000	0.5044	0.4426	0.5156
F000868	–0.8076	–0.1803	–0.0464	0.1494	0.2162	0.1096
F000883	0.7754	0.1035	0.1562	–0.3421	0.8222	–0.3765
F000913	0.1028	0.4944	0.2532	–0.3272	0.5008	–0.1651
F000920	–0.3216	–0.0325	0.7175	0.9896	0.2002	0.6939
F000921	–0.1432	1.0000	–0.2108	–1.0000	–0.8158	0.9595
F000922	–0.7672	–0.0219	0.9591	1.0000	0.0254	0.6388
F000923	–0.6654	–0.0198	–0.3824	–0.0248	0.0834	–0.0432
F000957	0.6390	–0.0764	0.3505	–0.2285	0.5015	0.1891
F000980	0.4199	–0.1011	–0.5009	–0.8164	0.5102	–0.0394
F002006	–1.0000	–0.2192	–0.1129	–0.0474	0.4502	–0.1065
F002048	–0.0012	0.6022	0.0116	–0.2336	0.6140	0.4079
F002085	0.7243	0.1468	–0.4641	–0.1235	–0.1338	0.3711
F600006	0.2892	0.3330	0.0527	–0.2333	0.5498	0.1445
F600055	–0.0564	0.0562	–0.6117	–0.5434	–0.2610	–0.5783
F600081	0.0591	0.0309	0.5775	–0.1133	0.4725	0.1148

续表

企业集团代码	财务战略协同控制价值效应评价矩阵		财务资源协同控制价值效应评价矩阵		财务关系协同控制价值效应评价矩阵	
	横轴	纵轴	横轴	纵轴	横轴	纵轴
F600089	0.5403	0.5304	-0.7838	0.1571	0.5057	0.4049
F600148	-0.5230	-0.0134	0.0615	0.0435	0.2885	0.1534
F600169	-0.7727	0.5344	0.1896	-0.5093	0.5569	0.2270
F600237	-0.8796	-0.5068	0.0542	-0.0216	-0.1527	-0.0432
F600243	0.1696	0.1361	-0.5091	0.1953	0.4637	0.2255
F600262	0.1743	-0.1492	0.4103	-0.4694	0.5932	-0.4329
F600303	0.2850	0.0726	-0.2441	-0.4860	0.2355	0.1263
F600312	0.1371	0.3706	-0.4287	-0.6439	-1.0000	-0.8738
F600316	0.4060	0.0422	0.6189	0.5344	0.5932	0.4799
F600320	0.6964	0.5497	0.4051	-0.7710	0.2127	-0.1057
F600366	0.2570	0.4393	-0.1088	0.0353	0.3035	0.1289
F600382	-0.3349	0.6796	0.7733	0.6886	-0.2725	0.4402
F600397	0.0138	-0.1648	0.4107	0.0907	0.6105	0.1705
F600416	0.6117	0.1085	-0.5866	-0.6583	0.5385	-0.6639
F600418	-0.2660	0.3116	0.2753	0.5435	0.3582	0.5514
F600469	-0.4877	0.1901	-0.1052	-0.2960	0.2264	-0.5350
F600475	0.0364	0.5115	-0.5824	-0.5610	0.5909	-0.3642
F600481	0.4228	0.5431	0.8916	-0.5630	0.5842	-1.0000
F600523	0.0191	0.2531	0.2103	-0.0391	0.1891	0.1861
F600526	-0.6566	-0.1174	-0.0700	-0.4115	0.2947	-0.4074
F600550	-0.1671	0.5312	-0.5475	-0.3192	0.4186	0.0892
F600592	0.1930	0.5478	0.6327	-0.3313	0.1352	0.0085
F600685	0.5992	0.2812	0.4517	0.6789	1.0000	0.5743
F600710	0.5598	0.4066	-0.0588	-0.0805	-0.6507	0.4068
F600760	0.0519	0.5711	-1.0000	0.8662	0.4279	1.0000
F600761	-0.0617	0.5846	-0.0277	-0.1738	0.5493	0.4491
F600815	1.0000	0.1929	-0.5194	-0.4290	0.2623	0.2801
F600841	-0.7019	-0.2765	0.7136	0.9903	-0.5645	0.5464
F600843	-0.4407	-0.0219	-0.6696	-0.0815	0.1018	0.3217
F600877	0.1249	0.1114	0.1677	-0.2747	0.3014	-0.2948
F600879	0.7074	0.3352	-0.8401	-0.3736	0.5301	0.0353
F600967	0.3929	-0.1542	0.5833	-0.0617	0.2422	-0.5241
F600991	-0.0360	0.1935	-0.1134	0.0459	0.1822	0.3224

于负阈值的样本个数为 3，占总数的 4.29%；财务资源优配率均值为 0.0795，方差为 0.1354，大于正阈值的样本个数为 13，占总数的 18.57%；小于负阈值的样本个数为 12，占总数的 17.14%；投入资本自由现金率均值为-0.0283，方差为 0.0528，大于正阈值的样本个数为 13，占总数的 18.57%；小于负阈值的样本个数为 12，占总数的 17.14%；财务利益协同率均值为 0.1803，方差为 0.0657，大于正阈值的样本个数为 22，占总数的 31.43%；小于负阈值的样本个数为 5，占总数的 7.14%；投入资本现金增值率均值为 0.0776，方差为 0.0234，大于正阈值的样本个数为 15，占总数的 21.43%；小于负阈值的样本个数为 9，占总数的 12.86%。二维矩阵评价模型的原始计算数据分析如表 6-7 所示。

表 6-7　二维矩阵评价模型的原始计算数据分析

项目	财务战略环境适应率 x_1	投入资本价值创造率 y_1	财务资源优配率 x_2	投入资本自由现金率 y_2	财务利益协同率 x_3	投入资本现金增值率 y_3
样本总数	70	70	70	70	70	70
>0 个数	40	51	42	26	59	50
<0 个数	30	19	28	44	11	20
X_{i+}，Y_{i+}	0.3090	0.0889	0.2877	0.1897	0.2440	0.1346
X_{i-}，Y_{i-}	-0.2511	-0.0707	-0.2329	-0.1571	-0.1611	-0.0648
均值	0.0690	0.0456	0.0795	-0.0283	0.1803	0.0776
方差	0.1321	0.0188	0.1354	0.0528	0.0657	0.0234
极小值	0.9030	0.4322	1.0990	0.4482	1.1970	0.6758
极大值	-0.5679	-0.8298	-0.7935	-0.7678	-0.3658	-0.2161

（三）二维矩阵评价模型的评价结果

1. 二维矩阵评价结果显示图

采用 Matlab 编程处理，将评价结果直接用矩阵评价图显示，可得到财务战略协同控制价值效应矩阵评价显示图、财务资源协同控制价值效应矩阵评价显示图和财务关系协同控制价值效应矩阵评价显示图（见图 6-2、图 6-3 和图 6-4）。图中的三角符号表示样本在评价矩阵中的评价定位，三角符号一侧的数字表示样本的序号。

2. 二维矩阵的评价类型

按照计算得到的样本企业集团各二维矩阵评价数据和阈值，根据二维评价矩阵的扩展模型区域划分标准，可以得到各样本企业集团财务战略协同控制价值效应二维矩阵评价类型、财务资源协同控制价值效应二维矩阵评价类型和财务关系协同控制价值效应二维矩阵评价类型（见表 6-8）。对样本企业集团二维矩阵评

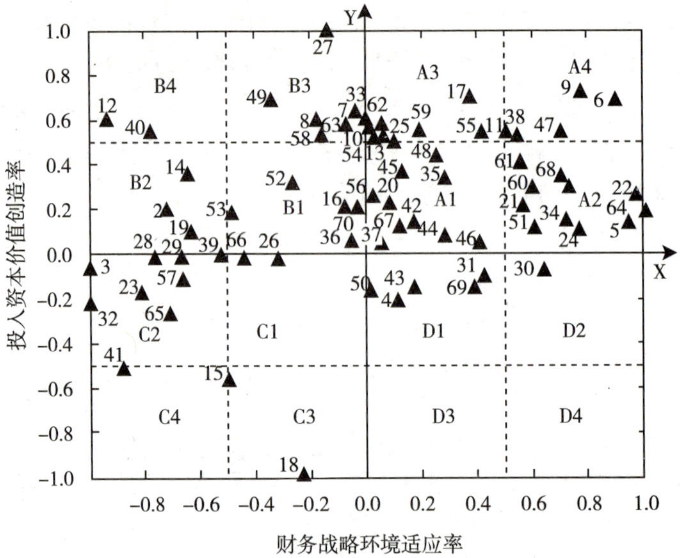

图 6-2 财务战略协同控制价值效应评价矩阵

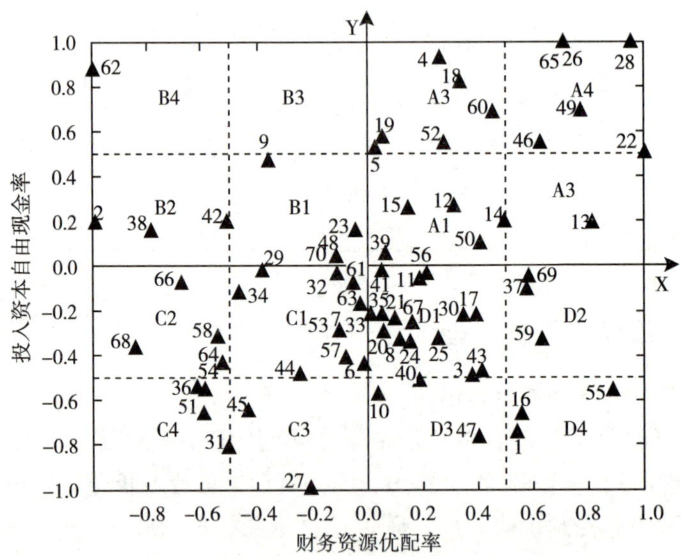

图 6-3 财务资源协同控制价值效应评价矩阵

价结果的统计分析可知，财务战略协同控制价值效应矩阵评价类型为 A 的占 48.57%，为 B 的占 24.29%，为 C 的占 18.57%，为 D 的占 8.57%；财务资源协同控制价值效应矩阵评价类型为 A 的占 25.71%，为 B 的占 11.43%，为 C 的占 28.57%，为 D 的占 34.29%；财务关系协同控制价值效应矩阵评价类型为 A 的占 60.00%，为 B 的占 11.43%，为 C 的占 4.29%，为 D 的占 24.29%（见图 6-5）。

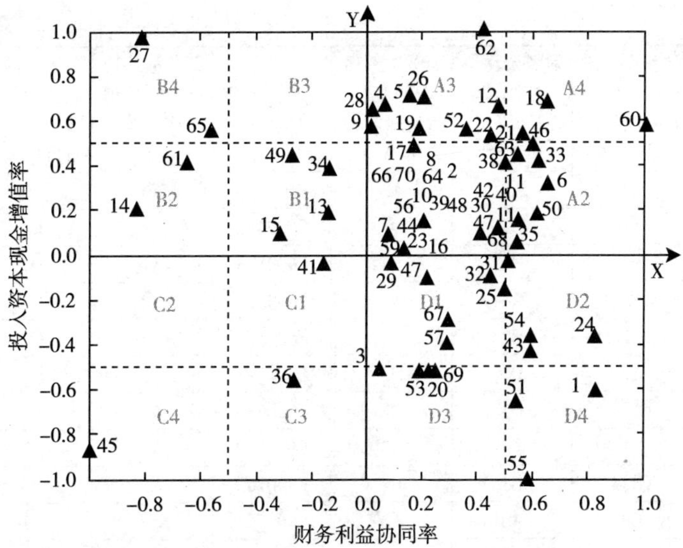

图 6-4　财务关系协同控制价值效应评价矩阵

表 6-8　样本企业集团财务协同控制的价值效应二维矩阵评价类型

样本企业集团代码	财务战略协同控制价值效应矩阵评价类型	财务资源协同控制价值效应矩阵评价类型	财务关系协同控制价值效应矩阵评价类型	样本企业集团代码	财务战略协同控制价值效应矩阵评价类型	财务资源协同控制价值效应矩阵评价类型	财务关系协同控制价值效应矩阵评价类型
F000026	A2	D4	D4	F600055	B1	C4	C3
F000400	B2	B2	A1	F600081	A1	D2	A1
F000410	C2	D1	D3	F600089	A4	B2	A2
F000425	D1	A3	A3	F600148	C2	A1	A1
F000521	A2	A3	A3	F600169	B4	D3	A2
F000528	A4	C1	A2	F600237	C4	D1	C1
F000530	B3	C1	A1	F600243	A1	B2	A1
F000541	B3	D1	A1	F600262	D1	D1	D2
F000550	A4	B1	A3	F600303	A1	C1	A1
F000551	A3	D3	A1	F600312	A1	C3	C4
F000559	A4	D1	A2	F600316	A1	A4	A2
F000570	B4	A1	A3	F600320	A4	D3	D1
F000581	A3	A2	B1	F600366	A1	B1	A1
F000595	B2	A1	B2	F600382	B3	A4	B1
F000607	C3	A1	B1	F600397	D1	A1	A2
F000666	B1	D4	A1	F600416	A2	C4	D4
F000680	A3	D1	A1	F600418	B1	A3	A3
F000727	C3	A3	A4	F600469	B1	C1	D3

续表

样本企业集团代码	财务战略协同控制价值效应矩阵评价类型	财务资源协同控制价值效应矩阵评价类型	财务关系协同控制价值效应矩阵评价类型	样本企业集团代码	财务战略协同控制价值效应矩阵评价类型	财务资源协同控制价值效应矩阵评价类型	财务关系协同控制价值效应矩阵评价类型
F000806	B2	A3	A3	F600475	A3	C4	D2
F000811	A1	D1	D3	F600481	A3	D4	D4
F000816	A2	D1	A4	F600523	A1	D1	A1
F000837	A2	A4	A3	F600526	C2	C1	D1
F000868	C2	B1	A1	F600550	B3	C2	A1
F000883	A2	D1	D2	F600592	A3	D2	A1
F000913	A1	D1	D2	F600685	A2	A3	A4
F000920	C1	A4	A3	F600710	A2	C1	B2
F000921	B3	C3	B4	F600760	A3	B4	A3
F000922	C2	A4	A3	F600761	B3	C1	A2
F000923	C2	C1	D1	F600815	A2	C2	A1
F000957	D2	D1	A2	F600841	C2	A4	B4
F000980	D1	C4	D2	F600843	C1	C2	A1
F002006	C2	C1	D1	F600877	A1	D1	D1
F002048	B3	D1	A2	F600879	A2	C2	A2
F002085	A2	C1	B1	F600967	D1	D2	D3
F600006	A1	D1	A2	F600991	B1	B1	A1

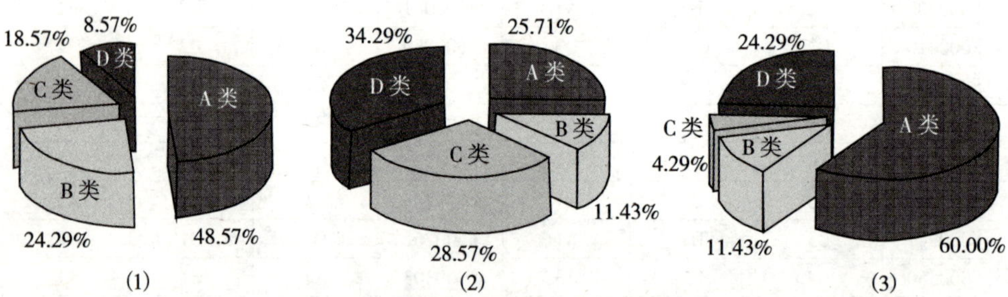

图 6-5 样本企业集团财务协同控制的价值效应评价类型比例

3. 二维矩阵评价结果的经济学分析

从各维度的评价矩阵显示图和评价类型上可以看出，各样本企业集团各维度的矩阵评价显示于矩阵的不同区域，不同维度和不同区域对应不同的评价类型，可利用表 5-2 和表 5-3 对评价结果进行经济解释。由于样本企业集团较多，本书仅举例对企业集团财务协同控制的价值效应矩阵评价结果进行经济学分析。如代码为 F000026 的深圳市飞亚达（集团）股份有限公司，其三个维度的矩阵显示分别位于 A2、D4 和 D4 区域，评价类型为［A2D4D4］。表示该企业集团财务战略协同控制的价值效应评价类型为（高环境适应，低价值创造）；财务资源协同控制的价值效应评价类型为（高资源优配，高现金短缺）；财务利益协同控制的价值效应评价类型为（高利益协调，高损失现金）。“高环境适应”意味着该企业集团的财务战略环境适应率较高，具有很强的环境适应能力。“低价值创造”意味着该企业集团的投入资本价值创造率较差，需要着力提升企业集团的整体价值创造能力。“高资源优配”意味着该企业集团的财务资源优配率较高，资源配置能够保障企业集团的价值创造。“高现金短缺”意味着该企业集团的投入资本自由现金率较低，需要着力增加价值创造所需要的现金流量。“高利益协调”意味着该企业集团财务利益协同率较高，财务利益关系处于协调状态。“高损失现金”意味着该企业集团投入资本现金增值率较低，投入资本处于现金损失状态。因此公司应着重改善整体价值创造能力、现金增值能力和保障足够的自由现金流量。

如果用“+”表示企业集团的优化改进方向，用“–”表示企业集团的劣化改进方向，根据表 5–3，代码为 F000026 的深圳市飞亚达（集团）股份有限公司的三个维度的评价结果演进图可表示如下：

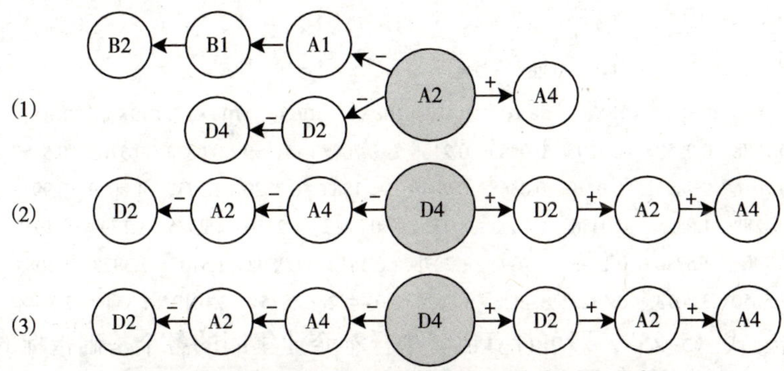

图 6–6　财务协同控制价值效应矩阵评价类型演进方向

注：①财务战略协同控制价值效应类型演进方向。②财务资源协同控制价值效应类型演进方向。③财务关系协同控制价值效应类型演进方向。

四、三维立体评价模型的实证分析

（一）基础指标数据的标准化与赋权计算

1. 基础指标的数据标准化处理

对计算得到的样本企业集团的基础指标数据（见本书附录 B 中的表 B2）按照每列进行由小到大排序后，可得到排序后的数据矩阵为：

$$\begin{bmatrix} 0.6994 & 0.1088 & 0.0550 & -0.8298 & 0.0589 & 0.2108 & -0.7678 & 0.1759 & 0.6834 & 0.5763 & 0.5157 & -0.2161 \\ 0.8533 & 0.1337 & 0.1664 & -0.1736 & 0.1068 & 0.7262 & -0.5436 & 0.3234 & 0.8830 & 0.5783 & 0.6000 & -0.1779 \\ \cdots & \cdots & \cdots & \cdots & \cdots & \cdots & \cdots & \cdots & \cdots & \cdots & \cdots & \cdots \\ 1.9581 & 7.5650 & 3.8073 & 0.4322 & 3.4025 & 1.8420 & 0.4482 & 7.5754 & 2.1019 & 1.8549 & 2.1148 & 0.6758 \end{bmatrix}$$

根据公式（5–26）~ 公式（5–28），可计算得到各个基础指标阈值数据矩阵为：

$$\begin{bmatrix} \min_1 & \min_2 & \min_3 & \min_4 & \min_5 & \min_6 & \min_7 & \min_8 & \min_9 & \min_{10} & \min_{11} & \min_{12} \\ t_{11} & t_{12} & t_{13} & t_{14} & t_{15} & t_{16} & t_{17} & t_{18} & t_{19} & t_{1,10} & t_{1,11} & t_{1,12} \\ t_{21} & t_{22} & t_{23} & t_{24} & t_{25} & t_{26} & t_{27} & t_{28} & t_{29} & t_{2,10} & t_{2,11} & t_{2,12} \\ t_{31} & t_{32} & t_{33} & t_{34} & t_{35} & t_{36} & t_{37} & t_{38} & t_{39} & t_{3,10} & t_{3,11} & t_{3,12} \\ \max_1 & \max_2 & \max_3 & \max_4 & \max_5 & \max_6 & \max_7 & \max_8 & \max_9 & \max_{10} & \max_{11} & \max_{12} \end{bmatrix}$$

$$= \begin{bmatrix} 0.6994 & 0.1088 & 0.0550 & -0.8298 & 0.0589 & 0.2108 & -0.7678 & 0.1759 & 0.6834 & 0.5763 & 0.5157 & -0.2161 \\ 1.0914 & 0.7016 & 0.7893 & -0.0210 & 0.8368 & 0.9048 & -0.1883 & 0.8520 & 1.1217 & 1.0089 & 0.9915 & -0.0088 \\ 1.2332 & 1.3284 & 1.0825 & 0.0456 & 1.1608 & 1.0524 & -0.0283 & 1.2316 & 1.2975 & 1.1799 & 1.1942 & 0.0776 \\ 1.4589 & 2.7907 & 1.5786 & 0.1293 & 1.7090 & 1.2278 & 0.1412 & 1.9592 & 1.5187 & 1.3828 & 1.4088 & 0.2142 \\ 1.9581 & 7.5650 & 3.8073 & 0.4322 & 3.4025 & 1.8420 & 0.4482 & 7.5754 & 2.1019 & 1.8549 & 2.1148 & 0.6758 \end{bmatrix}$$

根据公式（5–25），即可计算出各个样本企业集团的各个基础指标的标准化数据（见本书附录 B 中的表 B3）。

2. 赋权计算

首先，计算各指标的标准差，得到各维度各指标的标准差矩阵：

$\sigma_j^x = [23.666 \quad 24.4271 \quad 22.1522 \quad 20.5822]$；

$\sigma_j^y = [23.2081 \quad 21.7228 \quad 24.1995]$；

$\sigma_j^z = [21.5913 \quad 23.5878 \quad 24.1149 \quad 23.5225 \quad 22.7212]$

然后计算各指标的相关系数，得到各维度各指标的相关系数矩阵：

$$r_{ij}^{x}=\begin{bmatrix}1.000 & & & \\ 0.2200 & 1.000 & & \\ 0.0386 & -0.1001 & 1.000 & \\ -0.0964 & 0.2407 & 0.1030 & 1.000\end{bmatrix};$$

$$r_{ij}^{y}=\begin{bmatrix}1.000 & & \\ 0.6051 & 1.000 & \\ 0.2540 & 0.2508 & 1.000\end{bmatrix};$$

$$r_{ij}^{x}=\begin{bmatrix}1.000 & & & & \\ 0.1270 & 1.000 & & & \\ 0.1361 & 0.4110 & 1.000 & & \\ 0.0810 & 0.2327 & 0.8447 & 1.000 & \\ 0.0146 & 0.0496 & -0.0611 & -0.1749 & 1.000\end{bmatrix}$$

由公式 $C_j=\sigma_j\sum_{i=1}^{n}(1-r_{ij})$ 可得各维度第 j 个评价指标所包含的信息量矩阵：

$C_j^k=[67.1578 \quad 64.4741 \quad 65.5381 \quad 56.6563]$；

$C_j^y=[49.6849 \quad 46.5751 \quad 60.3823]$；

$C_j^z=[57.0276 \quad 51.4128 \quad 40.2547 \quad 47.4336 \quad 72.0681]$

由公式（5-30）可得各维度的权向量为：

$\omega_j^x=[0.2646 \quad 0.2540 \quad 0.2582 \quad 0.2232]^T$；

$\omega_j^y=[0.3172 \quad 0.2973 \quad 0.3855]^T$；

$\omega_j^z=[0.2126 \quad 0.1917 \quad 0.1501 \quad 0.1769 \quad 0.2687]^T$。

（二）三维立体评价模型的评价数据计算

由公式（5-22）、公式（5-22）和公式（5-24）计算，可得各样本企业集团财务协同控制价值效应三维立体评价模型各维度的评价数据矩阵（见表 6-9）：

$$\begin{bmatrix}\hat{x}_1\\ \hat{x}_2\\ \cdots\\ \hat{x}_{70}\end{bmatrix}=\begin{bmatrix}\vec{x}_{11} & \vec{x}_{12} & \vec{x}_{13} & \vec{x}_{14}\\ \vec{x}_{21} & \vec{x}_{22} & \vec{x}_{23} & \vec{x}_{24}\\ \cdots & \cdots & \cdots & \cdots\\ \vec{x}_{70,1} & \vec{x}_{70,2} & \vec{x}_{70,3} & \vec{x}_{70,4}\end{bmatrix}\begin{bmatrix}w^x_1\\ w^x_2\\ w^x_3\\ w^x_4\end{bmatrix}=\begin{bmatrix}88.62 & 75.73 & 30.06 & 52.06\\ 44.21 & 18.66 & 10.22 & 46.28\\ \cdots & \cdots & \cdots & \cdots\\ 22.86 & 22.86 & 64.73 & 45.81\end{bmatrix}\begin{bmatrix}0.2646\\ 0.2540\\ 0.2582\\ 0.2232\end{bmatrix}=\begin{bmatrix}60.48\\ 46.37\\ \cdots\\ 38.79\end{bmatrix}$$

$$\begin{bmatrix}\hat{y}_1\\ \hat{y}_2\\ \cdots\\ \hat{y}_{70}\end{bmatrix}=\begin{bmatrix}\vec{y}_{11} & \vec{y}_{12} & \vec{y}_{13}\\ \vec{y}_{21} & \vec{y}_{22} & \vec{y}_{23}\\ \cdots & \cdots & \cdots\\ \vec{y}_{70,1} & \vec{y}_{70,2} & \vec{y}_{70,3}\end{bmatrix}\begin{bmatrix}w^y_1\\ w^y_2\\ w^y_3\end{bmatrix}=\begin{bmatrix}69.54 & 64.94 & 12.98\\ 0.00 & 21.09 & 64.58\\ \cdots & \cdots & \cdots\\ 30.07 & 40.11 & 56.74\end{bmatrix}\begin{bmatrix}0.3172\\ 0.2973\\ 0.3855\end{bmatrix}=\begin{bmatrix}46.37\\ 31.17\\ \cdots\\ 43.34\end{bmatrix}$$

$$\begin{bmatrix}\hat{z}_1\\ \hat{z}_2\\ \cdots\\ \hat{z}_{70}\end{bmatrix}=\begin{bmatrix}\vec{z}_{11} & \vec{z}_{12} & \vec{z}_{13} & \vec{z}_{14} & \vec{z}_{15}\\ \vec{z}_{21} & \vec{z}_{22} & \vec{z}_{23} & \vec{z}_{24} & \vec{z}_{25}\\ \cdots & \cdots & \cdots & \cdots & \cdots\\ \vec{z}_{70,1} & \vec{z}_{70,2} & \vec{z}_{70,3} & \vec{z}_{70,4} & \vec{z}_{70,5}\end{bmatrix}\begin{bmatrix}w^z_1\\ w^z_2\\ w^z_3\\ w^z_4\\ w^z_5\end{bmatrix}=\begin{bmatrix}80.92 & 65.22 & 92.70 & 78.17 & 14.23\\ 33.61 & 62.11 & 49.43 & 36.78 & 49.33\\ \cdots & \cdots & \cdots & \cdots & \cdots\\ 55.75 & 28.34 & 23.92 & 19.46 & 51.68\end{bmatrix}\begin{bmatrix}0.2126\\ 0.1917\\ 0.1501\\ 0.1769\\ 0.2687\end{bmatrix}=\begin{bmatrix}6127\\ 4623\\ \cdots\\ 3821\end{bmatrix}$$

表 6–9 三维立体评价模型的数据计算结果

样本代码	X	Y	Z	耦合度	样本代码	X	Y	Z	耦合度
F000026	60.48	46.37	61.27	0.9939	F600055	31.46	20.19	22.29	0.9866
F000400	29.41	31.17	46.23	0.9851	F600081	39.10	63.25	47.16	0.9855
F000410	18.58	50.32	29.79	0.9415	F600089	60.46	43.58	56.65	0.9925
F000425	39.09	67.38	45.34	0.9806	F600148	29.84	46.98	41.78	0.9863
F000521	53.58	55.66	52.78	0.9998	F600169	45.27	42.87	59.17	0.9926
F000528	71.86	35.82	67.69	0.9641	F600237	18.77	46.77	23.60	0.9466
F000530	41.10	37.33	31.30	0.9953	F600243	45.93	38.22	48.53	0.9961
F000541	42.56	42.28	43.48	0.9999	F600262	51.60	44.70	49.32	0.9987
F000550	62.18	44.54	43.62	0.9902	F600303	44.40	28.32	48.56	0.9795
F000551	42.01	33.63	38.23	0.9969	F600312	39.37	21.21	9.05	0.8799
F000559	53.43	50.68	54.63	0.9996	F600316	55.27	69.54	60.84	0.9967
F000570	38.45	60.95	58.78	0.9839	F600320	57.76	40.22	36.70	0.9858
F000581	49.84	76.16	37.15	0.9685	F600366	47.02	45.27	41.36	0.9989
F000595	31.32	56.91	30.57	0.9700	F600382	36.90	84.61	35.14	0.9425
F000607	23.33	56.00	25.62	0.9454	F600397	30.88	60.64	59.00	0.9648
F000666	37.44	49.65	34.95	0.9914	F600416	51.59	18.51	43.25	0.9302
F000680	64.48	52.88	57.05	0.9975	F600418	37.95	66.72	53.13	0.9803
F000727	35.05	69.59	76.83	0.9563	F600469	32.20	35.93	31.46	0.9987
F000806	44.87	61.86	52.02	0.9936	F600475	43.96	20.23	43.50	0.9528
F000811	43.03	41.46	31.98	0.9935	F600481	63.37	61.52	45.00	0.9911
F000816	50.59	44.36	57.24	0.9960	F600523	47.20	50.97	38.81	0.9951
F000837	65.75	85.33	55.45	0.9884	F600526	23.72	35.15	39.78	0.9821
F000868	30.65	48.96	51.81	0.9797	F600550	42.17	35.86	44.02	0.9971
F000883	60.55	41.35	68.66	0.9829	F600592	47.16	59.98	30.97	0.9728
F000913	46.21	49.09	41.85	0.9984	F600685	56.74	69.72	78.97	0.9931
F000920	39.48	87.40	51.33	0.9606	F600710	48.15	40.13	29.15	0.9841
F000921	43.21	19.76	35.41	0.9603	F600760	42.14	37.84	53.59	0.9921
F000922	25.15	94.57	44.17	0.9004	F600761	47.66	41.08	58.15	0.9925

续表

样本代码	X	Y	Z	耦合度	样本代码	X	Y	Z	耦合度
F000923	28.34	34.78	35.09	0.9964	F600815	59.40	25.60	49.96	0.9529
F000957	50.79	50.82	50.07	1.0000	F600841	21.84	87.92	39.42	0.8909
F000980	53.29	17.04	46.73	0.9113	F600843	24.64	29.89	36.28	0.9907
F002006	23.70	39.55	44.31	0.9730	F600877	39.41	45.37	35.56	0.9963
F002048	54.50	42.50	64.92	0.9888	F600879	65.37	38.71	52.43	0.9830
F002085	56.52	32.24	43.58	0.9806	F600967	45.13	62.36	37.23	0.9833
F600006	51.87	42.37	54.10	0.9957	F600991	38.79	43.34	38.21	0.9988

（三）三维立体评价模型的数据分析

对三维立体评价模型的数据进行统计分析可知：财务战略协同控制价值效应评价维度（X）的均值为43.933，方差为157.871，评价数据在［0，25）范围内的样本个数为7，占总数的10%，评价数据在［25，50）范围内的样本个数为40，占总数的57.14%，评价数据在［50，75）范围内的样本个数为23，占总数的32.86%；财务资源协同控制价值效应评价维度（Y）的均值为47.9137，方差为305.561，评价数据在［0，25）范围内的样本个数为6，占总数的8.57%，评价数据在［25，50）范围内的样本个数为38，占总数的54.29%，评价数据在［50，75）范围内的样本个数为20，占总数的28.57%，评价数据在［75，100］范围内的样本个数为6，占总数的8.57%；财务关系协同控制价值效应评价维度（Z）的均值为45.4579，方差为161.731，评价数据在［0，25）范围内的样本个数为3，占总数的4.29%，评价数据在［25，50）范围内的样本个数为42，占总数的60%，评价数据在［50，75）范围内的样本个数为23，占总数的32.86%，评价数据在［75，100］范围内的样本个数为2，占总数的2.86%。统计分析数据如表6-10所示。

表6-10　三维立体评价模型的数据分析

项目	X	Y	Z
样本总数	70	70	70
数据范围在［0，25）的样本个数	7	6	3
数据范围在［25，50）的样本个数	40	38	42
数据范围在［50，75）的样本个数	23	20	23
数据范围在［75，100］的样本个数	0	6	2
均值	43.9330	47.9137	45.4579

续表

项目	X	Y	Z
方差	157.871	305.561	161.731
极小值	18.58	17.04	9.05
极大值	71.86	94.57	78.97

（四）三维立体评价模型的评价结果

1. 三维立体评价结果显示图

为了能够直观地反映企业集团财务协同控制价值效应三维立体模型的评价情况，采用 Matlab 编程处理，将评价结果直接用立体评价图显示，可得到企业集团财务协同控制价值效应的评价结果（见图 6-7）、评价结果平面投影图（见图6-8、图 6-9 和图 6-10），将评价结果用折线图显示，可以观察评价数据的分布状况（见图 6-11）。从图上可以看出，各样本企业集团财务协同控制价值效应评价结果分别显示于三维立体评价模型中的不同模块内，分别代表了价值效应的不同评价等级。

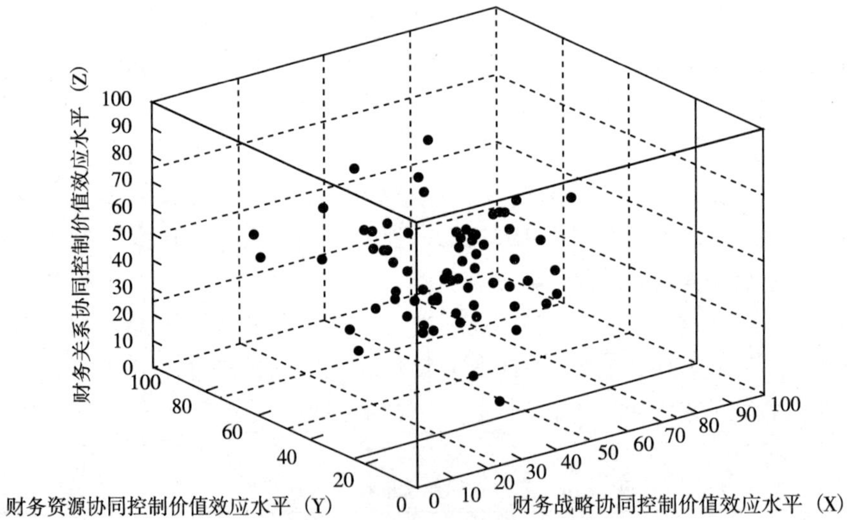

图 6-7　三维立体模型评价结果

2. 三维立体评价类型

评价类型反映了企业集团财务协同控制价值效应的三维立体评价等级，不同的等级又对应了企业集团财务协同控制的价值效应水平，对于今后的工作改进具有一定的指导意义。样本企业集团财务协同控制的价值效应三维立体评价类型如

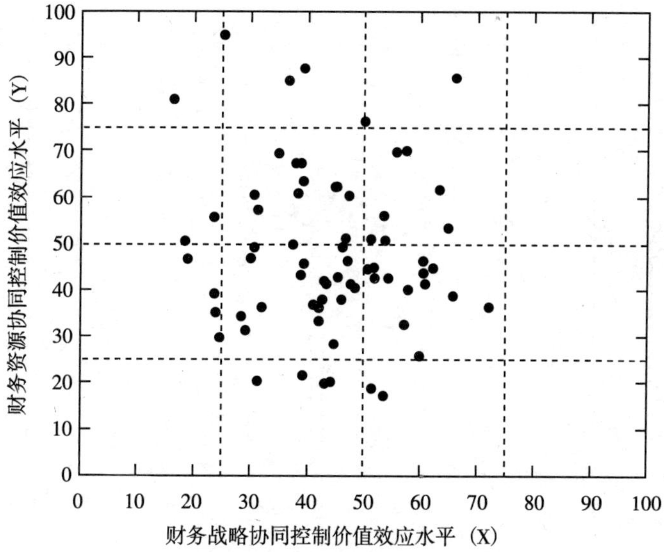

图 6-8　三维立体模型评价结果 X-Y 平面投影

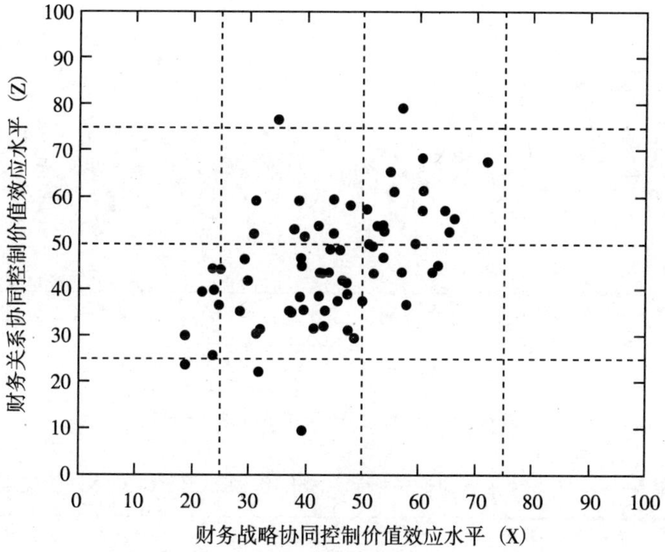

图 6-9　三维立体模型评价结果 X-Z 平面投影

表 6-11 所示。

3. 三维立体评价结果的经济学分析

从三维立体评价和 X-Y、X-Z、Y-Z 平面投影图及评价类型上可以看出，各样本企业集团的三维立体评价显示于立体评价模型的不同模块内，不同的模块对应不同的评价类型，可利用表 5-4 和表 5-5 对评价结果进行经济解释。由于样本

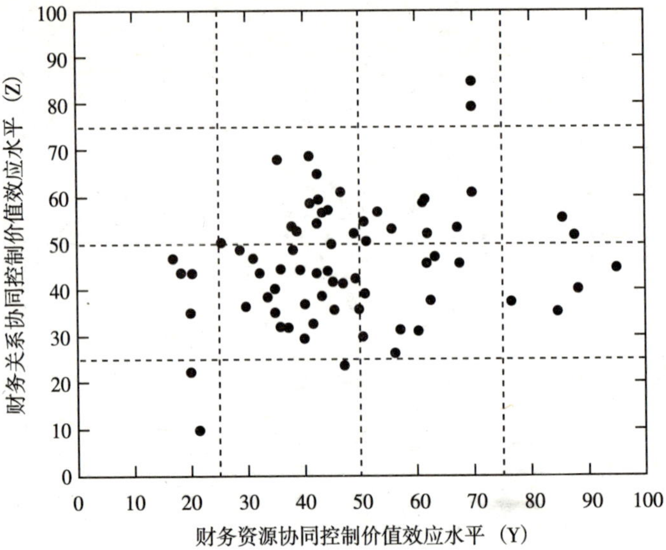

图 6-10　三维立体模型评价结果 Y-Z 平面投影

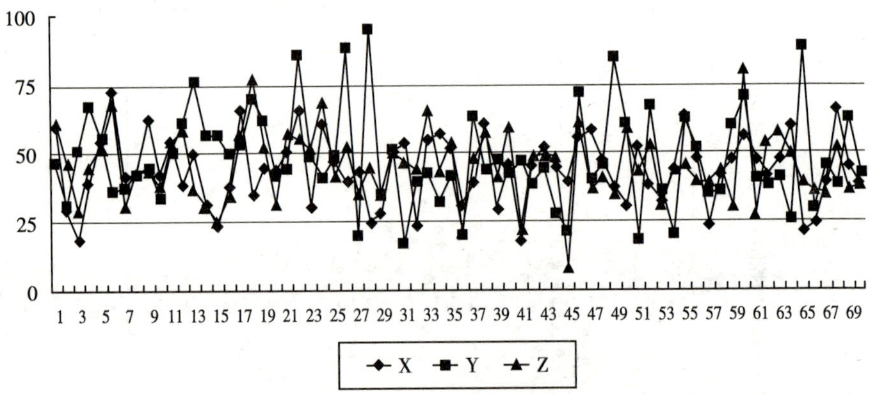

图 6-11　三维立体模型评价结果折线

表 6-11　样本企业集团财务协同控制的价值效应三维立体评价类型

样本代码	企业集团名称	评价类型	样本代码	企业集团名称	评价类型
F000026	深圳市飞亚达（集团）股份有限公司	BCB	F600055	北京医药集团有限责任公司	CDD
F000400	许继集团有限公司	CCC	F600081	东风电子科技股份有限公司	CBC
F000410	沈阳机床（集团）有限责任公司	DBC	F600089	新疆特变（集团）有限公司	BCB
F000425	徐工集团工程机械有限公司	CBC	F600148	吉林东光集团有限公司	CCC
F000521	合肥美菱集团控股有限公司	BBB	F600169	太原重型机械（集团）制造有限公司	CCB

续表

样本代码	企业集团名称	评价类型	样本代码	企业集团名称	评价类型
F000528	广西柳工集团有限公司	BCB	F600237	安徽铜峰电子集团有限公司	DCD
F000530	大连冰山集团有限公司	CCC	F600243	广东华龙集团股份有限公司	CCC
F000541	佛山电器照明股份有限公司	CCC	F600262	内蒙古北方重工业集团有限公司	BCC
F000550	江铃汽车集团公司	BCC	F600303	辽宁曙光集团有限责任公司	CCC
F000551	苏州创元（集团）有限公司	CCC	F600312	平高集团有限公司	CDD
F000559	万向集团公司	BBB	F600316	洪都航空工业集团有限责任公司	BBB
F000570	常柴集团有限公司	CBB	F600320	上海振华港口机械（集团）股份有限责任公司	BCC
F000581	无锡威孚集团有限公司	CAC	F600366	韵升控股集团有限公司	CCC
F000595	西北轴承集团有限责任公司	CBC	F600382	广东明珠集团股份有限公司	CBC
F000607	华立产业集团有限公司	DBC	F600397	萍乡矿业集团有限责任公司	CBB
F000666	中国纺织机械（集团）有限公司	CCC	F600416	湘电集团有限公司	BDC
F000680	山东工程机械集团有限公司	BBB	F600418	安徽江淮汽车集团有限公司	CBB
F000727	南京华东电子集团有限公司	CBA	F600469	河南轮胎集团有限责任公司	CCC
F000806	广西银河集团有限公司	CBB	F600475	无锡国联环保能源集团有限公司	CDC
F000811	烟台冰轮集团有限公司	CCC	F600481	江苏双良集团有限公司	BBC
F000816	江苏江动集团有限公司	BCC	F600523	中国贵州航空工业（集团）有限责任公司	CBC
F000837	陕西秦川机床工具集团有限公司	BAB	F600526	菲达集团有限公司	DCC
F000868	安徽安凯汽车集团有限公司	CCB	F600550	保定天威集团有限公司	CCC
F000883	三环集团公司	BCB	F600592	福建龙溪轴承（集团）股份有限公司	CBC
F000913	钱江集团有限公司	CCC	F600685	中国船舶工业集团公司	BBA
F000920	中国南方机车车辆工业集团公司	CAB	F600710	中国福马机械集团有限公司	CCC
F000921	海信科龙电器股份有限公司	CDC	F600760	山东黑豹集团有限公司	CCB
F000922	哈尔滨电站设备集团公司	CAC	F600761	安徽叉车集团有限责任公司	CCB
F000923	宣化工程机械集团有限公司	CCC	F600815	厦门机电集团有限公司	BCC
F000957	中通汽车工业集团有限责任公司	BBB	F600841	上海汽车集团股份有限公司	DAC
F000980	黄山金马集团有限公司	BDC	F600843	上工申贝（集团）股份有限公司	DCC
F002006	精功集团有限公司	DCC	F600877	中国南方工业集团公司	CCC
F002048	华翔集团股份有限公司	BCB	F600879	中国航天科技集团公司	BCB
F002085	万丰奥特控股集团有限公司	BCC	F600967	内蒙古第一机械制造（集团）有限公司	CBC
F600006	东风汽车有限公司	BCB	F600991	长丰（集团）有限责任公司	CCC

企业集团较多，本书仅举例对企业集团财务协同控制的价值效应三维立体评价结果进行经济学分析。如代码为 F000026 的深圳市飞亚达（集团）股份有限公司，其三维立体评价结果显示为位于 026 模块，评价类型为［BCB］。说明该企业集团在财务战略协同控制和财务关系协同控制方面处于行业适中水平，而在财务资源协同控制方面处于行业的落后水平，需要通过财务协同控制能力的不断改进，以实现更高水平的战略优化、资源优配和关系协调，从而使价值创造能力向高水平转化，即由类型［BCB］向类型［ABA］转化。

五、实证分析的基本结论

企业集团财务协同控制的价值效应评价是一个系统工程，其指标体系、模型体系和计算机支持的软件应用体系构成了系统的基本骨架，建立和应用有效的评价系统对于企业集团的协同发展具有重要的战略指导意义。通过实证分析，可以得出以下结论：

（1）企业集团财务协同控制的价值效应评价管理系统，采用计算机支持的软件开发技术，开发相应的功能，对于保障数据的快速有效处理发挥了重要作用。企业集团可在软件设计原则和功能实现指导下，进一步开发出适合企业自身的软件系统，将财务协同控制的价值效应评价推向应用。

（2）企业集团财务协同控制的价值效应评价指标，基本上能够代表和反映财务战略协同控制、财务资源协同控制和财务关系协同控制三个维度的评价要求。从样本数据的计算结果和统计分析可知，各指标的数据可控性强、独立性好，能够从不同侧面反映企业集团财务协同控制的价值效应情况。

（3）企业集团财务协同控制的价值效应二维矩阵评价模型，是结合企业集团的特殊性进行的设计，它具有评价真实、客观全面、直观性强、效果好等特点，能够满足评价的基本要求。企业集团可根据二维矩阵模型的评价结果，确定不同维度的改进方向，保障财务协同控制价值效应的实现。

（4）企业集团财务协同控制的价值效应三维立体评价模型，是从财务战略协同控制、财务资源协同控制和财务关系协同控制三个维度上建立的整合分析模型，对于分析企业集团各维度的价值效应整体水平具有重要作用，企业集团可根据评价结果确定适合自身的改进策略。

本章小结

建立企业集团财务协同控制的价值效应评价体系，需要通过实证检验，以确定其应用情况。本章运用计算机支持的软件技术，开发设计了实证分析软件，选取和采集了70家样本企业集团的实际数据进行实证分析，得出了相应的研究结论。主要内容：①对企业集团财务协同控制的价值效应评价实证分析管理系统软件设计原则和基本功能进行了必要的阐述，奠定了实证分析的技术支持和应用基础。②对样本数据的获取途径、方法等进行了阐述，并运用实证分析管理系统对基础指标进行了计算和分析。研究表明，样本指标的数据可控性强、独立性好，能够满足实证分析的要求。③对建立的二维矩阵评价模型进行了实证分析，得到了样本企业集团财务协同控制的价值效应矩阵评价数据，并通过各维度矩阵和评价类型进行了评价结果的经济学分析。实证分析表明，二维矩阵评价模型直观、全面，能够客观、真实地进行财务协同控制的价值效应评价。④对建立的三维立体评价模型进行了实证分析，得到了样本企业集团财务协同控制的价值效应三维立体模型评价数据，并通过三维立体评价模型结果显示图和评价类型分析，检验了三维立体评价模型的应用情况。实证分析表明，三维立体评价模型能够达到相应的评价效果，对于指导企业集团财务协同控制的整体价值创造改进方向具有一定的作用。

第七章 总结与展望

一、研究总结

企业集团财务协同控制研究是一个新课题，在研究内容、研究方法和研究结论上都要求具有一定的普遍性和特殊性，其研究的难点在于如何准确地把握企业集团财务协同控制的经济内涵、机理和价值效应模型，以及如何根据企业集团财务协同控制的价值效应模型建立有效的价值效应定量评价体系。本书试图回答两大问题：第一，企业集团财务协同控制的内在机理和系统作用关系是什么，用什么样的价值效应模型来表示？第二，企业集团财务协同控制的价值效应如何评价，采用什么样的评价模型和指标体系？两大问题相互关联、相互渗透，共同构成了企业集团财务协同控制研究的基本问题。

围绕这两大问题，本书综合运用了企业集团理论、财务理论、自组织理论和复杂系统协同控制理论，采用文献研究法、逻辑研究法、问卷调查法、定性分析与定量研究法，在分析和梳理国内外相关研究成果的基础上，沿着“基本理论→机理→模型→评价体系→实证分析”的研究路径，循序渐进地开展研究工作。突出了价值效应的层次特征、维度特征和耦合特征，基本理清了企业集团财务协同控制的机理，研究了企业集团财务协同控制的价值效应模型，设计和建立了企业集团财务协同控制的价值效应评价指标体系、模型体系和评价流程，并通过实证分析进一步探讨了企业集团财务协同控制的价值效应评价问题，形成了具有一定特色的企业集团财务协同控制问题研究框架。

首先，本书从企业集团的组织特征与财务协同控制的经济学分析入手，建立了企业集团系统的一般模型，重点探讨了企业集团的耗散结构特征、协同竞争特征和动态耦合特征，分析了传统企业集团财务协同控制观点的内涵缺失，重新界定了企业集团财务协同控制的经济学内涵。接着，结合研究的内容，论述了企业集团理论、财务理论、自组织理论、复杂系统协同控制理论，并对各个理论对研究的价值进行了透视性分析，建立了相应的理论分析框架，为研究的开展提供了理论方法和技术指导。

其次，系统地分析了企业集团财务协同控制机理。本书从财务协同控制的必要性分析入手，研究了财务协同控制与价值效应的关系，分析了企业集团财务协同控制的动因、关键要素和能力空间，系统探讨了企业集团财务协同控制系统的作用关系。本书将企业集团财务协同控制的动因归结为协同经济价值动因、协同关系价值动因和环境适应价值动因，并认为三者力量均衡并处于联合互动时，企业集团财务协同控制的价值效应就加强。将企业集团财务协同控制关键要素归结为关键战略协同控制要素、关键资源协同控制要素和关键利益协同控制要素，并建立了企业集团财务协同控制的价值效应系统耦合度定量测度模型。

再次，研究了企业集团财务协同控制的价值效应模型。本书结合问卷调查，采用结构方程模型的方法对企业集团财务协同控制的价值效应模型进行了研究。结果表明，财务战略协同控制、财务资源协同控制和财务关系协同控制与企业集团的价值效应具有显著的因果关系，其中财务资源协同控制与企业集团的价值效应因果关系最强，财务关系协同控制与企业集团的价值效应因果关系次之，财务战略协同控制与企业集团的价值效应因果关系最弱，同时，财务战略协同控制、财务资源协同控制和财务关系协同控制之间具有明显的共变关系，三者相互影响、相互作用，共同推动企业集团价值效应的实现。

最后，系统地研究了企业集团财务协同控制的价值效应评价问题。本书以企业集团财务协同控制的价值效应评价基本框架为指引，分析并建立了企业集团财务协同控制的价值效应评价指标体系、模型体系和评价流程，给出了指标的计算数学模型、阈值的计算数学模型以及评价模型的区域经济含义，探讨了权重确定方法和数据标准化方法，为企业集团财务协同控制的价值效应评价的科学性和完整性奠定了基础。同时，以计算机辅助管理为手段，进行了企业集团财务协同控制的价值效应评价实证分析，进一步检验了财务协同控制价值效应评价体系的应用情况，得出的企业集团财务协同控制的价值效应二维矩阵评价模型，是结合企业集团的特殊性进行的设计，具有评价真实、客观全面、直观性强、效果好等特点，能够满足评价的基本要求；企业集团财务协同控制的价值效应三维立体评价模型，是从财务战略协同控制、财务资源协同控制和财务关系协同控制三个维度上建立的整合分析模型，对于分析企业集团各维度的价值效应水平具有重要作用等结论。

总之，通过本书的研究，基本理清了企业集团财务协同控制的研究脉络，回答了两大问题的实质，揭示了内在规律性，为企业集团的协同管理提供了新的方法和思路。

二、主要创新点

本书的主要创新点可以概括为以下几个方面：

（1）将财务管理、协同控制思想与价值效应紧密地结合起来，界定了企业集团财务协同控制的经济内涵，并将它引入到企业集团财务协同控制问题的研究中，认为财务协同控制是指企业集团通过一定技术实现的财务战略匹配、财务资源优化、财务关系协调的价值涌现机制，是在相关财务要素的有机配合下，通过复杂的非线性相互作用产生单独要素所无法实现的整体功能优化过程，是企业集团长期价值创造和持久竞争优势的自组织实现过程。

（2）探讨了财务协同控制与价值效应的关系，分析了企业集团财务协同控制的协同经济价值动因、协同关系价值动因和环境适应价值动因，以及企业集团的关键战略协同控制要素、关键资源协同控制要素和关键利益协同控制要素，研究了企业集团财务协同控制的能力空间、企业集团财务协同控制系统的层次结构和协同耦合关系，揭示了企业集团的财务协同控制机理。

（3）结合问卷调查，采用结构方程模型的方法建立和研究了企业集团财务协同控制的价值效应模型，得出了财务战略协同控制、财务资源协同控制和财务关系协同控制之间有明显的共变关系以及与企业集团的价值效应具有显著的因果关系的研究结论，为企业集团财务协同控制价值效应的定量评价提供了依据。

（4）研究了企业集团财务协同控制的价值效应评价问题，建立了财务协同控制价值效应评价的指标体系，设计了二维矩阵评价模型和三维立体评价模型，提出了相应的评价流程，并利用企业集团的实际数据进行了价值效应评价的实证分析。

三、研究展望

企业集团财务协同控制研究是一个复杂而艰巨的系统工程，尽管本书从多方面揭示了问题的部分实质，得出了有一定价值的研究结论，但限于时间、精力和资料的局限，无论从研究的深度还是广度方面都还存在不足，书中的论述尚有表达不完整或者需要商榷的地方，必须在进一步的研究中得到证实、扩展和完善。

结合本书的研究成果、研究现状以及未来的发展趋势，企业集团财务协同控制问题应从以下几个方面展开深入的研究和探讨：

（1）充分利用现代网络技术，研究和建立符合企业集团自身特点的财务协同控制管理系统，推动企业集团财务协同控制的价值效应管理水平的提高。

（2）深入探索财务战略、财务资源和财务关系的三维协同控制内在规律，全面系统地建立企业集团三维财务协同控制理论，指导企业集团的管理实践。

（3）进一步探索企业集团财务协同控制的价值效应实现途径，有针对性地提出企业集团财务协同控制的价值效应实现策略。

（4）对二维矩阵评价模型和三维立体评价模型展开深入细致的分析和研究工作，进一步挖掘其内在规律性，形成更具特色的理论体系。

附 录

A 样本企业集团2007年合并报表数据

表A1-1 2007年样本企业集团合并资产负债表

项目 \ 代码	F000026	F000400	F000410	F000425	F000521	F000528	F000530	F000541	F000550	F000551	F000559	F000570	F000581	F000595
货币资金	84043521.74	995368046.20	742490535.20	386336489.20	390637195.70	388196370.60	244799726.10	1098078385.00	2106911711.00	433757166.90	753363293.00	443234034.60	761808822.00	10519422.07
交易性金融资产	0.00	0.00	0.00	0.00	0.00	0.00	0.00	107217672.70	0.00	433100.00	0.00	59040000.00	0.00	0.00
短期投资净额	0.00	0.00	0.00	0.00	0.00	0.00	0.00	0.00	0.00	0.00	0.00	0.00	0.00	0.00
应收票据净额	0.00	39316530.30	327884012.00	115240189.00	241290060.30	319490635.00	61105461.48	34960577.14	310386796.00	8954943.38	303880159.20	52244643.94	647047830.90	48354945.00
应收账款净额	37220749.57	1275715923.00	802218733.60	455741252.30	223847987.50	578295014.20	396069801.80	213517871.00	259323054.00	156485635.20	581493462.10	219326634.60	562205614.90	373967898.10
预付款项净额	76850318.78	318661054.70	781814787.10	76392785.83	77441395.59	181968788.10	29855794.43	13020791.71	55169003.00	96623170.65	66126750.57	35394071.23	33091895.95	36778205.09
应收股利净额	0.00	577708.76	0.00	0.00	0.00	0.00	15799774.90	0.00	0.00	840000.00	0.00	0.00	0.00	0.00
其他应收款净额	19616552.22	84655013.22	439884528.90	139570445.20	39568230.31	23609829.63	16709994.62	42156366.86	16965952.00	29340706.92	8416482.70	33677504.81	62037428.91	16717327.21
存货净额	517698982.40	961197119.40	2944217643.00	945355351.50	650814778.00	1714710001.00	307496203.60	283361896.40	866076352.00	407062609.90	997531409.40	304592189.80	757824937.70	221599968.40
一年内到期的非流动资产	0.00	0.00	0.00	0.00	0.00	0.00	0.00	0.00	0.00	0.00	0.00	0.00	0.00	0.00
其他流动资产	0.00	0.00	0.00	0.00	0.00	0.00	0.00	0.00	0.00	313211.91	0.00	0.00	0.00	0.00
流动资产合计	735430124.70	3675491395.00	6038510240.00	2118636513.00	1623599647.00	3206270639.00	1071836757.00	1792313561.00	3614832868.00	1133810545.00	2710811557.00	1147509079.00	2824016530.00	707937765.90
长期投资净额	0.00	0.00	0.00	0.00	0.00	0.00	0.00	0.00	0.00	0.00	0.00	0.00	0.00	0.00
投资性房地产净额	182709230.00	0.00	0.00	0.00	4213835.03	0.00	0.00	0.00	0.00	20172131.01	0.00	74947756.43	0.00	0.00
固定资产净额	67771100.72	745603410.80	1104579066.00	623329168.80	278309705.10	590390288.40	390173719.80	776411743.10	1547259191.00	370775115.10	1922292903.00	388310743.3.00	1142693379.00	158431715.90
在建工程净额	407761.50	158496529.20	27687969.42	103476220.2	69832564.91	199260275.90	8868277.62	93303507.82	660651564.00	160085756.20	326870680.30	22442799.22	119578250.70	1671745.86
工程物资	0.00	0.00	0.00	0.00	0.00	0.00	0.00	0.00	0.00	0.00	27793309.84	0.00	0.00	0.00
固定资产清理	0.00	0.00	0.00	0.00	288302478.70	0.00	0.00	0.00	0.00	0.00	0.00	0.00	0.00	0.00
无形资产净额	12612319.22	35135679.88	19022120.02	86985470.70	605744912.90	183086981.90	105292244.60	144044939.50	175945907.00	101997595.10	104518307.60	108957970.00	106304427.40	28905946.84
商誉净额	0.00	0.00	1097572.74	0.00	0.00	926625.12	0.00	0.00	0.00	0.00	13747669.28	0.00	0.00	0.00

续表

项目 \ 代码	F000026	F000400	F000410	F000425	F000521	F000528	F000530	F000541	F000550	F000551	F000559	F000570	F000581	F000595
长期待摊费用	18485098.29	323555.23	7491612.39	345010.00	0.00	250000	3698626.06	482531.40	0.00	24630501.95	0.00	171326.44	1112335.56	0.00
递延所得税资产	9195482.95	21255122.98	38125513.70	67522376.84	17268580.25	41579800.22	10030792.26	0.00	107901853.00	3940311.55	15233787.70	701681.23	29344902.01	31541919.62
其他非流动资产	0.00	0.00	0.00	0.00	0.00	0.00	0.00	0.00	0.00	0.00	0.00	0.00	0.00	0.00
非流动资产合计	310067514.90	978011474.90	1287195451.00	904617698.00	1316795038.00	1075180322.00	1511056914.00	1600672206.00	2509522143.00	776959545.30	2779705418.00	1162954657.00	2299847456.00	220951328.20
其他资产	0.00	0.00	0.00	0.00	0.00	0.00	0.00	0.00	0.00	0.00	0.00	0.00	0.00	0.00
资产总计	1045497640.00	4653502870.00	7325705691.00	3023254211.00	2940394686.00	4281450961.00	2582893671.00	3392985767.00	6124355011.00	1910770090.00	5490516975.00	2310463736.00	5123863986.00	928889094.00
短期借款	310000000.00	1287250000.00	1528686708.00	425000000.00	444282198.50	194026850.70	70000000.00	0.00	39609200.00	326850000.00	891996156.00	29700000.00	1485955800.00	236688392.00
应付票据	0.00	196180000.00	1219271854.00	464281955.90	426000000.00	450053036.90	35225059.06	0.00	0.00	35821000.00	402973478.60	56300000.00	174171187.20	0.00
应付账款	56312772.48	425577615.40	2334934370.00	631884192.00	779729287.60	913752112.50	380180714.50	124861341.60	1440692623.00	257196001.40	789738857.60	428095753.10	639816308.20	56981345.39
预收款项	3604104.94	51870874.89	573195425.90	86184182.40	212514494.10	56160919.79	175480242.20	9085272.37	78150883.00	210624088.80	32093833.50	45035644.02	13004488.11	12965611.78
应付职工薪酬	7187227.42	105393224.00	61929310.31	8367595.52	27422048.18	27025850.13	41700976.58	80464898.71	140398113.00	12740587.54	125732406.40	29946856.38	91398945.30	57976787.69
应交税费	−19033713.74	15156986.64	−65647566.31	−19155516.74	−47714875.94	3622391.49	2910321.31	32622564.14	16143100.00	7085505.37	57649757.96	−10259273.84	18779738.55	19294433.51
应付利息	0.00	0.00	2829940.00	0.00	0.00	0.00	0.00	0.00	72211.00	0.00	2066412.55	0.00	0.00	52232426.83
应付股利	0.00	15613189.61	0.00	2236017.32	1473337.42	0.00	11277618.46	0.00	4567495.00	2366482.64	0.00	0.00	0.00	0.00
其他应付款	26206668.52	157818754.90	248257580.00	98320903.94	107016368.20	267236505.30	57372736.35	25220137.55	603254910.00	67476696.37	39810379.51	105996952.50	47513991.73	78475961.91
一年内到期的非流动负债	0.00	60000000.00	0.00	0.00	20000000.00	0.00	0.00	0.00	478335.00	0.00	45000000.00	8500000.00	0.00	0.00
其他流动负债	0.00	0.00	5885962.53	0.00	0.00	4248018.04	0.00	0.00	0.00	975533.75	605486471.30	4294741.37	13160822.37	0.00
流动负债合计	384277059.60	2314860645.00	5909343584.00	1697119330.00	1970722858.00	1916125685.00	774147668.40	272254214.40	2323366870.00	921135895.80	2992547753.00	697610673.50	2483801281.00	514614959.10
长期借款	0.00	0.00	44267354.34	130000000.00	16849100.00	316225.00	50000000.00	0.00	9088374.00	20000000.00	63000000.00	0.00	0.00	2660000.00
长期应付款	5050000.00	7008400.56	0.00	0.00	0.00	83197.60	0.00	0.00	69701000.00	0.00	2416667.80	0.00	12950000.00	0.00
专项应付款	0.00	3300000.00	22305118.09	7539578.32	0.00	11043300.04	0.00	450000.00	0.00	0.00	0.00	90000.00	0.00	0.00
长期负债合计	5050000.00	10308400.56	66572472.43	137539578.30	16849100.00	11442722.64	50000000.00	450000.00	78789374.00	20000000.00	65416667.80	90000.00	12950000.00	2660000.00
预计负债	0.00	0.00	0.00	0.00	21989053.99	0.00	0.00	0.00	106909894.00	0.00	0.00	0.00	0.00	0.00

续表

项目 \ 代码	F000026	F000400	F000410	F000425	F000521	F000528	F000530	F000541	F000550	F000551	F000559	F000570	F000581	F000595
递延所得税负债	2577823.14	0.00	0.00	0.00	0.00	2164996.66	10936965.62	101817363.90	0.00	1650048.26	7227742.35	121611700.00	0.00	0.00
其他非流动负债	3000000.00	0.00	0.00	0.00	0.00	0.00	79208545.00	0.00	0.00	56515429.72	1072891.56	0.00	1220000.00	5340000.00
非流动负债合计	10627823.14	10308400.56	66572472.43	137539578.30	38838153.99	13607719.30	140145510.60	102267363.90	185699268.00	78165477.98	73717301.71	121701700.00	14170000.00	8000000.00
其他负债	0.00	0.00	0.00	0.00	0.00	0.00	0.00	0.00	0.00	0.00	0.00	0.00	0.00	0.00
负债合计	394904882.80	2325169046.00	5975916057.00	1834658909.00	2009561012.00	1929733404.00	914293179.00	374521578.30	2509066138.00	999301373.80	3066265055.00	819312373.50	2497971281.00	522614959.10
实收资本（或股本）	249317999.00	378272000.00	545470884.00	545087620.00	413642949.00	472456179.00	350014975.00	465982737.00	863214000.00	241726394.00	1025587365.00	374249551.00	567275995.00	216829334.00
资本公积	203323132.70	595139786.40	413586888.70	463299246.10	578857478.70	442592149.80	588753483.20	1436625680.00	839442490.00	96140454.96	78190044.19	495672761.90	906439964.00	144650143.60
盈余公积	103575024.30	388355762.90	126524095.50	59972059.67	284889548.50	326180648.20	332206903.50	508327328.00	416288227.00	123618715.80	263271636.40	240369344.90	241970463.60	7248977.88
未分配利润	86222040.84	769076658.40	197846415.40	109408299.20	-365289201.10	1090414671.00	313309221.10	576317365.20	1408045436.00	262459239.80	477774443.50	372844737.20	682892683.40	31535473.14
外币报表折算差额	-313768.92	0.00	622265.01	0.00	0.00	1223144.29	0.00	0.00	0.00	0.00	0.00	0.00	0.00	0.00
归属母公司所有者权益	642124427.80	2130844208.00	1284050549.00	1177767225.00	912100775.10	2332866793.00	1584284583.00	2987253110.00	3526990153.00	723944804.50	1844823489.00	1483136395.00	2398579106.00	400263928.60
少数股东权益	8468328.93	197489616.50	65739085.34	10828077.32	18732898.38	18850764.29	84315909.19	31211078.87	88298720.00	187523911.70	579428430.50	8014967.89	227313599.10	6010206.30
所有者权益合计	650592756.80	2328333824.00	1349789634.00	1188595302.00	930833673.50	2351717557.00	1668600492.00	3018464189.00	3615288873.00	911468716.30	2424251920.00	1491151363.00	2625892705.00	406274134.90
负债与所有者权益总计	1045497640.00	4653502870.00	7325705691.00	3023254211.00	2940394686.00	4281450961.00	2582893671.00	3392985767.00	6124355011.00	1910770090.00	5490516975.00	2310463736.00	5123863986.00	928889094.00

表 A1-2 2007 年样本企业集团合并资产负债表

项目 \ 代码	F000607	F000666	F000680	F000727	F000806	F000811	F000816	F000837	F000868	F000883	F000913	F000920	F000921	F000922
货币资金	348709999.90	644299072.80	460633015.20	103785324.30	146082910.60	44232801.37	409334738.10	341162513.60	355195364.30	391549535.30	185526141.90	191361934.90	146527807.20	77437541.68
交易性金融资产	0.00	4945000.00	0.00	0.00	613232.76	0.00	0.00	1799200.00	0.00	0.00	0.00	0.00	9479410.00	0.00
短期投资净额	0.00	0.00	0.00	0.00	0.00	0.00	0.00	0.00	0.00	0.00	0.00	0.00	0.00	0.00
应收票据净额	40618250.06	1229251867.00	173126550.70	12087761.14	22795520.11	4739338.69	59222209.68	85904059.97	98682444.88	239024158.00	829396027.00	2168418.25	2740000.00	3586435.32
应收账款净额	703428055.00	427383317.20	583962798.20	166971425.60	532017360.60	139764420.20	252386078.30	122816482.80	214721741.10	379064955.80	446979285.10	138493339.40	618566012.70	68259791.71
预付款项净额	93018975.18	199851701.80	236513058.80	4896439.31	355733457.20	66710450.56	193144144.10	62853817.07	107155372.20	44467320.21	54151200.71	44270200.81	72847598.00	67952023.74
应收股利净额	0.00	0.00	0.00	9171158.00	0.00	2432583.65	0.00	493800.00	0.00	0.00	0.00	0.00	0.00	0.00
其他应收款净额	156169529.70	71219437.33	65494077.04	70914135.25	381931487.30	23104325.55	84862669.40	30536100.83	18255523.62	174762964.60	20665331.41	6290647.81	593172778.30	18478989.51

续表

项目 \ 代码	F000607	F000666	F000680	F000727	F000806	F000811	F000816	F000837	F000868	F000883	F000913	F000920	F000921	F000922
存货净额	358905652.90	2000725630.00	861433431.80	75018370.83	328584078.70	362520965.90	339753950.20	291264449.7.00	351549484.30	645864390.50	717874773.80	314197700.00	940284389.70	75700264.15
一年内到期的非流动资产	0.00	0.00	0.00	0.00	0.00	0.00	78791.47	0.00	0.00	0.00	0.00	0.00	0.00	0.00
其他流动资产	0.00	77905852.80	0.00	0.00	527568.47	0.00	647976.46	0.00	8232920.00	0.00	334508.12	30000.00	15376482.03	0.00
流动资产合计	1700850463.00	4655581878.00	2381162932.00	442844614.40	1768285616.00	643504885.90	1340753033.00	936830424.00	1153792850.00	1874733324.00	2254927268.00	696812241.20	2398994478.00	311415046.10
长期投资净额	0.00	0.00	0.00	0.00	0.00	0.00	0.00	0.00	0.00	0.00	0.00	0.00	0.00	0.00
投资性房地产净额	0.00	0.00	0.00	4134414.14	22788675.00	0.00	975448.62	0.00	0.00	7397673.78	0.00	12714001.87	38192137.43	0.00
固定资产净额	770006943.60	1183387284.00	742532667.70	377738046.70	970492699.70	377101101.30	368163616.70	270183041.90	284156783.80	575082576.60	726428699.60	498017720.20	1234496002.00	172643537.50
在建工程净额	178291181.90	66265074.38	84798437.99	12509781.25	51106052.16	50944669.54	241701565.80	45288389.27	715501.00	179155995.60	41820257.22	9748702.25	137105983.20	1938826.70
工程物资	635517.33	5747744.14	4073296.56	435349.46	0.00	0.00	0.00	0.00	0.00	0.00	0.00	3183374.33	0.00	0.00
固定资产清理	0.00	0.00	0.00	0.00	0.00	0.00	0.00	0.00	0.00	0.00	0.00	0.00	5149749.16	0.00
无形资产净额	225567649.90	278679832.60	73430062.56	37550230.88	227473273.10	82782420.89	165951068.10	47219892.24	20517491.36	246278987.70	65450058.06	30194624.37	464944203.70	18504079.33
商誉净额	83402085.98	2258412.00	86244.91	165020.26	0.00	153297.36	32804938.70	0.00	0.00	0.00	0.00	8572957.45	0.00	0.00
长期待摊费用	8662071.89	0.00	0.00	4524451.72	897322.83	1425141.69	0.00	0.00	5231676.64	35998.42	3302881.27	10347488.91	2222788.48	0.00
递延所得税资产	17787237.54	35731341.25	27321543.48	582867.21	63035293.16	12132455.15	6739671.87	5504962.20	3776280.96	1068883.98	16950503.92	7135163.16	11299667.77	0.00
其他非流动资产	0.00	0.00	0.00	103749.00	0.00	0.00	0.00	5572902.20	0.00	0.00	0.00	0.00	0.00	0.00
非流动资产合计	1357884758.00	1730428370.00	1469735223.00	884850802.60	1975561137.00	797952584.50	1164299230.00	409549074.90	395086337.20	1132540488.00	866906450.00	1261683899.00	2022334633.00	196293912.00
其他资产	0.00	0.00	0.00	0.00	0.00	0.00	0.00	0.00	0.00	0.00	0.00	0.00	0.00	0.00
资产总计	3058735221.00	6386010248.00	3850898155.00	1327695417.00	3743846753.00	1441457470.00	2505052263.00	1346379499.00	1548879188.00	3007273813.00	3121833718.00	1958496140.00	4421329111.00	507708958.10
短期借款	852802987.60	414160740.90	420925510.70	503041259.30	1028638359.00	190313220.00	495166400.00	170835455.50	106820964.20	651700000.00	479681623.60	80800000.00	1310971971.00	97127147.82
应付票据	183585714.10	275884343.90	299299970.90	0.00	18700000.00	81600000.00	351150000.00	0.00	264373264.00	331619902.40	200000000.00	68332707.04	770959940.00	0.00
应付账款	412980629.00	1244290601.00	724191915.30	115761836.30	138038072.80	228554436.00	331518969.40	117651734.70	389244358.90	435692110.80	994679331.10	235753557.40	1352524482.00	88416017.50
预收款项	97761633.86	559362234.50	162734553.00	11825100.01	373772688.10	169393361.00	42057912.37	120001941.00	60331006.74	204478180.90	60791621.18	81618188.37	417174192.90	39694918.46
应付职工薪酬	24575709.20	97252093.55	19923299.75	18551129.71	16610480.79	6924754.37	13468174.46	7878112.52	3394838.15	66879319.52	91468836.37	14944415.13	91851650.73	3719257.59
应交税费	−2344123.98	7135761.47	53958434.76	2715082.64	45133277.28	−171543.67	−73115126.70	12257123.29	9738800.70	18002574.48	−17543315.19	−9089054.51	−65430540.63	11122598.50

续表

项目 \ 代码	F000607	F000666	F000680	F000727	F000806	F000811	F000816	F000837	F000868	F000883	F000913	F000920	F000921	F000922
应付利息	0.00	0.00	0.00	86968.20	38487316.72	0.00	743403.00	0.00	0.00	0.00	1380846.01	0.00	4405858.84	14947786.28
应付股利	17909891.13	26680224.29	3035860.03	0.00	2097586.98	1632357.84	0.00	21821.62	0.00	0.00	0.00	340997.76	2067.02	0.00
其他应付款	212603709.80	265097339.60	50988242.09	113713322.30	28010567.14	12244269.59	27426327.42	8391191.75	35851779.32	88420991.32	46804656.36	35628737.28	658716749.10	64553662.83
一年内到期的非流动负债	25024000.00	113680000.00	0.00	0.00	8400000.00	0.00	0.00	20000000.00	50000000.00	52800000.00	0.00	0.00	0.00	0.00
其他流动负债	0.00	6470000.00	0.00	0.00	0.00	0.00	0.00	0.00	228000.00	0.00	0.00	616000.00	292682611.10	0.00
流动负债合计	1824900151.00	3010013339.00	1735057787.00	765694698.40	1697888349.00	690490855.10	1188416060.00	457037380.40	919983012.10	1849593079.00	1857263599.00	508945548.50	4840016765.00	319581389.00
长期借款	343574243.20	150000000.00	0.00	0.00	355586557.60	136500000.00	800000.00	77000000.00	50000000.00	85274000.00	1900000.00	116000000.00	0.00	0.00
长期应付款	0.00	146902676.50	0.00	6400000.00	26355201.58	0.00	636396.70	0.00	0.00	0.00	6982450.34	0.00	55792534.72	0.00
专项应付款	17673673.89	0.00	7916901.51	0.00	10144570.00	0.00	0.00	1900924.82	0.00	2240000.00	0.00	1419000.00	0.00	4250000.00
长期负债合计	361247917.10	296902676.50	7916901.51	6400000.00	392086329.20	136500000.00	1436396.70	78900924.82	50000000.00	87514000.00	8882450.34	117419000.00	55792534.72	4250000.00
预计负债	0.00	900000.00	0.00	0.00	0.00	0.00	0.00	5850000.00	0.00	0.00	0.00	0.00	144005574.30	0.00
递延所得税负债	0.00	0.00	1896840.00	0.00	70102356.68	0.00	63815507.26	672951.17	0.00	0.00	0.00	0.00	0.00	0.00
其他非流动负债	0.00	20179820.81	0.00	0.00	7682361.54	3650000.00	0.00	0.00	0.00	200000.00	0.00	800000.00	0.00	0.00
非流动负债合计	361247917.10	317982497.30	9813741.51	6400000.00	469871047.40	140150000.00	65251903.96	85423875.99	50000000.00	87714000.00	8882450.34	118219000.00	199798109.00	4250000.00
其他负债	0.00	0.00	0.00	0.00	0.00	0.00	0.00	0.00	0.00	0.00	0.00	0.00	0.00	0.00
负债合计	2186148068.00	3327995836.00	1744871528.00	772094698.40	2167759396.00	830640855.10	1253667964.00	542461256.40	969983012.10	1937307079.00	1866146050.00	627164548.50	5039814874.00	323831389.00
实收资本（或股本）	487731995.00	603800000.00	692520192.00	359157356.00	635649966.00	175376630.00	564000000.00	232478400.00	297050000.00	285387695.00	453536000.00	422000000.00	992006563.00	298435000.00
资本公积	30614641.22	1249865032.00	485510471.70	489564360.60	766295580.00	133524403.00	482062917.40	196963470.60	337719135.30	227824965.60	468964322.00	1020148724.00	1538356636.00	186231239.90
盈余公积	40657199.52	547577606.10	143644974.70	99143044.95	92910942.14	81609766.67	35464017.39	54342043.60	16210798.29	136810899.60	83779653.93	63555522.44	114580901.50	22460972.38
未分配利润	10097331.21	429160582.80	655197427.40	-483108239.50	27287221.68	144820092.80	161300666.10	265158118.10	-78605286.27	258931854.00	185492009.60	-238410079.90	-3447561786.00	-331454825.50
外币报表折算差额	-185384.56	-2487256.36	0.00	0.00	0.00	-1128178.14	-323252.87	-1582853.82	0.00	0.00	2715057.30	0.00	29133511.65	0.00
归属母公司所有者权益	568915782.40	2827915965.00	1976873066.00	464756522.00	1522143710.00	534202714.30	1242504348.00	747359178.50	572374647.30	908955414.20	1194487043.00	1267294167.00	-773484173.90	175672386.70
少数股东权益	303671370.50	230098446.80	129153560.90	90844196.69	53943647.15	76613900.96	8879950.80	56559063.99	6521528.14	161011319.10	61200625.55	64037424.91	154998411.00	8205182.43
所有者权益合计	872587152.90	3058014412.00	2106026627.00	555600718.70	1576087357.00	610816615.30	1251384299.00	803918242.50	578896175.50	1069966733.00	1255687668.00	1331331592.00	-618485762.90	183877569.20
负债与所有者权益总计	3058735221.00	6386010248.00	3850898155.00	1327695417.00	3743846753.00	1441457470.00	2505052263.00	1346379499.00	1548879188.00	3007273813.00	3121833718.00	1958496140.00	4421329111.00	507708958.10

表 A1-3 2007 年样本企业集团合并资产负债表

项目 \ 代码	F000923	F000957	F000980	F002006	F002048	F002085	F600006	F600055	F600081	F600089	F600148	F600169	F600237	F600243
货币资金	19833458.88	268993472.40	481260445.80	187594105.60	469619797.80	347456999.90	3769102393.00	141866023.90	41349113.47	2033242262.00	35528469.96	312087572.70	102867044.40	147980230.50
交易性金融资产	0.00	0.00	296406.00	0.00	0.00	2325168.08	37231560.56	0.00	0.00	0.00	0.00	0.00	0.00	12545500.00
短期投资净额	0.00	0.00	0.00	0.00	0.00	0.00	0.00	0.00	0.00	0.00	0.00	0.00	0.00	0.00
应收票据净额	19325282.36	7382794.59	7606835.00	34690378.66	50648478.45	24431464.90	1599918128.00	0.00	73747425.39	237766547.50	68130744.19	160950341.10	139885274.30	19163600.00
应收账款净额	56501553.59	192800432.90	181287630.10	133299696.00	384707344.90	285214209.40	932924253.90	211390603.90	249944139.10	1434607950.00	135078694.50	1806204251.00	146258395.80	184989445.80
预付款项净额	8967030.64	52490486.81	309749746.30	26719509.37	125649299.30	2018773.61	284065463.10	12391654.72	41797573.19	908053672.60	27779566.95	679446118.20	41199578.25	34889457.30
应收股利净额	0.00	0.00	0.00	0.00	0.00	0.00	0.00	3229053.37	0.00	0.00	0.00	0.00	0.00	0.00
其他应收款净额	11715835.70	16700235.19	36897178.39	7051854.13	42305665.07	9250253.56	85259379.02	21916103.86	16503038.75	163486130.60	4134417.70	41112235.84	14737880.46	51766669.49
存货净额	414794203.40	434355366.30	136445511.20	187443052.50	526720658.10	239682815.30	2284451250.00	198153306.20	150247405.00	2022348781.00	127753336.30	1480130283.00	185090784.40	405300904.70
一年内到期的非流动资产	0.00	2783875.00	0.00	0.00	0.00	0.00	0.00	0.00	0.00	0.00	0.00	0.00	0.00	0.00
其他流动资产	0.00	2798200.00	0.00	0.00	4926218.67	23000.00	100000000.00	0.00	0.00	0.00	1203214.67	0.00	0.00	70000.00
流动资产合计	531137364.50	978304863.10	1153543753.00	576798596.30	1604577462.00	910402684.80	9099388027.00	588946746.00	573588694.90	6799505344.00	399608444.30	4479930802.00	630038957.70	856705807.70
长期投资净额	0.00	0.00	0.00	0.00	0.00	0.00	0.00	0.00	0.00	0.00	0.00	0.00	0.00	0.00
投资性房地产净额	0.00	0.00	0.00	36129612.34	0.00	0.00	21811111.91	0.00	0.00	0.00	0.00	0.00	0.00	8384626.67
固定资产净额	160509650.20	226292108.50	198731265.90	285473073.90	603010588.60	526066519.90	2110053243.00	179127460.10	404136954.60	2162993353.00	108897564.10	898210109.90	881262996.40	253217285.80
在建工程净额	3326266.64	9409373.24	1165400.00	36796192.67	66112162.67	125304915.40	221299926.50	71430972.61	16946320.13	218519858.00	395582.61	2077111.96	13850541.42	42384897.27
工程物资	915846.00	0.00	0.00	174428.22	0.00	24745176.14	0.00	0.00	0.00	0.00	0.00	0.00	0.00	0.00
固定资产清理	0.00	0.00	0.00	0.00	0.00	0.00	0.00	0.00	0.00	0.00	0.00	0.00	0.00	0.00
无形资产净额	89967252.66	115822968.40	114321236.70	83933030.19	150692269.20	43851509.56	156406587.50	6251912.59	64577.41	464131735.60	1656716.89	988651.89	63154834.17	47813413.80
商誉净额	372892.69	654873.74	0.00	3321384.55	3061097.25	0.00	309868490.50	0.00	0.00	0.00	0.00	0.00	0.00	4107611.22
长期待摊费用	0.00	355000.00	0.00	176649.00	44087483.74	26530793.91	0.00	0.00	926391.13	4845239.75	1893390.40	0.00	0.00	1389181.62
递延所得税资产	13770848.88	2124819.46	1399876.51	2923571.02	11576479.25	2998418.42	119789416.90	4696419.32	1001170.17	18479460.88	1006955.10	0.00	12952881.37	6354782.87
其他非流动资产	0.00	0.00	0.00	0.00	0.00	5544212.50	0.00	0.00	0.00	0.00	0.00	0.00	0.00	0.00

续表

项目 \ 代码	F000923	F000957	F000980	F002006	F002048	F002085	F600006	F600055	F600081	F600089	F600148	F600169	F600237	F600243
非流动资产合计	464522557.10	384667049.40	317620179.10	477027098.10	1130536386.00	755041545.80	3013629930.00	299478523.80	648585589.50	3231069658.00	114350209.10	914329065.00	1008123069.00	364031799.20
其他资产	0.00	0.00	0.00	0.00	0.00	0.00	0.00	0.00	0.00	0.00	0.00	0.00	0.00	0.00
资产总计	995659921.60	1362971913.00	1471163932.00	1053825694.00	2735113848.00	1665444231.00	1211301795.00	888425269.80	1222174284.00	10030575002.00	513958653.40	5394259867.00	1638162027.00	1220737607.00
短期借款	192300000.00	155000000.00	242200000.00	379200000.00	537505605.90	65000000.00	651873577.80	212800000.00	460000000.00	571289100.00	60000000.00	490000000.00	323000000.00	133280000.00
应付票据	0.00	295500000.00	10306000.00	164066000.00	19102050.90	205304293.60	2151164419.00	17126857.00	17009911.00	398603917.50	31425720.71	253984061.00	121000000.00	18580000.00
应付账款	112286343.70	276522396.10	85837315.51	104819207.40	603904860.40	159186246.70	2742023536.00	112286410.80	225010473.00	755652743.90	87719904.08	1697630509.00	101020066.50	183245451.70
预收款项	65785006.72	45051607.80	3771246.25	24130251.14	93267661.45	4869655.28	378776459.50	10158543.19	1306136.24	2519479655.00	3043269.53	1260944064.00	30461957.21	217254110.90
应付职工薪酬	9277700.77	10573156.01	5840229.97	2476422.16	42162855.67	4978451.16	73768690.32	7530531.62	15534266.03	14554400.54	6225171.91	48768026.02	6124604.58	10765373.23
应交税费	18361368.56	7929611.95	8466948.43	7103270.15	40313497.22	-4400867.36	2183552.88	13055325.05	437775.28	11144153.64	4806986.37	95059161.62	9009224.04	16911297.94
应付利息	0.00	408494.37	501987.87	765475.80	654824.70	504934.88	2906162.35	2385333.75	0.00	16494102.07	0.00	0.00	787859.99	0.00
应付股利	49583.33	0.00	0.00	0.00	0.00	0.00	0.00	11921383.3	0.00	2668605.43	0.00	0.00	472000.00	0.00
其他应付款	20793806.38	15588997.26	13808692.85	9286718.16	55922900.38	36878366.55	465401953.00	9422149.95	17457168.23	212026973.80	15051047.98	160886618.90	36602778.20	15662317.68
一年内到期的非流动负债	0.00	50000000.00	0.00	0.00	52956900.00	154170000.00	0.00	0.00	0.00	439000000.00	0.00	30000000.00	67000000.00	3500000.00
其他流动负债	0.00	0.00	0.00	0.00	9460292.71	0.00	0.00	0.00	0.00	600000000.00	582214.75	0.00	0.00	4990622.29
流动负债合计	418853809.50	856574263.50	370732420.90	691847344.80	1455251449.00	627243030.80	6468098351.00	396686534.70	736755729.8	5540913652.00	208854315.30	4037272440.00	695478490.50	604189173.70
长期借款	3960000.00	5000000.00	34360000.00	0.00	29893268.27	130000000.00	0.00	4200000.00	0.00	967280000.00	0.00	129000000.00	118000000.00	112340875.00
长期应付款	0.00	0.00	0.00	60000.00	11890126.83	0.00	0.00	7500000.00	0.00	10342377.15	0.00	0.00	2000000.00	0.00
专项应付款	0.00	0.00	0.00	0.00	0.00	5317000.00	609341.08	0.00	2692149.00	0.00	200000.00	17794373.73	0.00	5070000.00
长期负债合计	3960000.00	5000000.00	34360000.00	60000.00	41783395.10	135317000.00	609341.08	11700000.00	2692149.00	977622377.20	200000.00	146794373.70	120000000.00	117410875.00
预计负债	0.00	0.00	0.00	0.00	12144500.00	0.00	57750349.28	0.00	0.00	0.00	0.00	0.00	0.00	0.00
递延所得税负债	42617450.00	9382.00	0.00	0.00	13387368.53	2617660.24	15708327.39	20512.32	0.00	20993989.27	1395903.24	0.00	0.00	231825.00
其他非流动负债	0.00	800000.00	0.00	1540000.00	0.00	0.00	0.00	4500000.00	0.00	155970520.00	0.00	0.00	4943196.32	10134759.50
非流动负债合计	46577450.00	5809382.00	34360000.00	1600000.00	67315263.63	137934660.20	74068017.75	16220512.32	2692149.00	1154586886.00	1595903.24	146794373.70	124943196.30	127777459.50

续表

项目 \ 代码	F000923	F000957	F000980	F002006	F002048	F002085	F600006	F600055	F600081	F600089	F600148	F600169	F600237	F600243
其他负债	0.00	0.00	0.00	0.00	0.00	0.00	0.00	0.00	0.00	0.00	0.00	0.00	0.00	0.00
负债合计	465431259.50	862383645.50	405092420.90	693447344.80	1522566713.00	765177691.10	6542166369.00	412907047.00	739447878.80	6695500538.00	210450218.6	4184066814	820421686.80	731966633.20
实收资本（或股本）	165000000.00	238504950.00	317000000.00	96000000.00	274300000.00	284350000.00	2000000000.00	144300000.00	313560000.00	854038832.00	141516450	372172425.00	400000000.00	186850000.00
资本公积	324409977.70	137647564.5.00	735929090.70	166811905.50	411153210.30	345423725.40	638393601.60	162748207.20	21796623.36	439166837.30	89117475.01	368442229.40	271279312.60	196422012.80
盈余公积	12630867.05	34263095.78	12175072.65	17519034.82	21208750.30	59534461.66	526751452.60	53733091.20	66687560.14	157556703.60	19829911.89	64758694.11	65770591.33	14907589.90
未分配利润	28187817.42	87226982.67	-7460120.51	54901854.69	271611264.80	127928788.70	2070780201.00	109113183.10	-259790.85	1015898968.00	34884700.41	404819704.40	24369505.16	85408365.89
外币报表折算差额	0.00	0.00	0.00	0.00	0.00	0.00	0.00	0.00	0.00	0.00	0.00	0.00	0.00	0.00
归属母公司所有者权益	530228662.20	497642592.90	1057644043.00	335232795.00	978273225.40	817236975.80	5235925255.00	469894481.50	401784392.70	2466661341.00	285348537.3	1210193053.00	761419409.10	483587968.60
少数股东权益	0.00	2945674.06	8427468.16	25145554.56	234273909.50	83029563.80	334926333.60	5623741.35	80942012.92	868413122.70	18159897.53	0.00	56320930.74	5183005.22
所有者权益合计	530228662.20	500588267.00	1066071511.00	360378349.60	1212547135.00	900266539.60	5570851589.00	475518222.80	482726405.60	3335074464.00	303508434.80	1210193053.00	817740339.90	488770973.80
负债与所有者权益总计	995659921.60	1362971913.00	1471163932.00	1053825694.00	2735113848.00	1665444231.00	12113017957.00	888425269.80	1222174284.00	10030575002.00	513958653.40	5394259867.00	1638162027.00	1220737607.00

表 A1-4　2007 年样本企业集团合并资产负债表

项目 \ 代码	F600262	F600303	F600312	F600316	F600320	F600366	F600382	F600397	F600416	F600418	F600469	F600475	F600481	F600523
货币资金	245382055.10	972611821.80	429362051.70	746927690.00	1283979612.00	450440082.10	87266697.50	133468965.30	468925250.00	724850409.50	221516671.50	1328916555.00	388085071.50	86294533.92
交易性金融资产	0.00	0.00	0.00	7414260.00	442306963.00	0.00	0.00	0.00	0.00	0.00	0.00	853795.00	0.00	0.00
短期投资净额	0.00	0.00	0.00	0.00	0.00	0.00	0.00	0.00	0.00	0.00	0.00	0.00	0.00	0.00
应收票据净额	32973693.16	614533402.10	41783733.59	210876434.00	6000000.00	28549110.81	136966246.90	78747410.68	11662180.00	109582871.10	142738149.00	135627242.10	98404271.86	66407095.21
应收账款净额	479789170.40	440742061.30	1110615231.00	850850438.00	3660436464.00	310504737.30	169684260.30	132694622.20	731144191.00	307074486.70	444489408.50	454136685.30	143767689.80	230246890.90
预付款项净额	151460270.00	201817042.80	130338037.80	121152538.10	3614304534.00	460453731.70	301054788.20	39174144.84	62988667.00	342849280.40	66518524.36	94954026.66	71753630.31	22742542.88
应收股利净额	0.00	0.00	0.00	0.00	0.00	0.00	0.00	530569.18	0.00	0.00	0.00	00	0.00	0.00
其他应收款净额	48695325.19	26404806.29	62332295.31	6933226.79	233619294.00	47086970.30	10769867.78	40369782.34	157911635.00	56985239.36	21410646.07	34118699.39	63320643.34	11838388.95
存货净额	805663608.80	831843050.60	550868558.50	891287469.60	1640574558.00	439327610.50	128142671.00	130814278.20	848365608.00	857849052.30	593983569.30	1130614548.00	521559941.60	225266599.40
一年内到期的非流动资产	0.00	0.00	0.00	0.00	0.00	0.00	0.00	0.00	0.00	0.00	0.00	0.00	0.00	0.00

续表

项目 \ 代码	F600262	F600303	F600312	F600316	F600320	F600366	F600382	F600397	F600416	F600418	F600469	F600475	F600481	F600523
其他流动资产	0.00	910000.00	0.00	0.00	7824459550.00	0.00	0.00	0.00	0.00	0.00	0.00	0.00	0.00	0.00
流动资产合计	1763964123.00	3088862185.00	2325299908.00	2835442056.00	18705680975.00	1736362243.00	833884531.60	555799772.70	2282366657.00	2399191339.00	1490656969.00	3179221552.00	1286891248.00	642796051.30
长期投资净额	0.00	0.00	0.00	0.00	0.00	0.00	0.00	0.00	0.00	0.00	0.00	0.00	0.00	0.00
投资性房地产净额	0.00	0.00	0.00	25186932.49	0.00	0.00	117655132.00	0.00	0.00	0.00	0.00	0.00	0.00	3582116.00
固定资产净额	408713930.30	718904986.20	268201647.90	562561890.40	5956862376.00	635375574.60	150259241.00	1195572930.00	464626945.00	3318864049.00	1694507854V	1075996469.00	999009642.60	307947716.40
在建工程净额	9798525.66	22406386.80	85031745.78	21125530.03	2683906427.00	6123968.61	27231571.09	38599458.47	387284279.00	1257462971.00	79123884.04	109150580.50	432916791.00	712556.57
工程物资	0.00	0.00	0.00	0.00	0.00	0.00	0.00	0.00	0.00	0.00	2444169.20	0.00	0.00	0.00
固定资产清理	0.00	0.00	0.00	0.00	0.00	0.00	0.00	0.00	0.00	0.00	216213.58	0.00	0.00	0.00
无形资产净额	85646297.30	286171398.60	15034474.86	30108388.47	1602957413.00	128352121.50	75559938.57	279015605.60	214889931.00	202833563.50	6419458.04	102232381.00	77224899.30	77437042.49
商誉净额	0.00	0.00	0.00	0.00	0.00	0.00	79564742.11	0.00	634503.00	0.00	0.00	0.00	0.00	0.00
长期待摊费用	0.00	0.00	0.00	2286690.30	0.00	3280705.16	0.00	7222418.88	0.00	0.00	46084638.34	21889829.39	23814179.85	110274.17
递延所得税资产	12102670.94	22936439.14	36381253.51	18862951.37	119553866.00	7999344.42	9179348.67	1221480.74	35574321.00	37753509.12	14795285.70	16755546.44	11222039.84	16116252.28
其他非流动资产	0.00	0.00	0.00	178600.00	0.00	0.00	0.00	0.00	0.00	0.00	0.00	0.00	29852998.37	0.00
非流动资产合计	553947446.30	1168483045.00	779781516.90	1126278151.00	10409650131.00	2116865043.00	748220339.70	1546308149.00	1328092892.00	5132257855.00	1863091503.00	1491483806.00	1693085101.00	462327878.50
其他资产	0.00	0.00	0.00	0.00	0.00	0.00	0.00	0.00	0.00	0.00	0.00	0.00	0.00	0.00
资产总计	2317911569.00	4257345230.00	3105081425.00	3961720208.00	29115331106.00	3853227285.00	1582104871.00	2102107922.00	3610459549.00	7531449194.00	3353748471.00	4670705358.00	2979976350.00	1105123930.00
短期借款	780879240.00	362810066.00	660100000.00	90000000.00	4731976771.00	263274814.00	218340000.00	520836246.80	799032000.00	7000000.00	1014558652.00	220000000.00	376468811.80	212514090.00
应付票据	198039062.10	909061947.20	246536300.00	305700000.00	2640611925.00	172187507.10	15825597.76	33250000.00	418851856.00	534185000.00	110550000.00	152797814.90	31020248.11	33599203.50
应付账款	202480829.20	1023651347.00	541074333.40	911792578.10	1478791188.00	543667079.10	153634062.40	160241790.70	473416540.00	1702936178.00	462602773.70	513741898.60	231222396.40	157353310.70
预收款项	33078918.78	170978246.70	331067054.40	42522807.71	152215124.00	285370870.90	137391540.80	26721400.01	286042024.00	372347954.30	74140957.24	1872085829.00	279968379.40	4612733.32
应付职工薪酬	4374652.17	21422448.42	1640666.78	98696921.50	166278072.00	63951945.59	4521865.16	16692067.98	18219965.00	123891953.10	4382591.00	22047866.83	19995305.38	17136311.39
应交税费	−35770638.02	−37010918.15	−16815299.09	9405024.79	53297354.00	−19276952.82	29046911.51	6479905.63	32049639.00	−15814611.16	40044817.47	44262195.13	20548243.66	15466045.70
应付利息	0.00	0.00	0.00	0.00	0.00	599783.07	0.00	2675965.56	0.00	520500.00	0.00	0.00	2464576.89	537941.25
应付股利	0.00	177742.78	0.00	113551426.50	199993500.00	0.00	0.00	0.00	0.00	150000.00	0.00	0.00	17162114.07	0.00
其他应付款	50389729.11	41564013.60	11805444.52	29974770.29	674906012.00	15628184.10	88084227.15	55209042.70	266307823.00	279743936.10	165984453.60	203797267.30	89935925.22	31214527.91

续表

项目＼代码	F600262	F600303	F600312	F600316	F600320	F600366	F600382	F600397	F600416	F600418	F600469	F600475	F600481	F600523
一年内到期的非流动负债	10000000.00	42000000.00	0.00	50000000.00	65856800.00	0.00	16000000.00	59875000.00	18000000.00	200000000.00	75000000.00	50000000.00	74865006.00	0.00
其他流动负债	0.00	34440127.00	0.00	111246162.40	2185656339.00	38910938.13	0.00	0.00	0.00	0.00	0.00	9603428.27	15895367.41	3918529.14
流动负债合计	1243471793.00	2569095021.00	1775408500.00	1762889691.00	12481556589.00	1364314169.00	662844204.80	881981419.40	2311919847.00	3204960911.00	1947264245.00	3088336300.00	1159546374.00	476352692.90
长期借款	374482800.00	200500000.00	0.00	0.00	5226197400.00	100000000.00	138600000.00	374265000.00	70000000.00	150000000.00	466210000.00	404000000.00	673245025.00	1820000.00
长期应付款	0.00	0.00	0.00	56226409.03	0.00	0.00	23896674.62	571227.04	16516347.00	0.00	0.00	0.00	0.00	3745786.44
专项应付款	0.00	48760000.00	24220000.00	194681289.90	0.00	0.00	2350000.00	1515800.00	12500000.00	0.00	20430000.00	0.00	0.00	7330000.00
长期负债合计	374482800V	249260000.00	24220000.00	250907699.00	5226197400.00	100000000.00	164846674.60	376352027.00	99016347.00	150000000.00	486640000.00	404000000.00	673245025.00	12895786.44
预计负债	0.00	0.00	0.00	0.00	0.00	0.00	0.00	0.00	2061574.00	0.00	0.00	0.00	0.00	0.00
递延所得税负债	0.00	28124239.58	440860.93	55596794.69	95742421.00	318345300.00	0.00	0.00	215755.00	74047114.55	0.00	22480780.14	0.00	0.00
其他非流动负债	0.00	0.00	8318900.00	0.00	0.00	8373074.00	500000.00	0.00	15958047.00	12300000.00	0.00	0.00	0.00	700000.00
非流动负债合计	374482800.00	277384239.60	32979760.93	306504493.70	5321939821.00	426718374.00	165346674.60	376352027.00	117251723.00	236347114.60	486640000.00	426480780.10	673245025.00	13595786.44
其他负债	0.00	0.00	0.00	0.00	0.00	0.00	0.00	0.00	0.00	0.00	0.00	0.00	0.00	0.00
负债合计	1617954593.00	2846479260.00	1808388261.00	2069394185.00	17803496410.00	1791032543.00	828190879.40	1258333446.00	2429171570.00	3441308025.00	2433904245.00	3514817080.00	1832791399.00	489948479.40
实收资本（或股本）	170000000.00	222000000.00	365173697.00	252000000.00	3207355000.00	395767500.00	341746600.00	269232000.00	235000000.00	1288736635.00	255000000.00	256000000.00	612000000.00	213987000.00
资本公积	399174501.20	571884406.10	488497567.50	1301668413.00	3856513159.00	1217925136.00	92022577.99	411284614.80	660308413.00	1324704137.00	333701499.80	233299761.60	166393718.10	291624244.90
盈余公积	77372517.98	162334577.30	99141288.92	84973169.79	1187083249.00	66749182.23	65786017.51	62798833.26	64435207.00	416176236.50	65806375.76	97903787.92	76843126.50	7659184.25
未分配利润	15373944.01	281463500.40	332295783.20	249204581.30	2862923438.00	266818527.50	235680965.70	54475209.84	167169572.00	1022247259.00	265336351.20	416839800.50	142915644.70	–3219953.19
外币报表折算差额	0.00	0.00	0.00	0.00	0.00	–422338.77	0.00	0.00	0.00	111187.54	0.00	0.00	0.00	0.00
归属母公司所有者权益	661920963.20	1237682484.00	1285108337.00	1887846164.00	11113874846.00	1946838007.00	735236161.20	797790657.90	1126913192.00	4051975455.00	919844226.80	1004043350.00	998152489.20	510050475.90
少数股东权益	38036012.31	173183485.20	11584827.67	4479859.17	197959850.00	115356734.90	18677830.69	45983817.75	54374787.00	38165714.21	0.00	151844927.80	149032461.00	105124974.60
所有者权益合计	699956975.50	1410865969.00	1296693164.00	1892326023.00	11311834696.00	2062194742.00	753913991.90	843774475.70	1181287979.00	4090141169.00	919844226.80	1155888278.00	1147184950.00	615175450.50
负债与所有者权益总计	2317911569.00	4257345230.00	3105081425.00	3961720208.00	29115331106.00	3853227285.00	1582104871.00	2102107922.00	3610459549.00	7531449194.00	3353748471.00	4670705358.00	2979976350.00	1105123930.00

表 A1-5　2007 年样本企业集团合并资产负债表

项目＼代码	F600526	F600550	F600592	F600685	F600710	F600760	F600761	F600815	F600841	F600843	F600877	F600879	F600967	F600991
货币资金	323312884.70	1363874310.00	188431535.70	6854408172.00	264395000.40	43904256.93	558560080.90	1022353790.00	782321867.40	438292840.50	552059112.70	715942892.90	187569990.90	956793873.00
交易性金融资产	0.00	0.00	0.00	294309931.40	0.00	0.00	0.00	0.00	0.00	9875912.50	0.00	0.00	0.00	0.00
短期投资净额	0.00	0.00	0.00	0.00	0.00	0.00	0.00	0.00	0.00	0.00	0.00	0.00	0.00	0.00
应收票据净额	12359641.14	47454460.92	78594524.88	0.00	4798275.60	54166642.75	22808769.79	585741360.20	699949330.80	3070470.00	124034995.60	37040125.63	2262500.00	372131652.10
应收账款净额	289966938.50	832471867.50	112135184.70	314322502.70	287683528.40	13251872.44	298864187.40	435393430.30	265577026.70	425696200.10	515782656.60	490497566.10	163255072.70	172693839.30
预付款项净额	103891341.30	989053681.80	46672610.62	514980821.50	18230155.24	12234432.42	173079516.70	144132033.00	34136125.11	28346378.56	50528973.44	175117481.70	80917893.01	29643641.89
应收股利净额	0.00	10956000.00	0.00	0.00	0.00	0.00	0.00	3555000.00	0.00	879792.24	3679979.77	0.00	0.00	0.00
其他应收款净额	51801334.66	415657945.70	4679598.90	244211429.70	6552836.12	8185844.02	44119426.63	21068024.89	10974881.24	78523031.12	26216074.13	101152579.20	1475085.94	58823880.49
存货净额	803291531.40	1263203899.00	189224065.80	955349681.50	519143122.60	160826076.80	773147779.20	1796331268.00	490869616.00	539757696.80	201113701.00	1799235443.00	257161054.20	574642989.90
一年内到期的非流动资产	0.00	0.00	0.00	0.00	0.00	0.00	0.00	0.00	0.00	0.00	0.00	0.00	0.00	0.00
其他流动资产	0.00	0.00	0.00	0.00	3443651.46	0.00	0.00	0.00	459928.68	1245523.34	0.00	0.00	0.00	993433.32
流动资产合计	1584623672.00	4922672164.00	619737520.70	9177582539.00	1104246570.00	292569125.30	1870579761.00	4008574906.00	2284288776.00	1525687845.00	1473415493.00	3318986089.00	692641596.80	2165723310.00
长期投资净额	0.00	0.00	0.00	0.00	0.00	0.00	0.00	0.00	0.00	0.00	0.00	0.00	0.00	0.00
投资性房地产净额	30353114.27	32613989.60	26224101.49	100611056.90	0.00	108215620.30	0.00	0.00	1549579.20	161003519.90	398263796.80	0.00	2814960.00	8521973.98
固定资产净额	140925791.00	778665838.80	214670748.70	937526406.90	332092907.00	168439466.30	772757789.50	516596566.20	841253424.50	364153089.40	720193272.90	567905418.50	505083480.80	2722015198.00
在建工程净额	30920597.87	197518823.80	41679937.12	105089480.90	21458911.36	222473103.70	116613013.90	111352010.70	123245106.30	3682674.12	139143352.80	329469733.30	168174272.10	332777970.40
工程物资	0.00	828166.34	0.00	0.00	0.00	5428.04	0.00	0.00	3868121.06	0.00	0.00	0.00	7400.00	0.00
固定资产清理	0.00	15511775.35	0.00	0.00	0.00	0.00	0.00	0.00	0.00	0.00	0.00	745039.99	0.00	–2893.76
无形资产净额	63865981.26	179716942.20	27420793.85	92915557.89	50465325.17	65481396.43	91556382.43	125296839.00	62614994.86	123127892.60	131091926.70	143341646.40	150000.00	375214034.10
商誉净额	0.00	50414026.19	0.00	0.00	0.00	0.00	0.00	0.00	0.00	31079079.84	1495960.79	2175993.64	0.00	0.00
长期待摊费用	3501881.74	1606093.19	1137186.04	0.00	0.00	0.00	1615129.48	4169446.54	0.00	0.00	12827071.91	1616940.34	0.00	18479539.53
递延所得税资产	12362326.38	13229715.36	12219492.48	10660450.50	8606213.56	0.00	8983513.14	27672867.98	18126608.86	48965660.16	26791213.12	4357807.06	3278174.58	44456058.45
其他非流动资产	0.00	0.00	0.00	0.00	0.00	0.00	0.00	0.00	0.00	0.00	1836734.44	0.00	0.00	0.00
非流动资产合计	284929692.60	2769950739.00	396743510.30	1856850900.00	801408585.20	564615014.80	991525828.40	893637769.20	1215391444.00	854410857.40	1731478287.00	1174486719.00	682509603.50	3572691483.00
其他资产	0.00	0.00	0.00	0.00	0.00	0.00	0.00	0.00	0.00	0.00	0.00	0.00	0.00	0.00

续表

项目＼代码	F600526	F600550	F600592	F600685	F600710	F600760	F600761	F600815	F600841	F600843	F600877	F600879	F600967	F600991
资产总计	1869553364.00	7692622904.00	1016481031.00	11034433439.00	1905655155.00	857184140.10	2862105589.00	4902212675.00	3499680220.00	2380098703.00	3204893780.00	4493472808.00	1375151200.00	5738414793.00
短期借款	483956103.70	1788500000.00	45120000.00	494297390.00	200000000.00	0.00	80000000.00	718300000.00	22000000.00	395002894.20	938130000.00	350000000.00	70000000.00	1505087795.00
应付票据	198577000.00	265080721.30	39569514.50	0.00	100000000.00	29000000.00	80050000.00	1397071528.00	321777061.30	0.00	423252120.00	24225714.00	276729928.70	417040043.00
应付账款	378686522.20	373535726.40	82287865.16	624390269.90	462701927.20	189291680.60	494323051.60	631744103.70	503726113.50	186981075.90	388657578.20	326051366.30	259920917.70	768920112.10
预收款项	315947705.50	1305439708.00	6899714.24	250222378.30	39673366.93	11525032.49	76341408.93	107176319.10	27854974.15	99253883.25	77770773.20	526706010.40	23772731.21	68899707.64
应付职工薪酬	4112323.22	8212274.32	40337114.37	35803402.22	12375552.64	17095075.18	3926246.05	148703780.20	36291341.71	51204216.03	18422716.84	40442857.33	1259764.65	31962304.78
应交税费	−75656580.15	51146869.61	26914962.63	272040368.80	−183816.17	−11694711.53	18621495.42	−62869601.08	14182228.44	27335749.12	175485355.40	27244146.38	5721321.60	129803312.00
应付利息	1248703.74	0.00	79281.75	0.00	0.00	0.00	0.00	0.00	0.00	4000.00	0.00	0.00	0.00	0.00
应付股利	0.00	51466675.24	2211041.95	9169.38	0.00	0.00	0.00	0.00	680000.00	2865309.70	11402.35	10577796.31	0.00	60409.99
其他应付款	21816598.45	72296341.06	12125098.50	93294913.66	16824048.72	81917858.75	34057802.11	317913112.90	381467589.10	192288791.70	66031887.14	198613663.90	53900391.59	304980715.30
一年内到期的非流动负债	27000000.00	0.00	0.00	1160077390.00	0.00	35960000.00	0.00	0.00	0.00	520000.00	45000000.00	0.00	30000000.00	65000000.00
其他流动负债	0.00	767143505.70	0.00	4871825310.00	120138.13	0.00	0.00	10383783.54	71853814.89	1626725.18	0.00	0.00	0.00	9662154.48
流动负债合计	1355688377.00	4682821821.00	255544593.10	7813588812.00	831511217.40	353094935.50	787320004.10	3268423026.00	1379833123.00	957082645.20	2132761833.00	1503861555.00	721305055.50	3301416555.00
长期借款	6210000.00	350000000.00	0.00	387468446.70	0.00	52040000.00	19250000.00	0.00	0.00	1489984.87	92666666.65	100120000.00	110000000.00	150000000.00
长期应付款	0.00	0.00	5760000.00	0.00	0.00	0.00	0.00	4687123.00	6076687.80	258037369.20	0.00	0.00	0.00	72012496.15
专项应付款	0.00	10862000.00	1456750.55	24570000.00	700000.00	0.00	0.00	0.00	0.00	0.00	28891293.00	252919354.50	120000.00	4300000.00
长期负债合计	6210000.00	360862000.00	7216750.55	412038446.70	700000.00	52040000.00	19250000.00	4687123.00	6076687.80	259527354.10	121557959.70	353039354.50	110120000.00	226312496.20
预计负债	0.00	0.00	0.00	61652483.76	0.00	0.00	0.00	0.00	0.00	483560837.30	0.00	0.00	0.00	0.00
递延所得税负债	0.00	1775.11	8368337.66	201603184.20	24301.20	0.00	0.00	0.00	8226272.58	36249256.77	7692166.80	4237330.12	0.00	92082.48
其他非流动负债	0.00	0.00	0.00	18192133.87	0.00	0.00	13000000.00	0.00	46469356.35	0.00	1844166.67	0.00	0.00	0.00
非流动负债合计	6210000.00	360863775.10	15585088.21	693486248.60	724301.20	52040000.00	32250000.00	4687123.00	60772316.73	779337448.10	131094293.10	357276684.70	110120000.00	226404578.60
其他负债	0.00	0.00	0.00	0.00	0.00	0.00	0.00	0.00	0.00	0.00	0.00	0.00	0.00	0.00
负债合计	1361898377.00	5043685596.00	271129681.30	8507075060.00	832235518.60	405134935.50	819570004.10	3273110149.00	1440605440.00	1736420093.00	2263856126.00	1861138239.00	831425055.50	3527821133.00
实收资本（或股本）	140000000.00	730000000.00	150000000.00	494677580.00	374000000.00	272999973.00	356954477.00	582727931.00	480309280.00	448886777.00	687282040.00	540693856.00	130000000.00	400670300.00
资本公积	194633823.80	1206585361.00	319329825.60	1044766482.00	325500016.20	269465646.40	714005132.00	677234032.30	732388440.70	411218244.60	137298005.00	1068910554.00	324545961.20	1031031249.00

续表

项目 \ 代码	F600526	F600550	F600592	F600685	F600710	F600760	F600761	F600815	F600841	F600843	F600877	F600879	F600967	F600991
盈余公积	22227814.46	108118215.30	78405497.57	175491051.90	76888145.77	57195892.81	220684141.50	111411133.80	483491623.20	4546242.52	585620202.70	40099343.02	19854220.78	513023698.40
未分配利润	135813072.50	439562829.00	172189897.00	736574570.90	288851602.50	-147612307.60	665799287.40	225157311.80	134671953.50	-283205720.60	-476304749.50	913688060.00	34060692.92	210143300.10
外币报表折算差额	0.00	0.00	0.00	0.00	35937.65	0.00	0.00	0.00	0.00	3028055.36	3587404.86	0.00	0.00	0.00
归属母公司所有者权益	492674710.80	2484266405.00	719925220.10	2451509684.00	1065275702.00	452049204.60	1957443038.00	1596530409.00	1830861297.00	584473598.80	937482903.00	2563391813.00	508460874.90	2154868547.00
少数股东权益	14980276.80	164670902.20	25426129.49	75848694.17	8143934.37	0.00	85092547.13	32572117.15	228213483.10	59205010.45	3554750.49	68942755.86	35265269.87	55725112.39
所有者权益合计	507654987.60	2648937308.00	745351349.60	2527358379.00	1073419636.00	452049204.60	2042535585.00	1629102526.00	2059074781.00	643678609.30	941037653.50	2632334569.00	543726144.80	2210593660.00
负债与所有者权益总计	1869553364.00	7692622904.00	1016481031.00	11034433439.00	1905655155.00	857184140.10	2862105589.00	4902212675.00	3499680220.00	2380098703.00	3204893780.00	4493472808.00	1375151200.00	5738414793.00

表 A2-1 2007 年样本企业集团合并利润表

项目 \ 代码	F000026	F000400	F000410	F000425	F000521	F000528	F000530	F000541	F000550	F000551	F000559	F000570	F000581	F000595
一、营业总收入	805273114.10	2454629798.00	5883383811.00	3266320371.00	3904901015.00	7592573340.00	1653955365.00	1496072680.00	8455549041.00	1660572016.00	4232510709.00	2042027051.00	3121339002.00	520021011.50
营业收入	805273114.10	2454629798.00	5883383811.00	3266320371.00	3904901015.00	7592573340.00	1653955365.00	1496072680.00	8455549041.00	1660572016.00	4232510709.00	2042027051.00	3121339002.00	520021011.50
二、营业总成本	735709428.20	2282547046.00	5761588395.00	3227315180.00	3926008549.00	6938312046.00	1615093450.00	1350949759.00	7607043995.00	1555022489.00	3843775857.00	2013719493.00	2971553487.00	531680295.30
营业成本	521497507.40	1704794703.00	4883264954.00	3018910916.00	3350362324.00	6148425412.00	1362127242.00	1189529054.00	6359447039.00	1248024676.00	3371058644.00	1810357382.00	2433046064.00	382425269.10
营业税金及附加	4544164.15	10257476.65	15900325.44	10394624.99	9389467.69	23803346.08	6403565.64	10233228.78	145208094.00	19445543.89	18593915.18	1494637.63	17058211.96	4613327.87
销售费用	105946362.30	198598917.20	285325244.80	55781807.91	387230161.60	454912916.80	101686077.40	57230907.87	618712663.00	78041499.53	126725346.70	61760030.60	104410928.60	17494372.93
管理费用	82229298.81	222332237.80	448240021.00	101804475.80	106236152.90	276303216.30	127906374.60	83609557.38	536552633.00	192861844.40	229899418.80	151698903.70	278545820.40	22795720.11
财务费用	18162268.05	143171642.90	95283555.74	23359460.55	32772099.34	23008004.85	3495900.40	3133289.16	-55340615.00	12172937.89	80035704.78	-10461861.87	91804112.69	28056043.14
资产减值损失	3329827.49	3392068.05	33574293.97	17063895.06	40018343.29	11859150.23	13474289.61	7213722.54	2464181.00	4475987.20	17462827.97	-1129599.60	46688349.38	76295562.09
其他业务成本	0.00	0.00	0.00	0.00	0.00	0.00	0.00	0.00	0.00	0.00	0.00	0.00	0.00	0.00
公允价值变动收益	0.00	0.00	0.00	0.00	0.00	0.00	0.00	20753385.38	0.00	218968.80	0.00	53835300.00	0.00	0.00
投资收益	1872228.96	3368025.75	-3718923.20	2091687.65	36353801.42	8926076.11	96829892.70	329548994.40	8712630.00	17985528.74	45284397.51	106711389.70	136267376.40	-321463.52
其他业务利润	0.00	0.00	0.00	0.00	0.00	0.00	0.00	0.00	0.00	0.00	0.00	0.00	0.00	0.00
三、营业利润	71435914.89	175450777.80	118076492.90	41096878.64	15246267.17	663187370.20	135691808.10	495425300.00	857217676.00	123754024.90	434019249.80	188854248.00	286052891.90	-11980747.31

续表

项目 \ 代码	F000026	F000400	F000410	F000425	F000521	F000528	F000530	F000541	F000550	F000551	F000559	F000570	F000581	F000595
营业外收入	1981659.39	41198588.35	62961235.13	3523604.34	8864617.72	10106712.13	15191743.63	8344086.74	7509534.00	5570984.56	50657790.65	54470449.24	10794925.83	68964044.21
营业外支出	1926318.56	967186.55	7945235.20	5038733.13	1330265.61	8383652.17	514215.73	2278920.94	4269121.00	3194063.84	5801003.52	9365054.43	13742731.07	15822096.06
四、利润总额	71491255.72	215682179.60	173092492.90	39581749.85	22780619.28	664910430.20	150369336.00	501490465.80	860458089.00	126130945.70	478876036.90	233959642.80	283105086.60	41161200.84
所得税费用	9747120.33	51538582.31	99761612.48	14974955.22	5067858.79	97719806.92	8148715.09	72514612.26	84997961.00	21671113.58	93694644.14	64328150.43	17074912.85	160775.93
未确认的投资损失	0.00	0.00	0.00	0.00	0.00	0.00	0.00	0.00	0.00	0.00	0.00	0.00	0.00	0.00
影响净利润的其他项目	0.00	0.00	0.00	0.00	0.00	0.00	0.00	0.00	0.00	0.00	0.00	0.00	0.00	0.00
五、净利润	61744135.39	164143597.30	73330880.37	24606794.63	17712760.49	567190623.30	142220620.90	428975853.60	775460128.00	104459832.10	385181392.80	169631492.40	266030173.80	41000424.91
归属于母公司所有者的净利润	60876912.74	115985129.70	75252504.77	24721428.46	17645149.62	565710014.60	128827637.60	423797425.50	759158118.00	64782003.99	263203666.80	168116392.30	230428273.70	41290218.61
少数股东损益	867222.65	48158467.58	−1921624.40	−114633.83	67610.87	1480608.65	13392983.33	5178428.02	16302010.00	39677828.08	121977726.00	1515100.13	35601900.09	−289793.70
六、每股收益														
基本每股收益	0.24	0.31	0.14	0.05	0.04	1.20	0.37	0.91	0.88	0.27	0.26	0.45	0.41	0.19
稀释每股收益	0.24	0.31	0.14	0.05	0.04	1.20	0.37	0.91	0.88	0.27	0.26	0.45	0.41	0.19

表 A2-2　2007 年样本企业集团合并利润表

项目 \ 代码	F000607	F000666	F000680	F000727	F000806	F000811	F000816	F000837	F000868	F000883	F000913	F000920	F000921	F000922
一、营业总收入	2709042382.00	5432661955.00	4818102543.00	713175896.30	1750364678.00	1029471634.00	1906006997.00	846396590.00	1169795347.00	2869886963.00	4214340704.00	1335314120.00	8822347228.00	128405459.20
营业收入	2709042382.00	5432661955.00	4818102543.00	713175896.30	1725733633.00	1029471634.00	1906006997.00	846396590.00	1169795347.00	2869886963.00	4214340704.00	1335314120.00	8321817250.00	128405459.20
二、营业总成本	2912144157.00	5365049036.00	4437340377.00	1198552203.00	1733499662.00	1057424918.00	1873483476.00	767413332.90	1167051281.00	2838144812.00	4069238088.00	1331522720.00	8980380969.00	196842654.20
营业成本	2373433867.00	4707684647.00	3934881674.00	482723905.70	1314482838.00	848399278.30	1722532503.00	614648137.60	1018036036.00	2562505050.00	3586528606.00	1145759843.00	6945444340.00	111641706.80
营业税金及附加	5337623.27	10267941.91	14855067.16	903591.96	14796398.58	6264806.82	755689.88	4585256.27	2495742.47	8332167.67	124681608.60	1923082.14	1856823.76	694055.08
销售费用	158930589.40	147676251.40	211970173.00	16577269.97	139235634.50	83819864.35	68943337.26	48520615.74	74423014.50	83939749.68	126407159.20	43548798.45	1116923591.00	21259743.50
管理费用	212609495.10	465054537.20	219483356.00	82967720.48	117890784.90	82920387.34	68503967.86	70971294.10	60945470.83	142820355.60	184290806.40	102010409.60	311516093.50	44925332.55
财务费用	68653192.25	22035348.18	42540418.32	48473727.62	108422485.50	25635238.35	42912185.01	10635075.80	3835648.55	37782742.00	47074833.59	21168544.88	119179346.70	13424812.57
资产减值损失	93179389.74	12330310.14	13609687.97	566905987.20	38671520.14	10385342.87	−30164207.13	18052953.39	7315368.84	2764747.09	255074.44	17112041.54	62425986.84	4897003.70
其他业务成本	0.00	0.00	0.00	0.00	0.00	0.00	0.00	0.00	0.00	0.00	0.00	0.00	423034786.90	0.00

续表

代码 项目	F000607	F000666	F000680	F000727	F000806	F000811	F000816	F000837	F000868	F000883	F000913	F000920	F000921	F000922
公允价值变动收益	0.00	1945000.00	0.00	0.00	13232.76	0.00	0.00	799200.00	0.00	0.00	0.00	0.00	3104581.01	0.00
投资收益	−3478266.38	117485653.70	187467903.30	42271606.61	29951606.82	78361317.89	66539027.75	−15719428.35	18992501.98	9056656.36	226143.44	1160508.66	6756455.99	0.00
其他业务利润	0.00	0.00	0.00	0.00	0.00	0.00	0.00	0.00	0.00	0.00	0.00	0.00	0.00	0.00
三、营业利润	−206580041.10	187043572.90	568230069.40	−443104700.10	46829855.97	50408033.63	99062548.61	64063028.75	21736567.67	40798807.52	145328759.10	4951908.21	−148172703.70	−68437195.03
营业外收入	10101965.93	19540980.66	1711974.14	3020467.58	10362739.57	7598379.48	3127321.33	20244930.53	8259229.95	20478241.48	11283831.71	13756714.65	463679353.00	72822473.12
营业外支出	17421230.46	4464826.36	2931055.15	527848.79	19188414.31	1153643.59	7122634.05	669037.55	332300.00	2198124.77	15809981.94	518837.40	89299117.37	3482.53
四、利润总额	−213899305.60	202119727.20	567010988.40	−440612081.30	38004181.23	56852769.52	95067235.89	83638921.73	29663497.62	59078924.23	140802608.80	18189785.46	226207531.90	4381795.56
所得税费用	947507.44	26513374.16	94914663.24	4649241.54	11818144.24	11280722.57	12068142.18	10199631.07	8933397.91	17511988.34	51812596.69	−1088363.67	10867387.46	0.00
未确认的投资损失	0.00	0.00	0.00	0.00	0.00	0.00	0.00	0.00	0.00	0.00	0.00	0.00	0.00	0.00
影响净利润的其他项目	0.00	0.00	0.00	0.00	0.00	0.00	0.00	0.00	0.00	0.00	0.00	0.00	0.00	0.00
五、净利润	−214846813.00	175606353.10	472096325.10	−445261322.80	26186036.99	45572046.95	82999093.71	73439290.66	20730099.71	41566935.73	88990012.15	19278149.13	215340144.50	4381795.56
归属于母公司所有者的净利润	−199111181.90	162206513.20	445993670.10	−493318774.80	11737915.66	55973762.37	84711007.93	72352659.62	20314204.46	21734086.75	77050459.38	12752820.29	250395446.90	6403057.27
少数股东损益	−15844662.93	13399839.83	26102655.06	48057452.00	14448121.33	−10401715.42	−1711914.22	1086631.04	415895.25	19832848.98	11939552.77	6525328.84	−35055302.43	−2021261.71
六、每股收益														
基本每股收益	−0.41	0.27	0.64	−1.37	0.02	0.32	0.15	0.31	0.07	0.08	0.17	0.00	0.25	0.02
稀释每股收益	−0.41	0.00	0.00	−1.37	0.02	0.32	0.15	0.31	0.07	0.00	0.17	0.00	0.25	0.02

表 A2-3 2007 年样本企业集团合并利润表

代码 项目	F000923	F000957	F000980	F002006	F002048	F002085	F600006	F600055	F600081	F600089	F600148	F600169	F600237	F600243
一、营业总收入	568005131.90	1405390224.00	535612972.90	496524889.00	2643248355.00	1745630452.00	13392645858.00	532265890.30	1074746510.00	8931223112.00	484022205.10	4725077192.00	564548780.20	859411068.90
营业收入	568005131.90	1405390224.00	535612972.90	496524889.00	2643248355.00	1745630452.00	13392645858.00	532265890.30	1074746510.00	8931223112.00	484022205.10	4725077192.00	564548780.20	859411068.90
二、营业总成本	560582298.90	1379076652.00	489324394.20	493769420.70	2442496615.00	1657027309.00	12815138545.00	508297305.60	1096840064.00	8433366547.00	470328391.10	4413933159.00	614016320.80	838566041.00
营业成本	471610327.40	1239533534.00	424343515.10	390534876.20	2137607006.00	1522364326.00	11224623869.00	365474035.70	933899695.70	7202335523.00	403337781.80	3993061276.00	473281037.90	675007513.90
营业税金及附加	2053709.66	3776641.87	3472711.89	1800948.81	2989985.10	4711869.12	203606337.10	2839941.50	3707624.94	25459708.19	1403476.79	19871861.75	3689790.19	4109114.14
销售费用	39165423.74	78802728.81	17356794.82	28671581.07	104161895.60	60563121.39	795105695.80	59194550.78	41986442.04	594301377.60	24559874.56	140398725.10	16023299.75	50776049.05

续表

代码 项目	F000923	F000957	F000980	F002006	F002048	F002085	F600006	F600055	F600081	F600089	F600148	F600169	F600237	F600243
管理费用	30594186.82	41705612.07	22300491.57	45958209.70	172860050.80	33690506.69	565777662.60	63256027.07	87121394.94	383585550.20	36512308.19	192241752.6	56428052.37	84995699.99
财务费用	15460622.55	12599524.26	12658889.77	24152068.49	13599376.85	36456517.58	−30072810.85	12731443.49	27111483.56	194975611.60	2658005.12	47048149.29	31283261.19	15367788.30
资产减值损失	1698028.80	2658610.39	9191991.05	2651736.49	11278300.05	−759031.34	56097791.33	4801307.12	3013423.24	32708776.54	1856944.61	21311394.18	33310879.43	8309875.62
其他业务成本	0.00	0.00	0.00	0.00	0.00	0.00	0.00	0.00	0.00	0.00	0.00	0.00	0.00	0.00
公允价值变动收益	0.00	0.00	−3594	0.00	0.00	1573218.08	−31236986.42	0.00	0.00	0.00	0.00	0.00	0.00	1492732.51
投资收益	3486000.00	3996410.29	2271921.52	−900843.81	35555600.64	1274215.04	127435763.90	1097334.94	37175253.92	99912224.53	0.00	−2131027.78	−98184.35	4757450.62
其他业务利润	0.00	0.00	0.00	0.00	0.00	0.00	0.00	0.00	0.00	0.00	0.00	0.00	0.00	0.00
三、营业利润	10908832.95	30309982.57	48556906.24	1854624.46	236307340.90	91450575.78	673706090.50	25065919.63	15081699.57	597768789.30	13693814.00	309013005.80	−49565725	27095211.05
营业外收入	487973.76	7449278.72	9885215.77	6265851.64	18489022.21	4589683.63	17038282.27	5347512.29	3271318.26	116737392.90	775279.61	11012566.15	1296270.67	17533827.80
营业外支出	262135.45	1323822.02	1920872.22	674853.76	4047336.04	2082145.50	12894433.67	177619.67	7975654.74	17202008.95	517559.18	28512845.53	698453.65	1577530.09
四、利润总额	11134671.26	36435439.27	56521249.79	7445622.34	250749027.10	93958113.91	677849939.10	30235812.25	10377363.09	697304173.20	13951534.43	291512726.40	−48967907.98	43051508.76
所得税费用	90289.85	9848998.51	17467743.52	5849015.82	47735495.85	27225925.22	95591386.92	2296466.11	−761107.01	86768355.04	2328467.75	8155626.84	−2232290.68	9293600.84
未确认的投资损失	0.00	0.00	0.00	0.00	0.00	0.00	0.00	0.00	0.00	0.00	0.00	0.00	0.00	0.00
影响净利润的其他项目	0.00	0.00	0.00	0.00	0.00	0.00	0.00	0.00	0.00	0.00	0.00	0.00	0.00	0.00
五、净利润	11044381.41	26586440.76	39053506.27	1596606.52	203013531.20	66732188.69	582258552.10	27939346.14	11138470.10	610535818.20	11623066.68	283357099.50	−46735617.30	33757907.92
归属于母公司所有者的净利润	11044381.41	26447121.73	39183453.26	5205743.94	143618249.10	63638394.60	489327005.70	28001322.75	4603252.78	538563762.30	8350859.92	281554767.80	−39538331.26	32911311.59
少数股东损益	0.00	139319.03	−129946.99	−3609137.42	59395282.17	3093794.09	92931546.42	−61976.61	6535217.32	71972055.85	3272206.76	1802331.78	−7197286.04	846596.33
六、每股收益														
基本每股收益	0.0669	0.11	0.16	0.05	0.52	0.22	0.25	0.19	0.02	0.63	0.06	0.76	−0.10	0.18
稀释每股收益	0.0669	0.11	0.00	0.05	0.52	0.00	0.25	0.19	0.00	0.63	0.06	0.76	−0.10	0.18

表 A2-4 2007 年样本企业集团合并利润表

项目 \ 代码	F600262	F600303	F600312	F600316	F600320	F600366	F600382	F600397	F600416	F600418	F600469	F600475	F600481	F600523
一、营业总收入	1281922673.00	4111457753.00	1749230223.00	1783037919.00	2100547403 1.00	4620266238.00	697595516.70	1235838479.00	2655382516.00	14273819929.00	6018582028.00	2633954421.00	2985425544.00	1010021159.00
营业收入	1281922673.00	4111457753.00	1749230223.00	1783037919.00	21005474031.00	4620266238.00	697595516.70	1235838479.00	2655382516.00	14273819929.00	6018582028.00	2633954421.00	2985425544.00	1010021159.00
二、营业总成本	1248255787.00	3986367015.00	1744247552.00	1673218626.00	18972483846.00	4493844571.00	606188125.30	1221905979.00	2560534106.00	13886634482.00	5850375605.00	2490368419.00	2799628747.00	955355135.90
营业成本	1010014260.00	3493661878.00	1395727087.00	1549268043.00	17831238720.00	4206711342.00	498959768.80	984501465.30	2129207575.00	12198857615.00	5258690809.00	2117207411.00	2567095304.00	790950685.00
营业税金及附加	0.00	50680178.68	5782597.60	555913.81	29189604.00	4232370.87.00	9420446.32	8171452.47	7724938.00	423230862.10	82548183.29	9509890.90	1883510.64	3031341.11
销售费用	61296285.70	208154959.70	156216545.90	5908494.16	40472969.00	128512016.10	10694367.36	46980539.95	176277585.00	661624601.80	222435271.50	88083781.26	128731910.60	64426506.91
管理费用	92794190.21	194628996.90	130734572.70	105871702.20	478460451.00	121940211.40	41375308.16	103334758.40	199278274.00	581477256.20	152399994.40	238194566.80	60522220.26	79441907.51
财务费用	64399030.04	20708032.46	28502261.71	10383609.25	495984521.00	19891567.07	31124506.47	70834334.36	38771372.00	11958572.30	127546330.80	27153562.90	37398358.93	13034691.30
资产减值损失	19752021.36	18532969.26	27284486.99	1230863.64	97137581.00	12557063.76	14613728.21	8083428.26	9274362.00	9485574.59	6755015.62	10219205.46	3997441.83	4470004.09
其他业务成本	0.00	0.00	0.00	0.00	0.00	0.00	0.00	0.00	0.00	0.00	0.00	0.00	0.00	0.00
公允价值变动收益	-203965.10	0.00	0.00	338064.67	127899163.00	0.00	0.00	0.00	0.00	0.00	0.00	393910.00	0.00	0.00
投资收益	-3375000.98	21561333.47	143297193.10	20774408.51	3271069.00	8269773.88	8061198.15	908508.16	-14569153.00	2964.80	0.00	62554528.70	7543185.24	597006.24
其他业务利润	0.00	0.00	0.00	0.00	0.00	0.00	0.00	0.00	0.00	0.00	0.00	0.00	0.00	0.00
三、营业利润	30087919.56	146652070.80	148279864.40	130931765.90	2164160417.00	134691441.50	99468589.57	14841008.08	80279257.00	387188412.10	168206423.20	206534440.90	193339982.80	55263029.48
营业外收入	1998676.44	10820801.04	10647456.75	115000.00	53320520.00	12343800.55	14225583.25	20843551.96	42119561.00	32867948.73	13712827.93	28568327.84	310375.23	3887198.03
营业外支出	2833852.87	4952803.92	2229054.72	1843840.20	35211686.00	3537383.29	4096733.13	4979670.79	1343066.00	2190964.76	58663737.43	9113027.29	4970281.34	2245551.80
四、利润总额	29252743.13	152520067.90	156698266.50	129202925.70	2182269251.00	143497858.80	109597439.70	30704889.25	121055752.00	417865396.10	123255513.70	225989741.4	188680076.70	56904675.71
所得税费用	9131079.60	41408107.93	-18638762.54	13648049.07	170821307.00	5048458.28	19644001.49	28104891.39	43421122.00	87672779.87	16996975.67	42110624.59	12276200.05	10380189.47
未确认的投资损失	0.00	0.00	0.00	0.00	0.00	0.00	0.00	0.00	0.00	0.00	0.00	0.00	0.00	0.00
影响净利润的其他项目	0.00	0.00	0.00	0.00	0.00	0.00	0.00	0.00	0.00	0.00	0.00	0.00	0.00	0.00
五、净利润	20121663.53	111111960.00	175337029.00	115554876.60	2011447944.00	138449400.50	89953438.20	2599997.86	77634630.00	330192616.20	106258538.00	183879116.80	176403876.60	46524486.24
归属于母公司所有者的净利润	26263976.85	105700822.50	176068692.80	116004020.80	2004572836.00	104649835.10	90029096.21	15162889.88	72890110.00	328457571.70	106258538.00	171307506.90	127061799.50	38209320.65
少数股东损益	-6142313.32	5411137.43	-731663.76	-449144.24	6875108.00	33799565.40	-75658.01	-12562892.02	4744520.00	1735044.54	0.00	12571609.93	49342077.16	8315165.59
六、每股收益														
基本每股收益	0.15	0.48	0.48	0.46	0.65	0.28	0.26	0.06	0.31	0.27	0.42	0.67	0.21	0.18
稀释每股收益	0.15	0.00	0.48	0.46	0.65	0.28	0.26	0.06	0.31	0.00	0.00	0.00	0.21	0.18

表 A2-5 2007 年样本企业集团合并利润表

项目＼代码	F600526	F600550	F600592	F600685	F600710	F600760	F600761	F600815	F600841	F600843	F600877	F600879	F600967	F600991
一、营业总收入	1383339352.00	3156269138.00	577527946.20	5952697164.00	1842351060.00	694299070.40	3396861606.00	5072104098.00	3455806069.00	2538060870.00	4113742706.00	1843919617.00	1698125598.00	4560390717.00
营业收入	1383339352.00	3156269138.00	577527946.20	5952697164.00	1842351060.00	694299070.40	3396861606.00	5072104098.00	3275541825.00	2538060870.00	4113742706.00	1843919617.00	1698125598.00	4560390717.00
二、营业总成本	1364910555.00	2920291916.00	452129557.30	5170330261.00	1824004245.00	684023564.80	2974805710.00	4841367215.00	3435457796.00	2557158693.00	4140679791.00	1524419197.00	1677120290.00	4419914047.00
营业成本	1196549275.00	2524497404.00	374435108.30	4917716900.00	1628093061.00	611290620.50	2608818395.00	4300432743.00	2717157650.00	1926456232.00	3627430350.00	1162647234.00	1564903391.00	3331779355.00
营业税金及附加	5724341.00	10008570.70	5826920.60	20346934.95	2742383.13	3758170.42	14662102.01	14601115.26	4918092.02.00	3936059.63	71562127.43	3157002.68	3091248.01	511562436.60
销售费用	25121838.04	110667801.10	20879101.10	59141689.03	101842918.00	44743315.75	144842098.40	367892168.10	157489419.70	293543940.50	167980009.90	53168574.41	32396923.62	192745950.60
管理费用	96383725.32	135771939.10	47888983.14	307915809.40	64506615.67	21938491.89	189816813.80	110862264.60	358937374.90	268197205.60	121491074.90	273202803.40	64096487.09	230546261.00
财务费用	33954014.43	110513327.00	1270695.71	−150369238.40	18914075.34	−315517.81	1720291.34	45839157.66	−44583.46	36732016.70	114089588.80	22619992.81	10755393.98	144195023.70
资产减值损失	7177361.43	28832874.55	1828748.44	15578166.56	7905192.34	2608483.98	14946009.32	1739767.08	47868103.35	28293238.29	38126639.55	9623589.94	1876846.19	9085020.70
其他业务成本	0.00	0.00	0.00	0.00	0.00	0.00	0.00	0.00	149131739.30	0.00	0.00	0.00	0.00	0.00
公允价值变动收益	0.00	0.00	0.00	282540017.00	0.00	0.00	0.00	0.00	0.00	70231.94	−398000.00	0.00	0.00	0.00
投资收益	390.99	253467706.80	5030496.91	44924326.96	79182324.72	0.00	2148921.77	5872262.22	14127138	48988699.35	50533758.71	−347724.06	671399.30	−4485173.98
其他业务利润	0.00	0.00	0.00	0.00	0.00	0.00	0.00	0.00	0.00	0.00	0.00	0.00	0.00	0.00
三、营业利润	18429188.11	489444929.10	130428885.80	1109831246.00	97529139.48	10275505.61	424204817.30	236609145.20	20348273.26	29961108.03	23198674.00	319152695.50	21676707.18	135991495.40
营业外收入	7469083.01	24091457.51	7048520.58	243081133.40	6869874.38	11665333.52	15732312.92	9056176.02	19360772.38	62654560.87	15245597.87	7371980.02	3047967.88	51442730.58
营业外支出	1671335.94	2624212.72	816451.34	9851622.04	1816475.20	406855.21	846716.19	1961183.00	13001860.95	972598.84	3358426.81	1566811.44	752241.19	20896246.01
四、利润总额	24226935.18	510912173.90	136660955.00	1343060758.00	102582538.70	21533983.92	439090414.10	243704138.30	26707184.69	91643070.06	35085845.06	324957864.10	23972433.87	166537980.00
所得税费用	11404532.42	49281749.09	36725360.38	380615081.00	6001893.80	0.00	82282114.05	30562569.43	6220826.29	59313753.73	21624971.91	45395491.34	1295253.13	−4274302.04
未确认的投资损失	0.00	0.00	0.00	0.00	0.00	0.00	0.00	0.00	0.00	0.00	0.00	0.00	0.00	0.00
影响净利润的其他项目	0.00	0.00	0.00	0.00	0.00	0.00	0.00	0.00	0.00	0.00	0.00	0.00	0.00	0.00
五、净利润	12822402.76	461630424.80	99935594.66	962445676.80	96580644.86	21533983.92	356808300.00	213141568.80	20486358.40	32329316.33	13460873.15	279562372.80	22677180.74	170812282.00
归属于母公司所有者的净利润	12080239.16	449794019.50	98274748.66	940656796.00	94013378.73	21533983.92	321220607.40	213071144.20	17819907.01	28030284.53	14201314.89	275995216.80	25202310.89	167981340.20
少数股东损益	742163.60	11836405.23	1660846.00	21788880.75	2567266.13	0.00	35587692.64	70424.61	2666451.39	4299031.80	−740441.74	3567155.93	−2525130.15	2830941.84
六、每股收益														
基本每股收益	0.09	0.62	0.00	1.90	0.26	0.08	0.90	0.39	0.04	0.06	0.02	0.54	0.19	0.42
稀释每股收益	0.09	0.62	0.00	0.00	0.26	0.00	0.90	0.39	0.04	0.06	0.02	0.54	0.19	0.42

表 A3-1　2007 年样本企业集团合并现金流量表

项目 \ 代码	F000026	F000400	F000410	F000425	F000521	F000528	F000530	F000541	F000550	F000551	F000559	F000570	F000581	F000595
一、经营活动产生的现金流量净额	-57409010.78	235782122.30	-224255273.20	268317189.60	170323350.30	298407274.10	23446251.91	51724518.71	842641800.00	65948407.94	516455899.80	93259316.60	184767744.60	27748303.42
销售商品、提供劳务收到的现金	914447919.00	2438131425.00	6515836697.00	3270741392.00	2520355352.00	6922071250.00	1537696619.00	1538837092.00	9159752737.00	1783734481.00	4807916597.00	2294133757.00	3960765711.00	466154093.70
收到的税费返还	0.00	37888424.79	106931869.40	281298.46	32533562.94	54453507.18	188810.40	11817937.03	0.00	28092494.02	4912979.77	13922215.96	931011.53	34625122.64
收到的其他与经营活动有关的现金	5593283.14	90762075.25	925879341.20	36055936.25	9384900.00	19143841.69	39471256.01	14442812.09	18526622.00	12827776.62	284459021.60	6685710.74	19745456.87	17094420.10
购买商品、接受劳务支付的现金	760812184.40	1797350793.00	6265150969.00	2658093270.00	1908173157.00	5595747225.00	1227117455.00	1094499915.00	6251005717.00	1299587709.00	3558375594.00	1924932027.00	2997690976.00	283633045.60
支付给职工以及为职工支付的现金	83922858.83	190694762.60	609929784.40	209348640.10	142828542.40	384808138.60	156993819.10	209722922.10	368473803.00	185573943.60	350309424.30	174360811.00	307524422.00	111517130.80
支付的各项税费	39916161.68	165562209.50	337734840.70	101529813.90	56862214.68	278917386.40	96262374.61	142212820.30	788695017.00	123550383.90	210917370.90	36762810.52	206653316.70	67616371.37
支付其他与经营活动有关的现金	92799007.96	177392038.10	560087585.80	69789713.10	284086549.90	437788574.90	73536784.64	66937665.46	927463022.00	149994307.10	461230309.20	85426719.18	284805719.80	27358785.34
二、投资活动产生的现金流量净额	-74615563.52	115442082.60	9885097.93	118069692.40	-30573576.83	-278982044.90	-95670820.04	240082850.10	-500248897.00	-131418894.00	-451303970.20	97264387.32	-76270101.63	-12054828.19
收回投资收到的现金	3712991.75	1000000.00	0.00	16849760.00	0.00	0.00	0	1037223024.00	561567842.00	1058060.00	0.00	9301300.00	75000.00	0.00
取得投资收益收到的现金	0.00	1879809.18	18708.51	1319292.88	41682157.20	23946.90	44507636.46	330548994.40	7069158.00	30990281.82	20340000.00	104629275.50	59760015.53	0.00
处置固定资产、无形资产和其他长期资产收回的现金净额	1657430.00	153241714.10	85149520.91	287362518.10	189894.60	13146440.24	6083591.11	0.00	5951221.00	4089293.53	15828673.82	82447622.52	23684392.21	4500.00
处置子公司及其他营业单位收到的现金净额	0.00	0.00	7023482.22	0.00	0.00	3108147.57	2041356.64	0.00	0.00	0.00	0.00	0.00	0.00	0.00
收到的其他与投资活动有关的现金	0.00	0.00	0.00	0.00	2933788.44	0.00	57400957.71	0.00	56418152.00	56129914.00	127218477.10	0.00	0.00	3595585.27
购建固定资产、无形资产和其他长期资产支付的现金	79985985.27	40116690.90	74204148.18	185461878.60	75379417.07	295260579.60	121304888.20	139571596.20	589582178.00	222736443.40	441870076.10	99113810.65	150626824.40	15654913.46

续表

项目＼代码	F000026	F000400	F000410	F000425	F000521	F000528	F000530	F000541	F000550	F000551	F000559	F000570	F000581	F000595
投资支付的现金	0.00	0.00	8102465.53	2000000.00	0.00	0.00	84399473.79	987423583.50	541673092.00	950000.00	78000000.00	0.00	9162685.00	0.00
取得子公司及其他营业单位支付的现金净额	0.00	0.00	0.00	0.00	0.00	0.00	0.00	0.00	0.00	0.00	0.00	0.00	0.00	0.00
支付其他与投资活动有关的现金	0.00	562749.80	0.00	0.00	0.00	0.00	0.00	693989.07	0.00	0.00	94821045.00	0.00	0.00	0.00
三、筹资活动产生的现金流量净额	155688257.30	-109977642.60	254922127.90	-305680752.40	-27777744.52	-63705062.94	19153674.53	-171924910.00	-403325022.00	14787348.03	-243061825.90	-200036783.10	-174331562.10	-9448180.00
吸收投资收到的现金	0.00	2550000.00	0.00	0.00	0.00	0.00	0.00	0.00	0.00	0.00	574392875.00	0.00	0.00	0.00
吸收权益性投资收到的现金	0.00	2550000.00	0.00	0.00	0.00	0.00	0.00	0.00	0.00	0.00	5832875.00	0.00	0.00	0.00
取得借款收到的现金	310000000.00	1984850000.00	1594636433.00	1255000000.00	558519885.90	551000000.00	79702034.80	0.00	45429300.00	392850000.00	2070319061.00	122700000.00	3024649300.00	0.00
收到其他与筹资活动有关的现金	0.00	387216970.40	0.00	0.00	0.00	0.00	17400.96	0.00	0.00	0.00	2500000.00	0.00	5600000.00	27859000.00
偿还债务支付的现金	140000000.00	1651000000.00	1255639691.00	1518800000.00	563563467.10	487000000.00	2740108.89	0.00	125561759.00	313500000.00	2552822905.00	286700000.00	3056163100.00	10000000.00
分配股利、利润或偿付利息支付的现金	13557982.50	125309931.00	82334738.14	41880752.38	22734163.35	126765549.30	57825652.34	171924910.00	322820234.00	64562651.97	325202312.60	36036783.08	148417762.10	562830.00
支付其他与筹资活动有关的现金	753760.24	708284682.00	1739875.90	0.00	0.00	939513.67	0.00	0.00	372329.00	0.00	12248544.32	0.00	0.00	26744350.00
四、汇率变动对现金及现金等价物的影响	0.00	0.00	0.00	-14642.47	-8496673.36	7626.49	-335339.04	-8720438.48	-380767.00	-3394155.80	-108167.59	0.00	0.00	-691.38
五、现金及现金等价物净增加额	23663682.96	241246562.30	40551952.66	80691487.13	103475355.60	-44272207.23	-53406232.64	111162020.30	-61312886.00	-54077293.87	-178018063.90	-9513079.16	-65833919.06	6244603.85
加：期初现金及现金等价物余额	60379838.78	754121484.00	701938582.60	305645002.00	287161840.20	432468577.90	298205958.80	986916364.80	2168224597.00	487834460.70	663436913.00	452747113.8	713693510.00	4274818.22
六、期末现金及现金等价物余额	84043521.74	995368046.20	742490535.20	386336489.20	390637195.70	388196370.60	244799726.10	1098078385.00	2106911711.00	433757166.90	485418849.10	443234034.60	647859590.90	10519422.07

表 A3-2　2007 年样本企业集团合并现金流量表

项目 \ 代码	F000607	F000666	F000680	F000727	F000806	F000811	F000816	F000837	F000868	F000883	F000913	F000920	F000921	F000922
一、经营活动产生的现金流量净额	112877433.80	122924903.10	238506171.00	192356642.40	181515397.60	-12504345.62	161013965.60	145861123.40	-7882436.28	791241.29	8599487.42	285744920.30	-4395648.75	76986755.23
销售商品、提供劳务收到的现金	2640323461.00	6770448886.00	4179379614.00	789222385.90	2145888568.00	1187067172.00	1959057411.00	701529961.80	1205265838.00	3520486724.00	4114278488.00	1497346890.00	4522597002.00	135610996.80
收到的税费返还	9038805.63	2027649.99	91310353.99	3861357.70	4576295.64	16820446.83	87163378.68	13883211.82	930000.00	17520282.86	0.00	6365972.00	214104492.80	2410748.43
收到的其他与经营活动有关的现金	559352000.10	34212136.40	18478814.95	54746090.61	71841296.25	8270088.99	25598128.42	20818630.17	1092181.93	57943326.50	6068305.92	29011183.72	31414712.83	98469516.70
购买商品、接受劳务支付的现金	2129598580.00	5481547918.00	3182939752.00	443901744.40	1643719673.00	966837964.40	1714270768.00	393055959.60	1034485851.00	3162927491.00	3430294983.00	953620777.10	2992877752.00	88784518.71
支付给职工以及为职工支付的现金	161202882.00	584138184.10	254569205.30	104793320.20	108709241.80	112542418.70	111771968.60	86722067.70	58256963.91	225799952.80	269760863.80	152804643.10	562760732.10	21658040.66
支付的各项税费	88805996.50	333724938.00	304818613.80	49912689.72	111639594.70	37788457.89	30277169.44	63695673.20	34534977.59	93541057.25	327744313.60	34030446.04	180528099.70	7449587.48
支付其他与经营活动有关的现金	716229374.60	284352729.10	308335040.50	56865437.54	176722252.60	107493213.00	54485046.20	46896979.89	87892663.13	112890591.40	83947146.62	106523259.50	1036345273.00	41612359.83
二、投资活动产生的现金流量净额	-68687019.23	4826297.95	-125990427.40	40387404.75	246466332.00	2143068.50	-173064137.40	-61173890.19	29177165.13	-251725195.30	-121359526.60	-34508509.24	130451798.40	-344268.28
收回投资收到的现金	100320000.00	316444488.80	1779522.21	79560000.00	95677040.16	33688163.51	20129600.00	4250000.00	4141632.93	163791.00	0.00	0.00	0.00	0.00
取得投资收益收到的现金	2703078.23	19988101.32	57602239.69	14661603.64	46274325.93	8610866.37	66539027.75	0.00	5800000.00	167226.22	0.00	225000.00	0.00	0.00
处置固定资产、无形资产和其他长期资产收回的现金净额	2117152.32	4098456.35	3685870.02	3303490.00	128499491.00	3557196.24	2817876.18	336672.71	34000000.00	251410.56	8696171.76	17506626.61	429318371.20	0.00
处置子公司及其他营业单位收到的现金净额	-2031985.93	0.00	0.00	0.00	30000.00	0.00	0.00	0.00	0.00	0.00	0.00	968184.32	0.00	0.00
收到的其他与投资活动有关的现金	12432360.00	0.00	1000075.15	0.00	0.00	0.00	0.00	0.00	4432789.11	54146489.28	290047.50	5200000.00	4011408.82	0.00
购建固定资产、无形资产和其他长期资产支付的现金	163187623.90	201041725.20	186602091.90	41359619.64	15941702.62	41713157.62	138978658.60	63421941.78	17656036.91	167964253.90	128331305.80	51470869.63	301657981.60	94353.28

续表

项目 \ 代码	F000607	F000666	F000680	F000727	F000806	F000811	F000816	F000837	F000868	F000883	F000913	F000920	F000921	F000922
投资支付的现金	21040000.00	63461122.98	3456042.61	15737400.00	7100000.00	2000000.00	66190215.34	1910000.00	1541220.00	3686403.25	0.00	0.00	1220000.00	249915.00
取得子公司及其他营业单位支付的现金净额	0.00	71201900.34	0.00	0.00	0.00	0.00	57381767.40	0.00	0.00	120098013.70	0.00	5800000.00	0.00	0.00
支付其他与投资活动有关的现金	0.00	0.00	0.00	40669.25	972822.49	0.00	0.00	428621.12	0.00	14705441.48	2014440.00	1137450.54	0.00	0.00
三、筹资活动产生的现金流量净额	-235613619.80	-385215392.40	23488402.91	-221778162.30	-370767387.00	-36901193.92	-26573955.53	-7333438.53	-39980231.18	239747851.40	139128671.30	-139453179.90	-191907385.30	-8347685.10
吸收投资收到的现金	1275000.00	0.00	0.00	0.00	0.00	18234923.15	0.00	0.00	0.00	99479954.72	0.00	8294000.00	0.00	0.00
吸收权益性投资收到的现金	1275000.00	0.00	0.00	0.00	0.00	18234923.15	0.00	0.00	0.00	99479954.72	0.00	8294000.00	0.00	0.00
取得借款收到的现金	1320279061.00	220940620.30	749975680.00	413014870.00	452709956.00	599141370.00	785743300.10	284000000.00	156820964.20	804505911.40	796713806.60	90000000.00	1780779623.00	40435000.00
收到其他与筹资活动有关的现金	307636278.50	0.00	0.00	12800000.00	0.00	0.00	564498.24	0.00	0.00	51733869.85	0.00	0.00	320124523.60	0.00
偿还债务支付的现金	1190557241.00	504548931.40	668739691.60	550358812.90	764886618.70	611128150.00	758573684.60	269700000.00	187616921.70	600377824.00	619719301.30	219200000.00	2020809901.00	40010007.52
分配股利、利润或偿付利息支付的现金	81624456.13	90640475.96	57747585.49	60714129.87	58590724.34	43149337.07	48364032.90	21633438.53	7923417.58	60833226.96	37655500.21	18547179.93	75119918.47	8772677.58
支付其他与筹资活动有关的现金	592622262.10	10966605.43	0.00	36520089.53	0.00	0.00	5944036.37	0.00	1260856.09	54760833.53	210333.82	0.00	196881712.80	0.00
四、汇率变动对现金及现金等价物的影响	-211026.81	-776492.31	-486168.04	-2439705.14	0.00	-2605849.56	-35479.42	172041.28	0.00	-2492597.77	50731.69	-201033.60	0.00	0.00
五、现金及现金等价物净增加额	-191634232.00	-258240683.70	135517978.50	8526179.69	57214342.55	-49868320.60	-38659606.72	77525835.96	-18685502.33	-13678700.30	26419363.88	111582197.50	-65851235.62	68294801.85
加：期初现金及现金等价物余额	428223563.80	895709011.80	325115036.80	95259144.57	88868568.08	94101121.97	248012911.80	263636677.60	373880866.60	353933785.00	103484544.00	79779737.39	142246506.10	9142739.83
六、期末现金及现金等价物余额	236589331.80	637468328.00	460633015.20	103785324.30	146082910.60	44232801.37	209353305.10	341162513.60	355195364.30	340255084.70	129903907.90	191361934.90	76395270.52	77437541.68

表 A3–3　2007 年样本企业集团合并现金流量表

项目＼代码	F000923	F000957	F000980	F002006	F002048	F002085	F600006	F600055	F600081	F600089	F600148	F600169	F600237	F600243
一、经营活动产生的现金流量净额	8571414.44	49694140.82	8504341.30	16233279.00	154544091.70	139683336.40	378653985.9	−41303333.84	6023445.53	688761057.40	19552089.20	156208431.10	26052746.91	45325657.46
销售商品、提供劳务收到的现金	380097079.00	1444615548.00	473140647.60	530519000.10	2250830214.00	1923612116.00	15377089268	515268388.20	1159308060.00	10389803990.00	419465706.90	5472058422.00	501501686.30	829722119.20
收到的税费返还	429755.45	45089264.80	0.00	9432672.24	763655.02	175429973.90	64255097.52	1644641.98	2726513.08	56458504.95	304700.97	5612935.62	765838.65	6670493.44
收到的其他与经营活动有关的现金	1668623.27	8785361.29	69528901.51	70647933.28	54464759.35	49577753.67	147031529.20	7965488.37	11377983.66	65692808.72	956977.53	209200702.20	1033087.12	38268878.44
购买商品、接受劳务支付的现金	264765458.80	1272945571.00	383008488.40	486243018.80	1679548119.00	1784604259.00	13239590497.00	373284808.40	829289320.30	8492843290.00	313296423.80	4548066526.00	337310813.80	528096642.50
支付给职工以及为职工支付的现金	55282026.26	67747889.01	31408983.07	35696775.81	172545242.60	71111089.84	467242153.10	75124601.20	155088623.50	324828415.60	47248355.67	395718489.80	64138607.70	94242793.75
支付的各项税费	19786002.23	27455731.24	33375988.38	11647386.58	125379393.20	12242747.72	639892339.90	40413595.80	60919136.48	342082631.50	20691402.08	214831768.00	42803956.21	57970379.51
支付其他与经营活动有关的现金	33790555.97	80646841.85	86371747.99	60779145.35	174041781.40	140978409.90	862996919.60	77358846.98	122092030.90	663439909.10	19939114.72	372046844.80	32994487.40	149026017.90
二、投资活动产生的现金流量净额	16736488.00	−26829600.47	−282675832.70	−76109967.15	−347203937.80	−234725828.50	−163186266.80	−6681074.85	42187554.84	−334780881.20	−2257971.72	−273313103.20	−71164441.31	−41522491.91
收回投资收到的现金	14275428.00	30289780.00	0.00	0.00	37970134.96	0.00	829546264.70	0.00	39309057.92	95899137.88	0.00	0.00	0.00	147984650.00
取得投资收益收到的现金	3486000.00	4427424.55	0.00	0.00	28754767.60	3196203.00	122190080.30	1300000.00	36254605.67	6807912.38	0.00	0.00	0.00	4757450.62
处置固定资产、无形资产和其他长期资产收回的现金净额	72200.00	429365.20	2015653.34	964000.00	27675502.45	494663.00	1078760.32	37121.57	3208559.20	60505608.97	198497.32	1286669.57	40000.00	32876.00
处置子公司及其他营业单位收到的现金净额	0.00	0.00	16014016.75	0.00	0.00	0.00	0.00	0.00	0.00	0.00	1372999.84	0.00	0.00	0.00
收到的其他与投资活动有关的现金	0.00	0.00	5823924.64	0.00	0.00	0.00	54768656.80	0.00	184335.95	120000000.00	0.00	0.00	23751949.75	0.00
购建固定资产、无形资产和其他长期资产支付的现金	1097140.00	40083772.17	305229427.40	24433967.15	222122568.70	216475016.60	320484168.30	8018196.42	33066850.53	456501447.20	3829468.88	268486572.70	65896391.06	35626718.53

续表

项目 \ 代码	F000923	F000957	F000980	F002006	F002048	F002085	F600006	F600055	F600081	F600089	F600148	F600169	F600237	F600243
投资支付的现金	0.00	21892398.05	1300000.00	52640000.00	219000000.00	20019690.00	849606127.80	0.00	3702153.37	161492093.20	0.00	6113200.00	29000000.00	158670750.00
取得子公司及其他营业单位支付的现金净额	0.00	0.00	0.00	0.00	0.00	0.00	0.00	0.00	0.00	0.00	0.00	0.00	0.00	0.00
支付其他与投资活动有关的现金	0.00	0.00	0.00	0.00	481774.18	1921987.96	679732.85	0.00	0.00	0.00	0.00	0.00	60000.00	0.00
三、筹资活动产生的现金流量净额	-7530477.26	-20366842.35	618960272.80	51796989.34	255714501.00	6899405.74	-697484987.80	41491497.90	-60263117.30	519833538.90	-2599618.57	-56325065.07	45070361.56	37232753.02
吸收投资收到的现金	0.00	0.00	598316000.00	0.00	20135585.00	10363807.31	6000000.00	410000.00	0.00	237484400.00	0.00	0.00	4849440.00	0.00
吸收权益性投资收到的现金	0.00	0.00	598316000.00	0.00	20135585.00	10363807.31	6000000.00	410000.00	0.00	237484400.00	0.00	0.00	4849440.00	0.00
取得借款收到的现金	212300000.00	175000000.00	288200000.00	606000000.00	741343861.60	324000000.00	834673577.80	212800000.00	908000000.00	1964376845.00	60000000.00	326952819.80	372000000.00	202680000.00
收到其他与筹资活动有关的现金	0.00	0.00	0.00	126060262.00	10174515.35	0.00	0.00	0.00	0.00	845957501.20	0.00	0.00	0.00	0.00
偿还债务支付的现金	204951000.00	182500000.00	250450000.00	573800000.00	444798308.70	303830000.00	976626257.20	160700000.00	939900000.00	2318270445.00	56000000.00	342652819.80	292000000.00	150687473.40
分配股利、利润或偿付利息支付的现金	14554930.22	12866842.35	16643727.25	26463272.66	71129292.99	23634401.57	279665054.40	11018502.10	26076864.92	208014762.30	6599618.57	40625065.07	32675583.44	14759773.59
支付其他与筹资活动有关的现金	324547.04	0.00	462000.00	80000000.00	11859.23	0.00	281867253.90	0.00	2286252.38	1700000.00	0.00	0.00	7103495.00	0.00
四、汇率变动对现金及现金等价物的影响	0.00	-241829.69	51255.31	-115569.69	100722.34	-468947.04	-1331507.64	-2483392.87	0.00	0.00	0.00	-2022973.00	0.00	-7878.50
五、现金及现金等价物净增加额	17777425.18	2255868.31	344840036.70	-8195268.50	63155377.29	-88612033.46	-483348776.30	-8976303.66	-12052116.93	873813715.10	14694498.91	-175452710.20	-41332.84	41028040.07
加：期初现金及现金等价物余额	2056033.70	75710086.97	136420409.20	107518374.10	406464420.50	290272931.80	3970583916.00	150842327.50	53401230.40	1159428546.00	20833971.05	487540282.90	102908377.20	105392432.60
六、期末现金及现金等价物余额	19833458.88	77965955.28	481260445.80	99323105.61	469619797.80	201660898.30	3487235139.00	141866023.90	41349113.47	2033242262.00	35528469.96	312087572.70	102867044.40	146420472.60

表 A3-4 2007 年样本企业集团合并现金流量表

项目 \ 代码	F600262	F600303	F600312	F600316	F600320	F600366	F600382	F600397	F600416	F600418	F600469	F600475	F600481	F600523
一、经营活动产生的现金流量净额	-15765877.27	92424150.49	-285212538.20	265380876.10	548210329.00	107352072.90	98019066.49	129845770.50	-186073732.00	771404627.00	-50652877.06	-31981602.76	-210273926.80	46582063.65
销售商品、提供劳务收到的现金	1176437732.00	3764320496.00	1178075710.00	1611981549.00	2030297241.00	5186491969.00	617765760.80	1247112948.00	2775029519.00	5954969164.00	3919488156.00	2817843047.00	2338298334.00	946921597.30
收到的税费返还	20807141.56	33106722.78	93842.58.00	0.00	1154439122.00	286056811.80	0.00	34721308.64	0.00	152108350.90	0.00	0.00	3226582.18	627147.21
收到的其他与经营活动有关的现金	52680431.31	25377860.86	41654655.30	18256358.96	70190675.00	13528064.09	54218184.75	11205360.42	11620532.00	30476517.00	43268684.77	20494713.46	1985080.22	39217298.33
购买商品、接受劳务支付的现金	1071093080.00	2985832489.00	1221564396.00	1152844660.00	1936507751.00	5061709269.00	430626399.40	755293970.70	2324036007.00	3545570506.00	3499652777.00	2380759820.00	2241027588.00	675932486.40
支付给职工以及为职工支付的现金	60291175.11	202273708.90	130394195.00	161183950.30	711448721.00	133329154.70	40723018.01	178253254.90	275320183.00	509818484.80	173512136.4	138760197.00	70684469.66	133130107.50
支付的各项税费	78717388.47	211521173.00	75895674.02	15867913.50	284397891.00	51628886.92	74764991.41	105231201.30	118884004.00	808387410.10	214837527.70	160963240.70	77194440.06	56501846.29
支付其他与经营活动有关的现金	55589539.15	330753557.80	77182480.27	34960507.70	618467756.00	132057461.60	27850470.29	124415419.90	254483589.00	502373003.20	125407276.10	189836105.40	164877426.10	74619539.04
二、投资活动产生的现金流量净额	-29044917.70	-131469865.20	-90988695.78	-36588273.57	-392812982.500	-51805638.50	26226143.65	-58490508.64	-199160406.00	-754669147.20	-55839917.60	63107687.87	-101240350.90	-22266039.34
收回投资收到的现金	3722988.26	641461.00	0.00	59154590.15	0.00	1718657.61	11050000.00	0.00	616000.00	1656205.00	0.00	465776841.00	0.00	7946921.10
取得投资收益收到的现金	1277516.02	10723005.61	30000000.00	15389800.34	3271069.00	6449040.00	0.00	0.00	0.00	0.00	0.00	62554528.70	0.00	2967315.86
处置固定资产、无形资产和其他长期资产收回的现金净额	135487.42	1130680.00	0.00	76070.00	102444307.00	4022245.51	274808.25	96000.00	113428522.00	1599880.10	2060732.68	23041730.15	1480300.00	261417.51
处置子公司及其他营业单位收到的现金净额	0.00	0.00	0.00	0.00	0.00	17761292.27	18633077.89	0.00	86630746.00	0.00	0.00	0.00	0.00	300000.00
收到的其他与投资活动有关的现金	0.00	0.00	0.00	0.00	74654542.00	0.00	0.00	2187143.91	11518017.00	9738156.31	0.00	0.00	0.00	0.00
购建固定资产、无形资产和其他长期资产支付的现金	14180909.40	143815011.80	98031195.78	44378640.73	4070050187.00	81756873.89	3731742.49	60773652.55	306353691.00	762776188.60	57900650.28	181472823.00	102720650.90	33741693.81

续表

项目＼代码	F600262	F600303	F600312	F600316	F600320	F600366	F600382	F600397	F600416	F600418	F600469	F600475	F600481	F600523
投资支付的现金	20000000.00	150000.00	22957500.00	66830093.33	38449556.00	0.00	0.00	0.00	105000000.00	4887200.00	0.00	306792589.00	0.00	0.00
取得子公司及其他营业单位支付的现金净额	0.00	0.00	0.00	0.00	0.00	0.00	0.00	0.00	0.00	0.00	0.00	0.00	0.00	0.00
支付其他与投资活动有关的现金	0.00	0.00	0.00	0.00	0.00	0.00	0.00	0.00	0.00	0.00	0.00	0.00	0.00	0.00
三、筹资活动产生的现金流量净额	87696881.61	105243612.90	274868958.10	-271060099.00	3740153793.00	249002399.00	-90296636.74	-81256925.13	191319138.00	280321529.40	111026225.80	-9876537.66	336217579.00	-14963437.75
吸收投资收到的现金	0.00	0.00	0.00	2000000.00	3534059945.00	190800000.00	0.00	0.00	0.00	803845960.00	0.00	4198612.24	0.00	0.00
吸收权益性投资收到的现金	0.00	0.00	0.00	2000000.00	3534059945.00	190800000.00	0.00	0.00	0.00	803845960.00	0.00	4198612.24	0.00	0.00
取得借款收到的现金	1288929295.00	529000000.00	913750000.00	181400000.00	12569014672.00	539020556.50	221340000.00	692703142.80	986532000.00	207000000.00	1254152513.00	229000000.00	784169788.60	252165880.00
收到其他与筹资活动有关的现金	0.00	0.00	10223286.68	0.00	0.00	0.00	0.00	0.00	0.00	0.00	0.00	22718682.99	0.00	3430000.00
偿还债务支付的现金	1080320055.00	385700000.00	615706875.00	425100000.00	11524666827.00	395745742.50	263400000.00	675166896.00	696270000.00	544000000.00	1016971262.00	120000000.00	340682593.20	253067999.60
分配股利、利润或偿付利息支付的现金	88614402.26	38056387.10	33057915.11	26772024.99	838253997.00	69072414.99	48094823.74	67383100.64	98942862.00	185681074.50	122855025.80	121115457.90	107269616.40	17442825.07
支付其他与筹资活动有关的现金	32297956.13	0.00	339538.49	2588074.00	0.00	16000000.00	141813.00	31410071.29	0.00	843356.12	3300000.00	24678375.00	0.00	48493.07
四、汇率变动对现金及现金等价物的影响	1585893.92	-1259765.01	0.00	-249095.84	0.00	0.00	0.00	601086.08	0.00	-1180429.08	8478901.65	0.00	2254055.03	-5373.57
五、现金及现金等价物净增加额	44471980.56	64938133.21	-101332275.90	-42516592.29	360234297.00	304548833.40	33948573.40	-9300577.16	-193915000.00	295876580.20	13012332.80	21249547.45	26957356.30	9347212.99
加：期初现金及现金等价物余额	155360740.10	656408982.60	393865118.30	731474789.00	726693946.00	119477189.10	53318124.10	108336625.20	417657089.00	428973829.40	208504338.70	1198209187.00	225946390.40	76947320.93
六、期末现金及现金等价物余额	199832720.60	721347115.90	292532842.40	688958196.70	1086928243.00	424026022.40	87266697.50	99036048.08	223742089.00	724850409.50	221516671.50	1219458734.00	252903746.70	86294533.92

表 A3-5 2007 年样本企业集团合并现金流量表

项目 \ 代码	F600526	F600550	F600592	F600685	F600710	F600760	F600761	F600815	F600841	F600843	F600877	F600879	F600967	F600991
一、经营活动产生的现金流量净额	-18527676.40	198203288.40	49707227.90	1818659141.00	41888633.35	5428661.41	332301727.00	215403039.50	258997897.90	30669664.85	38873931.32	95339596.21	-49355846.16	364133774.50
销售商品、提供劳务收到的现金	1738866577.00	3596920306.00	599504945.50	7517352719.00	889901084.20	484585123.40	3034581416.00	3581176147.00	3255823106.00	2705038087.00	3164295885.00	1691940155.00	1177727651.00	4183065133.00
收到的税费返还	1694533.68	6432010.89	108827.90	195766319.30	31910499.38	1238298.78	98587663.65	16938271.57	7476621.93	64013195.30	45773327.80	2414371.50	10000568.57	53933197.29
收到的其他与经营活动有关的现金	11241764.14	58068455.13	12887206.00	233362764.70	5330524.71	8324095.96	7085168.29	43952043.22	5192182.41	72694165.59	420830807.70	87113295.46	71812868.15	77028600.89
购买商品、接受劳务支付的现金	1543720476.00	2937284913.00	343013347.80	5349725300.00	693167730.60	387277608.80	2158333966.00	2836056540.00	2198695108.00	1904638480.00	2700942436.00	1015942146.00	1064174319.00	2601801385.00
支付给职工以及为职工支付的现金	61410961.73	144415659.20	98822334.20	437396682.60	78952590.83	34899182.70	264722994.50	226331123.80	392156945.50	694008362.90	134288835.90	468288992.40	69686084.27	183661289.60
支付的各项税费	65360269.93	127735778.80	73504833.02	139342297.30	26954599.97	16066799.76	245785407.90	194191571.10	165696726.60	29880231.11	110570857.50	62623337.08	37385403.70	898160717.50
支付其他与经营活动有关的现金	99838844.02	253781132.40	47453236.47	201358382.10	86178553.51	50475265.49	139110152.60	170084187.30	252945233.00	182548709.10	646223959.60	139273750.50	137651127.20	266269764.90
二、投资活动产生的现金流量净额	-24624553.48	-633685654.90	-75480591.27	240334805.90	-3703614.02	-13671828.45	-319118072.30	-167862402.20	194494231.30	17773364.53	-66962778.33	-407852247.60	-163960664.70	-480833425.00
收回投资收到的现金	5496088.10	4750000.00	8969724.89	570609077.10	0.00	0.00	0.00	45745207.96	31403200.25	48638046.40	41498939.85	13912039.92	0.00	3000000.00
取得投资收益收到的现金	390.99	5442905.20	363427.02	36845755.45	66192960.00	0.00	91795.94	4123954.19	1982034.74	28724807.29	2101908.00	0.00	0.00	20250.00
处置固定资产、无形资产和其他长期资产收回的现金净额	236200.00	692432.68	672563.00	622969.20	11556935.00	76203797.74	759553.60	4267849.00	10986580.70	96355413.85	556219.32	643974.00	40000.00	495071.95
处置子公司及其他营业单位收到的现金净额	0.00	-10649356.33	0.00	0.00	0.00	0.00	1173412.49	0.00	296769882.70	8748979.31	0.00	0.00	0.00	1000000.00
收到的其他与投资活动有关的现金	3407263.10	4456143.99	0.00	87158069.58	0.00	0.00	4414157.61	18230550.38	0.00	0.00	8376311.09	0.00	0.00	184031.37
购建固定资产、无形资产和其他长期资产支付的现金	33764495.67	294881433.00	73291331.18	77107497.60	21339435.02	85067126.19	322918969.60	148701342.10	84520607.40	80868282.39	119054569.00	182389073.30	116566900.60	479315951.50

续表

项目＼代码	F600526	F600550	F600592	F600685	F600710	F600760	F600761	F600815	F600841	F600843	F600877	F600879	F600967	F600991
投资支付的现金	0.00	339075000.00	12194975.00	263017375.00	59753600.00	0.00	0.00	91528621.62	48960000.00	73033786.13	226200.00	0.00	0.00	3000000.00
取得子公司及其他营业单位支付的现金净额	0.00	0.00	0.00	0.00	0.00	0.00	2638022.36	0.00	0.00	0.00	0.00	240019188.20	47433764.11	0.00
支付其他与投资活动有关的现金	0.00	4421347.50	0.00	114776192.80	360474.00	4808500.00	0.00	0.00	13166859.73	10791813.80	215387.58	0.00	0.00	3216826.84
三、筹资活动产生的现金流量净额	-31739869.82	1202405704.00	-37236767.84	352259684.50	79725777.77	-15015730.00	-8200744.06	791144191.00	17946213.21	-149123082.60	-102999960.40	745360973.70	189848989.10	496771326.60
吸收投资收到的现金	480000.00	5065762.96	0.00	0.00	264000012.00	0.00	1983779.32	432911504.60	0.00	0.00	41650.20	1084820000.00	7000000.00	2650000.00
吸收权益性投资收到的现金	480000.00	5065762.96	0.00	0.00	264000012.00	0.00	1983779.32	432911504.60	0.00	0.00	41650.20	1084820000.00	7000000.00	2650000.00
取得借款收到的现金	695450417.40	2939094010.00	75760000.00	1518087498.00	242800000.00	0.00	102647502.10	1044300000.00	37000000.00	488186749.50	889730000.00	828000000.00	380674781.60	2097362584.00
收到其他与筹资活动有关的现金	0.00	0.00	700000.00	751248.99	0.00	0.00	7385100.00	580563.47	0.00	0.00	563626493.30	1629403.19	0.00	68850570.72
偿还债务支付的现金	692333722.40	1612831345.00	64140000.00	1071630733.00	394847992.70	8000000.00	22647502.12	668850000.00	15000000.00	588603034.50	668030000.00	1085500000.00	185934369.70	1579673971.00
分配股利、利润或偿付利息支付的现金	35336564.79	123411648.80	49432192.04	71344185.55	22206317.97	6945730.00	97565623.38	14689496.80	4053786.79	48706797.60	91634132.26	70976647.84	11891422.82	91006078.56
支付其他与筹资活动有关的现金	0.00	5511074.25	124575.80	23604143.25	10019923.54	70000.00	4000.00	3108380.32	0.00	0.00	796733971.70	12611781.66	0.00	1411778.61
四、汇率变动对现金及现金等价物的影响	0.00	-1343045.34	-751036.10	-9628710.32	-2559.09	0.00	-4363871.52	0.00	-52748.15	10888394.81	-3663216.40	0.00	0.00	-979899.43
五、现金及现金等价物净增加额	-74892099.70	765580292.60	-63761167.31	2401624921	117908238	-23258897.04	619039.06	838684828.20	471385594.30	-89791658.41	-134752023.90	432848322.30	-23467521.80	379091776.70
加：期初现金及现金等价物余额	365180515.40	598294017.10	238200697.30	4338007058.00	86437223.46	52663153.97	557941041.90	125496371.60	310936273.20	528084498.90	686811136.60	283094570.60	211037512.70	577702096.40
六、期末现金及现金等价物余额	290288415.70	1363874310.00	174439530.00	6739631979.00	204345461.50	29404256.93	558560080.90	964181199.80	782321867.40	438292840.50	552059112.70	715942892.90	187569990.90	956793873.00

B 相关数据计算结果

表 B1 企业集团财务协同控制价值效应评价的相关指标计算结果

样本代码	营运资本需求	投入资本	经济增加值	自由现金流量	现金盈利增加值
F000026	557492991	709307614	37221140	−331216819	−69309563
F000400	1784143451	3525114908	125799477	248632173	265593715
F000410	1372752104	3219821705	−34218271	−499204116	−221421782
F000425	669652015	1679317673	−50350716	681307003	515118248
F000521	−128336498	540610402	12625874	110163940	189461239
F000528	1207176024	2185762683	465710288	−306840717	184812112
F000530	64499190	699472636	119764535	−66493954	16211827
F000541	237646345	2112136473	320336742	−224049680	210348603
F000550	−1102710926	2551459976	609926378	444213307	532841945
F000551	102682054	907214336	103370575	−229502310	36465331
F000559	598059975	3273716170	387131508	−62812255	227422261
F000570	−39503037	792041741	119737900	78470408	244299431
F000581	542608977	2447111178	235894044	177739882	119794390
F000595	354419504	523370642	32967278	39314399	27189973
F000607	391865234	1510582178	−262283602	141801699	36073208
F000666	428142394	2255828751	81462123	−837785665	56370985
F000680	667076984	1870242667	427240947	−131756162	242046695
F000727	−15767203	465756168	−386465164	163815418	149607606
F000806	574184907	1690760517	28959194	370300718	297698490
F000811	150418202	571752104	22950395	−54179757	−43485620
F000816	443184513	1220682867	46333761	−93753433	182006837
F000837	210732825	822078380	37287918	157809578	124564358
F000868	174865814	814217962	−20759257	46170929	23994146
F000883	255923490	1222555601	22496283	−131470864	−59623349
F000913	41423284	953378125	83799893	−98006002	−20359841
F000920	137764399	827144054	−3813036	366297924	284929367
F000921	−827546460	553477349	239228098	−424970826	349802804
F000922	−10542162	239538918	−745497	107369818	68214078
F000923	253708978	434052087	−1233016	−3403521	−2425316
F000957	323572022	818857603	−8861765	−58801602	41684088
F000980	509256467	1189248178	−16990923	−646422933	−6123733
F002006	198880913	671948093	−20855625	−10026958	−9265994
F002048	200850702	1273481089	202566886	−93436276	139845069

续表

样本代码	营运资本需求	投入资本	经济增加值	自由现金流量	现金盈利增加值
F002085	324899011	1198422531	31255132	–46545477	119739801
F600006	–163619387	5715536250	338280997	–418666739	222257772
F600055	255175887	576169371	5736637	–121038139	–50984714
F600081	182243298	627729367	3482185	–22368048	19409745
F600089	832989770	5029225385	552132187	299512739	548059816
F600148	173765218	318191252	–611742	5261540	13150968
F600169	702492273	1912789956	215242096	–322257083	116870036
F600237	188070268	1172200309	–94941474	–7987587	–6582837
F600243	181341256	582538773	14090713	43162456	35356210
F600262	1182359558	1836455543	–38726432	–270941620	–102967276
F600303	253619274	1945136082	25071637	–296953422	66221449
F600312	923049628	1620613327	106848329	–539499889	–288270453
F600316	657346917	1966836497	14717432	408138484	254074721
F600320	6189834306	13430676294	1651624247	–6555458701	–184328292
F600366	320345170	1406160826	109828796	18788637	48750943
F600382	186203112	423729051	89916062	121680653	50199051
F600397	34662873	1363704768	–31840906	46965409	62558670
F600416	566462475	1500014670	28956872	–525579785	–171588072
F600418	–956003091	3087711367	171072465	655183674	587323433
F600469	357835909	2273860434	76855962	–211397094	–171447170
F600475	–976229797	1428683227	138238321	–330909917	–67500802
F600481	75784321	1462879035	173336376	–342369799	–316063243
F600523	251935163	646177413	29075913	–7924226	32367972
F600526	550994538	1015233214	–16807750	–131252605	–53627650
F600550	1222631854	3365172002	371267365	–337461334	80926977
F600592	177176783	580279067	70634114	–60390611	1311026
F600685	508892504	8300827083	414912139	2342600328	1784783681
F600710	293665727	890153634	64375018	–22555845	97432210
F600760	–101822554	110521169	15218681	41888510	74686729
F600761	617821479	1949139350	286483547	–106392754	235587453
F600815	1233189017	2772139372	95123696	–373672532	209105346
F600841	–173619479	1449955813	–56628198	642605448	267912727
F600843	433867250	1236313180	–3819864	–31669109	107043088
F600877	41045618	1313298004	26056233	–113290746	–50102074
F600879	1335214650	2619062962	156046060	–307363755	25006922
F600967	156758893	849412365	–18499084	–16459591	–61207269
F600991	–527646091	3151162981	108475528	54812331	273643018

表 B2 样本企业集团财务协同控制价值效应评价基础指标计算结果

序号	企业集团名称	v_1	v_2	v_3	v_4	v_5	v_6	v_7	v_8	v_9	v_{10}	v_{11}	v_{12}
1	深圳市飞亚达（集团）股份有限公司	1.6110	2.9294	0.8487	0.0525	1.5893	1.1572	−0.4670	3.2900	1.4321	1.7171	1.4983	−0.0977
2	许继集团有限公司	1.2004	0.5513	0.3552	0.0357	0.0589	0.7963	0.0705	0.9827	1.4047	1.1760	1.0870	0.0753
3	沈阳机床（集团）有限责任公司	1.0772	0.1088	0.7103	−0.0106	1.1459	1.3007	−0.1550	0.7678	1.3089	0.9808	1.1113	−0.0688
4	徐工集团工程机械有限公司	1.2143	0.9736	1.0465	−0.0300	1.3350	0.9914	0.4057	0.8231	1.0422	1.1695	1.1349	0.3067
5	合肥美菱集团控股有限公司	1.2397	7.5118	0.6841	0.0234	1.0422	0.9920	0.2038	0.7207	1.7991	1.0883	0.9663	0.3505
6	广西柳工集团有限公司	1.5698	3.3856	1.0604	0.2131	1.0027	0.9818	−0.1404	1.2678	1.4841	1.6776	1.8119	0.0846
7	大连冰山集团有限公司	1.0262	1.0590	0.8644	0.1712	0.9119	1.0017	−0.0951	0.9261	1.1713	1.0147	1.0526	0.0232
8	佛山电器照明股份有限公司	1.0850	0.6183	1.1232	0.1517	1.1240	1.0100	−0.1061	0.9778	1.2897	0.9592	1.2110	0.0996
9	江铃汽车集团公司	1.1063	1.3340	2.9654	0.2391	0.8196	0.8492	0.1741	0.7093	1.2233	1.0695	1.1047	0.2088
10	苏州创元（集团）有限公司	1.1155	1.5951	0.5893	0.1139	1.0516	0.9933	−0.2530	1.1343	1.2180	1.0793	1.0521	0.0402
11	万向集团公司	1.2387	2.2733	0.8246	0.1183	1.1541	1.0600	−0.0192	2.0609	1.2120	1.2118	1.2719	0.0695
12	常柴集团有限公司	1.0993	1.7017	0.0550	0.1512	1.2677	1.1033	0.0991	1.3036	1.4680	1.0953	1.1172	0.3084
13	无锡威孚集团有限公司	1.2205	0.6955	1.3483	0.0964	2.2677	1.4295	0.0726	0.4888	1.0905	1.1869	1.3189	0.0490
14	西北轴承集团有限责任公司	1.1877	0.4048	0.5918	0.0630	1.9960	0.8290	0.0751	0.1759	1.0130	1.1522	1.1852	0.0520
15	华立产业集团有限公司	0.9953	0.4387	0.9629	−0.1736	1.1048	1.0624	0.0939	1.1586	0.8830	0.8279	0.7765	0.0239
16	中国纺织机械（集团）有限公司	1.0584	0.6869	1.2295	0.0361	1.2693	1.5026	−0.3714	1.6080	1.1342	0.9518	0.9315	0.0250
17	山东工程机械集团有限公司	1.5689	0.8837	1.3524	0.2284	1.3329	1.1215	−0.0704	0.3911	1.4247	1.5529	1.5942	0.1294
18	南京华东电子集团有限公司	1.6817	0.9711	0.4162	−0.8298	1.3331	1.0725	0.3517	1.2544	1.9939	1.6614	1.3748	0.3212
19	广西银河集团有限公司	1.6451	0.1663	1.1021	0.0171	0.8719	1.2141	0.2190	0.5798	0.9857	1.6257	1.5380	0.1761
20	烟台冰轮集团有限公司	1.1033	0.4850	2.1853	0.0401	1.0461	1.0180	−0.0948	0.9219	1.1645	1.1016	1.2221	−0.0761

续表

序号	企业集团名称	v_1	v_2	v_3	v_4	v_5	v_6	v_7	v_8	v_9	v_{10}	v_{11}	v_{12}
21	江苏江动集团有限公司	1.1171	1.5919	1.5052	0.0380	1.0852	1.0352	–0.0768	2.0363	1.4100	1.0644	1.1222	0.1491
22	陕西秦川机床工具集团有限公司	1.3400	2.4681	2.0047	0.0454	3.4025	1.2949	0.1920	0.9512	1.3760	1.3365	1.2497	0.1515
23	安徽安凯汽车集团有限公司	1.2268	0.1337	1.0368	–0.0255	0.8987	1.0652	0.0567	0.4224	2.0244	1.2892	1.3548	0.0295
24	三环集团公司	1.7150	2.7383	0.9327	0.0184	1.2511	0.9494	–0.1075	1.9103	1.5908	1.8549	2.1148	–0.0488
25	钱江集团有限公司	1.1960	0.9887	1.0173	0.0879	1.1459	1.1454	–0.1028	1.4253	1.2429	1.1557	1.1756	–0.0214
26	中国南方机车车辆工业集团公司	1.2843	0.3690	1.2439	–0.0046	1.9607	1.3727	0.4428	0.8432	1.0423	1.3595	1.2152	0.3445
27	海信科龙电器股份有限公司	0.8945	1.0638	0.8402	0.4322	1.0841	0.7502	–0.7678	0.6246	1.0961	0.6171	0.6000	0.6320
28	哈尔滨电站设备集团公司	0.9778	0.1868	1.0657	–0.0031	2.2429	1.8420	0.4482	1.9788	1.0538	0.7750	0.6501	0.2848
29	宣化工程机械集团有限公司	1.0448	0.2155	1.1872	–0.0028	0.7954	0.8493	–0.0078	1.0107	0.6834	1.1569	1.4681	–0.0056
30	中通汽车工业集团有限责任公司	1.3513	7.5650	0.3134	–0.0108	1.3513	1.0687	–0.0718	1.1096	1.2430	1.3132	1.3347	0.0509
31	黄山金马集团有限公司	1.4137	0.3712	3.8073	–0.0143	0.6828	0.8595	–0.5436	1.2237	1.3835	1.2719	1.1834	–0.0051
32	精功集团有限公司	1.2692	0.3820	0.1664	–0.0310	0.9763	0.9194	–0.0149	1.0652	1.4104	1.1890	1.2392	–0.0138
33	华翔集团股份有限公司	1.5286	1.3146	0.4968	0.1591	0.9604	1.0552	–0.0734	1.6376	1.6337	1.2965	1.3146	0.1098
34	万丰奥特控股集团有限公司	1.2017	2.0545	1.5839	0.0261	0.7297	0.8419	–0.0388	0.4406	1.3442	1.2143	1.1658	0.0999
35	东风汽车股份有限公司	1.3435	1.1471	1.0626	0.0592	1.0554	1.0058	–0.0733	1.2605	1.2457	1.3590	1.5058	0.0389
36	北京医药集团有限责任公司	0.9576	1.0627	0.9015	0.0100	0.5219	0.7895	–0.2101	0.6494	1.1788	0.8868	1.0366	–0.0885
37	东风电子科技股份有限公司	1.1996	0.9361	0.9916	0.0055	1.5252	1.3099	–0.0356	1.2637	1.5400	1.1378	1.0356	0.0309
38	新疆特变（集团）有限公司	1.4161	1.6796	1.0503	0.1098	0.1785	1.1285	0.0596	0.9683	1.4422	1.3339	1.3309	0.1090
39	吉林东光集团有限公司	1.1403	0.3448	1.0069	–0.0019	1.1084	0.9673	0.0165	0.9685	1.2194	1.1700	1.2260	0.0413
40	太原重型机械（集团）制造有限公司	1.4046	0.1361	1.0003	0.1125	1.0995	1.1188	–0.1685	1.0186	1.4824	1.4351	1.5440	0.0611

续表

序号	企业集团名称	v_1	v_2	v_3	v_4	v_5	v_6	v_7	v_8	v_9	v_{10}	v_{11}	v_{12}
41	安徽铜峰电子集团有限公司	1.0381	0.1519	0.8333	–0.0810	1.0395	1.0229	–0.0068	0.8686	1.0113	0.9452	0.9841	–0.0056
42	广东华龙集团股份有限公司	1.2714	0.9517	1.1144	0.0242	0.6726	0.8518	0.0741	1.1527	1.2122	1.2886	1.2562	0.0607
43	内蒙古北方重工业集团有限公司	1.6383	0.4429	1.8730	–0.0211	1.5730	0.9714	–0.1475	1.4052	1.0617	1.5689	1.7454	–0.0561
44	辽宁曙光集团有限责任公司	1.2283	1.3945	0.9498	0.0129	0.8543	0.9195	–0.1527	0.6006	1.4902	1.2634	1.3666	0.0340
45	平高集团有限公司	0.6994	1.7188	1.0616	0.0659	0.7301	0.8773	–0.3329	0.3556	1.0950	0.5763	0.7211	–0.1779
46	洪都航空工业集团有限责任公司	1.9581	0.9689	1.0318	0.0075	2.1781	1.0066	0.2075	1.9721	1.3032	1.2724	1.2493	0.1292
47	上海振华港口机械（集团）股份有限责任公司	1.0932	1.5933	2.1065	0.1230	1.4024	1.0843	–0.4881	1.0183	1.6423	0.9510	0.9333	–0.0137
48	韵升控股集团有限公司	1.1187	1.0731	1.2962	0.0781	0.8439	1.0679	0.0134	1.0460	1.2661	1.1381	1.1529	0.0347
49	广东明珠集团股份有限公司	0.9580	0.7019	0.8559	0.2122	1.9182	1.5622	0.2872	1.0956	1.2317	0.8434	0.6083	0.1185
50	萍乡矿业集团有限责任公司	1.0206	1.0633	0.9451	–0.0233	1.3069	1.1694	0.0344	1.5827	2.1019	1.4784	0.9104	0.0459
51	湘电集团有限公司	1.2599	2.3272	1.0221	0.0193	0.5371	0.8358	–0.3504	1.3922	1.0755	1.3018	1.5447	–0.1144
52	安徽江淮汽车集团有限公司	1.2511	0.7062	0.7360	0.0554	1.1359	1.1814	0.2122	1.0327	1.3508	1.0996	1.2418	0.1902
53	河南轮胎集团有限责任公司	1.1502	0.4031	0.9286	0.0338	0.9488	0.9533	–0.0930	1.0651	1.1290	1.0928	1.1571	–0.0754
54	无锡国联环保能源集团有限公司	1.1267	0.8620	1.1007	0.0968	0.6268	0.7262	–0.2316	2.5377	1.0907	1.2173	1.1972	–0.0472
55	江苏双良集团有限公司	1.6670	0.8834	1.3626	0.1185	2.5849	1.4308	–0.2340	1.5148	1.2276	1.3340	1.5684	–0.2161
56	中国贵州航空工业（集团）有限责任公司	1.2102	0.4814	1.7780	0.0450	1.2081	1.0401	–0.0123	0.9916	1.3401	1.0813	0.9909	0.0501
57	菲达集团有限公司	1.1532	0.6028	0.3945	–0.0166	0.9582	0.9767	–0.1293	0.8031	1.2928	1.2851	1.2829	–0.0528
58	保定天威集团有限公司	1.0671	0.5556	1.2969	0.1103	0.4642	1.0978	–0.1003	1.3719	1.4401	1.1358	0.9376	0.0240
59	福建龙溪轴承（集团）股份有限公司	1.0929	1.1454	1.1201	0.1217	1.9032	1.1871	–0.1041	1.0333	1.1040	1.0270	1.1020	0.0023

续表

序号	企业集团名称	v_1	v_2	v_3	v_4	v_5	v_6	v_7	v_8	v_9	v_{10}	v_{11}	v_{12}
60	中国船舶工业集团公司	1.4670	2.2102	0.8960	0.0500	1.4686	1.0809	0.2822	7.5754	1.6506	1.2040	1.5477	0.2150
61	中国福马机械集团有限公司	0.8533	2.5176	1.2235	0.0723	1.0600	0.8923	–0.0253	1.0460	1.1697	0.5783	0.5157	0.1095
62	山东黑豹集团有限公司	1.0843	1.2912	0.7854	0.1377	0.2023	0.2108	0.3790	2.5012	0.9999	0.9493	0.8992	0.6758
63	安徽叉车集团有限责任公司	1.3313	0.8721	0.7837	0.1470	0.9791	0.9951	–0.0546	1.4715	1.3263	1.2979	1.2651	0.1209
64	厦门机电集团有限公司	1.4381	6.3879	0.7502	0.0343	0.7266	0.7645	–0.1348	0.6842	1.4551	1.3786	1.1797	0.0754
65	上海汽车集团股份有限公司	1.1271	0.6376	0.3332	–0.0391	1.8155	1.4712	0.4432	0.3234	0.9415	1.1667	1.2267	0.1848
66	上工申贝（集团）股份有限公司	1.0353	0.8064	0.5656	–0.0031	0.3756	0.8861	–0.0256	1.1782	1.0120	0.9818	1.0370	0.0866
67	中国南方工业集团公司	1.1527	1.1250	0.9637	0.0198	1.1709	1.0268	–0.0863	1.2157	1.2460	1.1071	1.0326	–0.0382
68	中国航天科技集团公司	1.4866	1.6265	1.5562	0.0596	0.1068	1.3936	–0.1174	0.8164	1.4282	1.4733	1.6695	0.0095
69	内蒙古第一机械制造（集团）有限公司	1.2191	1.3089	1.2029	–0.0218	1.7803	1.1372	–0.0194	0.8093	1.5974	1.0461	1.1559	–0.0721
70	长丰（集团）有限责任公司	1.0579	0.6508	1.3747	0.0344	0.9025	0.9940	0.0174	1.3990	1.1452	0.9903	0.8860	0.0868

表 B3 样本企业集团财务协同控制价值效应评价基础指标标准化数据

序号	企业集团名称	v_1	v_2	v_3	v_4	v_5	v_6	v_7	v_8	v_9	v_{10}	v_{11}	v_{12}
1	深圳市飞亚达（集团）股份有限公司	82.62	75.73	30.06	52.06	69.54	64.94	12.98	80.92	65.22	92.7	78.17	14.23
2	许继集团有限公司	44.21	18.66	10.22	46.28	0.00	21.09	64.58	33.61	62.11	49.43	36.78	49.33
3	沈阳机床（集团）有限责任公司	24.09	0.00	22.31	28.88	48.85	77.97	30.20	21.89	51.29	23.37	39.78	17.71
4	徐工集团工程机械有限公司	46.68	35.85	46.93	24.72	57.94	39.66	96.54	23.93	20.47	48.49	42.69	80.01
5	合肥美菱集团控股有限公司	50.72	99.72	21.42	41.65	40.85	39.77	80.10	20.14	87.02	36.61	23.68	82.38
6	广西柳工集团有限公司	80.55	78.12	48.12	81.91	37.80	38.04	32.49	51.24	71.09	90.61	89.27	51.26
7	大连冰山集团有限公司	20.84	39.25	31.40	78.46	30.79	41.41	39.57	29.88	32.06	25.84	32.54	34.12
8	佛山电器照明股份有限公司	24.59	21.49	52.05	76.85	47.16	42.81	37.85	33.29	48.90	22.12	51.96	54.02
9	江铃汽车集团公司	27.62	50.10	90.56	84.06	24.45	23.00	77.68	19.73	39.45	33.86	38.97	74.02
10	苏州创元（集团）有限公司	29.25	54.56	18.19	70.42	41.57	39.98	22.21	43.59	38.70	35.29	32.47	39.08
11	万向集团公司	50.61	66.16	28.01	71.71	49.49	51.08	51.34	75.45	37.84	53.93	59.05	47.62
12	常柴集团有限公司	26.38	56.38	0.00	76.81	54.88	57.26	68.79	52.47	69.27	37.64	40.51	80.11
13	无锡威孚集团有限公司	47.77	24.74	63.40	65.18	83.25	83.21	64.89	11.57	23.22	50.87	64.53	41.63
14	西北轴承集团有限责任公司	41.99	12.48	18.28	55.20	79.24	22.27	65.25	0.00	18.80	45.96	48.89	42.51
15	华立产业集团有限公司	18.87	13.91	39.81	20.28	45.68	51.41	68.02	45.19	11.38	14.54	13.70	34.32
16	中国纺织机械（集团）有限公司	22.89	24.38	57.41	46.44	54.95	86.19	17.10	62.93	26.78	21.70	21.85	34.65
17	山东工程机械集团有限公司	80.51	32.26	63.60	83.18	57.85	59.84	43.41	7.96	64.38	84.01	81.56	59.48
18	南京华东电子集团有限公司	86.16	35.75	12.30	0.00	57.86	52.86	92.14	50.78	95.37	89.75	71.03	80.80
19	广西银河集团有限公司	84.33	2.42	50.99	39.31	27.71	73.05	81.34	14.93	17.24	87.86	79.57	68.02
20	烟台冰轮集团有限公司	27.09	15.87	81.81	47.96	41.15	44.18	39.62	29.60	31.09	38.55	53.25	16.83

续表

序号	企业集团名称	v_1	v_2	v_3	v_4	v_5	v_6	v_7	v_8	v_9	v_{10}	v_{11}	v_{12}
21	江苏江动集团有限公司	29.53	54.51	71.30	47.13	44.16	47.08	42.42	75.34	62.72	33.11	41.12	63.08
22	陕西秦川机床工具集团有限公司	61.84	69.48	79.78	49.92	100.00	77.73	79.13	31.54	58.88	69.29	56.47	63.53
23	安徽安凯汽车集团有限公司	48.88	1.05	46.10	24.86	29.77	51.82	62.54	9.12	96.68	63.47	68.71	35.95
24	三环集团公司	87.83	74.10	37.23	39.79	54.12	32.55	37.62	73.32	78.09	100.00	100.00	20.11
25	钱江集团有限公司	43.45	36.45	44.44	62.64	48.85	63.26	38.36	56.66	42.24	46.47	47.71	23.41
26	中国南方机车车辆工业集团公司	55.67	10.97	58.14	31.14	78.71	80.90	99.56	24.68	20.47	72.13	52.45	82.06
27	海信科龙电器股份有限公司	12.44	39.45	29.34	100.00	44.08	19.43	0.00	16.59	23.54	2.36	4.43	97.63
28	哈尔滨电站设备集团公司	17.75	3.29	48.57	31.70	82.88	100.00	100.00	75.09	21.13	11.48	7.06	78.82
29	宣化工程机械集团有限公司	22.03	4.50	55.28	31.80	23.67	23.00	53.01	35.45	0.00	46.65	77.10	25.73
30	中通汽车工业集团有限责任公司	63.08	100.00	8.80	28.81	58.69	52.32	43.20	41.97	42.25	66.42	66.36	42.20
31	黄山金马集团有限公司	69.99	11.07	100.00	27.50	20.05	23.37	9.68	49.48	59.72	61.33	48.67	25.86
32	精功集团有限公司	53.99	11.52	3.79	24.69	35.76	27.48	51.97	39.04	62.76	51.12	55.24	24.31
33	华翔集团股份有限公司	78.49	49.45	15.04	77.46	34.54	50.40	42.96	63.95	79.93	64.37	64.02	55.89
34	万丰奥特控股集团有限公司	44.45	62.41	75.06	42.67	21.56	22.74	48.35	9.79	55.28	54.24	46.50	54.08
35	东风汽车股份有限公司	62.22	42.77	48.31	54.06	41.87	42.11	42.98	50.99	42.64	72.07	78.43	38.70
36	北京医药集团有限责任公司	16.46	39.40	34.57	36.61	14.88	20.85	24.06	17.51	33.12	17.94	30.57	15.34
37	东风电子科技股份有限公司	44.07	34.35	42.25	34.96	66.62	78.34	48.85	51.10	75.91	43.85	30.44	36.38
38	新疆特变（集团）有限公司	70.26	56.00	47.26	69.18	3.85	60.84	62.96	32.66	66.35	68.98	65.92	55.74
39	吉林东光集团有限公司	33.62	9.95	43.55	32.15	45.96	35.58	56.61	32.67	38.90	48.55	53.70	39.41
40	太原重型机械（集团）制造有限公司	68.99	1.15	42.99	70.00	45.27	59.47	28.10	35.98	70.90	77.77	79.79	45.18

续表

序号	企业集团名称	v_1	v_2	v_3	v_4	v_5	v_6	v_7	v_8	v_9	v_{10}	v_{11}	v_{12}
41	安徽铜峰电子集团有限公司	21.60	1.82	28.75	23.14	40.64	45.00	53.17	26.10	18.70	21.32	24.61	25.72
42	广东华龙集团股份有限公司	54.24	34.97	51.61	41.96	19.72	23.09	65.10	44.80	37.88	63.39	57.22	45.06
43	内蒙古北方重工业集团有限公司	83.99	14.09	78.30	25.00	68.80	36.28	31.37	55.97	21.58	84.86	86.92	19.23
44	辽宁曙光集团有限责任公司	49.14	51.13	38.69	37.72	26.35	27.49	30.57	15.70	71.78	60.29	70.08	37.29
45	平高集团有限公司	0.00	56.68	48.22	56.08	21.57	24.01	18.76	6.64	23.48	0.00	10.79	4.59
46	洪都航空工业集团有限责任公司	100.00	35.66	45.68	35.68	81.93	42.23	80.40	75.06	50.65	61.40	56.42	59.44
47	上海振华港口机械（集团）股份有限责任公司	25.31	54.53	80.92	73.11	61.02	54.54	12.07	35.95	80.30	21.65	21.95	24.32
48	韵升控股集团有限公司	29.80	39.82	60.77	59.71	25.55	52.20	56.14	37.78	45.54	43.89	44.90	37.47
49	广东明珠集团股份有限公司	16.49	25.01	30.68	81.84	78.09	88.61	86.89	41.04	40.64	15.43	4.87	57.47
50	萍乡矿业集团有限责任公司	20.48	39.43	38.28	24.93	56.66	66.68	59.25	62.06	100.00	80.06	20.74	40.74
51	湘电集团有限公司	52.96	67.08	44.85	40.13	15.37	22.52	18.01	55.52	22.37	65.02	79.81	12.22
52	安徽江淮汽车集团有限公司	51.99	25.18	23.19	52.93	48.08	68.39	80.78	36.90	56.03	38.26	55.54	70.61
53	河南轮胎集团有限责任公司	35.37	12.41	36.88	45.57	33.64	33.22	39.90	39.04	26.05	37.26	45.42	16.91
54	无锡国联环保能源集团有限公司	31.22	31.40	50.92	65.29	18.25	18.57	23.13	77.57	23.23	54.61	50.35	20.29
55	江苏双良集团有限公司	85.42	32.25	64.11	71.78	87.93	83.26	23.03	59.73	40.06	68.98	80.65	0.00
56	中国贵州航空工业（集团）有限责任公司	45.94	15.71	77.24	49.78	52.16	47.90	52.36	34.19	54.81	35.58	24.97	41.97
57	菲达集团有限公司	35.88	20.83	11.56	26.65	34.37	37.18	34.22	23.19	49.33	62.96	60.33	19.62
58	保定天威集团有限公司	23.45	18.84	60.80	69.34	13.02	56.47	38.75	54.82	66.12	43.55	22.17	34.37
59	福建龙溪轴承（集团）股份有限公司	25.25	42.70	51.90	72.74	77.87	69.20	38.16	36.94	23.99	27.64	38.64	28.02

续表

序号	企业集团名称	v_1	v_2	v_3	v_4	v_5	v_6	v_7	v_8	v_9	v_{10}	v_{11}	v_{12}
60	中国船舶工业集团公司	75.41	65.08	34.10	51.31	64.04	54.05	86.48	100.00	80.65	52.98	79.92	75.04
61	中国福马机械集团有限公司	9.81	70.33	57.11	57.99	42.22	24.55	50.43	37.78	31.83	0.12	0.00	55.82
62	山东黑豹集团有限公司	24.55	48.52	24.87	75.69	4.61	0.00	94.36	77.41	18.06	21.56	20.15	100.00
63	安徽叉车集团有限责任公司	60.87	31.80	24.81	76.46	35.98	40.30	45.89	58.24	53.26	64.54	58.26	57.91
64	厦门机电集团有限公司	72.69	93.84	23.67	45.77	21.46	19.95	33.36	18.80	67.81	74.49	48.21	49.35
65	上海汽车集团股份有限公司	31.28	22.30	9.47	24.44	76.57	84.91	99.59	5.46	14.72	48.08	53.79	69.61
66	上工申贝（集团）股份有限公司	21.42	29.18	17.38	31.71	10.18	24.33	50.39	46.48	18.74	23.43	30.62	51.64
67	中国南方工业集团公司	35.80	41.89	39.88	40.33	50.46	45.67	40.94	48.95	42.67	39.36	30.07	21.39
68	中国航天科技集团公司	76.39	55.10	73.87	54.18	1.54	81.75	36.09	23.69	64.77	79.79	84.23	30.14
69	内蒙古第一机械制造（集团）有限公司	47.52	49.22	56.07	24.97	76.05	62.08	51.31	23.42	78.37	30.43	45.28	17.31
70	长丰（集团）有限责任公司	22.86	22.86	64.73	45.81	30.07	40.11	56.74	55.75	28.34	23.92	19.46	51.68

C 调查问卷

企业集团财务协同控制研究
调查问卷

一、企业集团的基本情况调查（请根据贵企业集团的实际情况，在相应的选项上打“√”）

1. 贵企业集团的所有制性质属于：

[A] 国有控股　　[B] 民营企业

[C] 中外合资　　[D] 其他

2. 贵企业集团的行业属于：

[A] 设备制造业　　[B] 交通运输业

[C] 钢铁冶金　　[D] 其他

3. 贵企业集团的整体资产规模：

[A] 10 亿元以上　　[B] 5 亿~9 亿元

[C] 1 亿~4 亿元　　[D] 1 亿元以下

4. 贵企业集团的年销售收入：

[A] 10 亿元以上　　[B] 5 亿~9 亿元

[C] 1 亿~4 亿元　　[D] 1 亿元以下

5. 贵企业集团的在职职工人数：

[A] 10000 人以上　　[B] 5000~10000 人

[C] 2000~5000 人　　[D] 2000 人以下

6. 贵企业集团的成立时间：

[A] 1~3 年　　[B] 3~5 年

[C] 5~10 年　　[D] 10 年以上

7. 贵企业集团的成员企业个数是：

[A] 2~5 个　　[B] 5~8 个

[C] 8~10 个　　[D] 10 个以上

8. 您在贵企业集团的职位是：

[A] 副总经理以上　　[B] 分子公司主要领导

[C] 部门领导　　　　　　　　　[D] 普通员工

二、研究相关项目调查（请根据调查项目的描述，在符合程度栏目内选择唯一答案，选中的打“√”）

项目编号	调查项目	符合程度				
		完全不符合	不符合	基本符合	符合	完全符合
	（一）财务战略协同控制项目					
1	企业集团的战略目标明确，能够通过协同战略的实施实现经济效益的增长，并推进整体的价值提升	[1]	[2]	[3]	[4]	[5]
2	企业集团在战略执行方面，能够使成员企业保持高度的一致性，很好地完成战略目标	[1]	[2]	[3]	[4]	[5]
3	企业集团具有较强的互补性战略资源，人力、财力、物力及市场能够满足价值创造的需求	[1]	[2]	[3]	[4]	[5]
4	企业集团能够有效规避战略风险，很好适应外部环境的变化，保持战略执行结果与战略目标的一致	[1]	[2]	[3]	[4]	[5]
	（二）财务资源协同控制项目					
1	企业集团的生产资源能够及时获取和有效配置，降低了交易成本，提高了使用效率	[1]	[2]	[3]	[4]	[5]
2	企业集团的技术资源能够有效获取和及时配置，发挥了技术的带动作用	[1]	[2]	[3]	[4]	[5]
3	企业集团的关系资源能够有效获取和及时配置，实现了内外部关系的协同	[1]	[2]	[3]	[4]	[5]
4	企业集团的信息资源能够有效获取和及时配置，促进了决策的有效性和战略执行的及时性	[1]	[2]	[3]	[4]	[5]
	（三）财务关系协同控制项目					
1	企业集团治理结构合理，制度完善，财权能够有效地分配给不同的利益主体，具有较高的财务治理效率	[1]	[2]	[3]	[4]	[5]
2	企业集团具有有效的冲突解决和响应机制，激励补偿机制完善，能够促进利益主体的关系改善	[1]	[2]	[3]	[4]	[5]
3	企业集团能够有效保障股东的收益分配权，合理平衡利益关系，最大限度地满足利益相关者的价值期望	[1]	[2]	[3]	[4]	[5]
4	企业集团能够合理利用资源，协同各利益相关者的价值创造关系，促进和保障整体的价值增值	[1]	[2]	[3]	[4]	[5]
	（四）企业集团的价值效应项目					
1	企业集团具有较高的价值创造水平	[1]	[2]	[3]	[4]	[5]
2	企业集团的价值创造能力得到了应有的发挥	[1]	[2]	[3]	[4]	[5]
3	企业集团成员企业的价值创造积极性得到了应有发挥	[1]	[2]	[3]	[4]	[5]
4	企业集团成员企业具有较高的价值创造协同性	[1]	[2]	[3]	[4]	[5]

参考文献

[1] Alchian A A, Demsetz H. Production, Information Costs and Economic Organization [J]. American Economic Review, 1972, 62 (12).

[2] Ansoff I. Corporate Strategy [M] . New York: McGraw-Hill, 1965.

[3] ARC Advisory Group. Collaborative Manufacturing Management Strategies [OL]. ARC Strategies, 2002. http: //www.arcweb.com.

[4] Blair, Margaret M. Ownership and Control: Rethinking Corporate Governance for the Twenty-First Century[M]. Washington D.C, Brookings Institute, 1995.

[5] Buzzell Robert D, Gale Bradley T. The PIMS Princilpes Linking Strategy to Performance[M]. The Free Press, 1987.

[6] Carroll A B. Business and Society: Ethical and Stakeholder Management [M] . Cincinnati, Ohio, Southwestern College Publishing, 1996.

[7] Chakravarthy B S, Lorangr P. Managing the Strategy Process: a Framework for a Multibusiness Firm[M]. Prentice Hall, Englewood Ciiffs, NJ, 1991.

[8] Chandler, Alfred D. The Visible Hand: The Man-agerial Revolution in American Business[M]. Belknap/Harvard University Press, Cambridge, MA, 1977.

[9] Chatterjee S. Types of Synergy and Economic Value: The Impact of Acquisitions on Mergering and Rival Firms[J]. Strategic Management Journal, 1986 (7).

[10] Collis, D J, Montgomery C A. Corporate Strategy: Resource and the Scope of Firm [M] . McGraw-Hill Ltd., 1997.

[11] Diakoulaki D, Mavrotas D, Papayannakis L. Determining Objective Weights in Multiple Crireria Problems: The CRITIC Method[J]. Computer Operations Research, 1995, 22 (7).

[12] Fitzgerald, et al. Measuring Business Performance [J]. Management Accounting, 1993 (9).

[13] Fowler F J. Survey Research Methods [M]. Newbury Park, CA: Sage, 1988.

[14] Frank H. Page, JR. Dominant Strategy Mechanisms for Contract Auctions

with Risk Aversion and Moral Hazard[J]. International Journal of Game Theory, 1994 (23).

[15] Freeman R E. Strategic Management: a Stakeholder Approach [M]. Pitman, Boston, MA, 1984.

[16] Freeman. Technology Policy and Economic Performance Lessons from Japan, London and New York[M]. Pinter, London, 1987.

[17] George B. Richardson. The Organization of Industry[J]. Economic Journal, 1972 (82).

[18] Haken H. Advanced Synergetics[M]. Berlin: Springer, 1983.

[19] Haken H. Synergetic, an Introduction[M]. Berlin: Springer, 1977.

[20] Hart, Oliver. Corporate Governance: Some Theory and Implication[J]. The Economic Journal, 1995, 105 (5).

[21] Henderson J C, Venkatraman N. Strategic Alignment: a Model for Organizational Trans-formation through Information Technology Management[M]. New York: oxford University Press, 1992.

[22] Homlmstrom B. Moral Hazard in Teams[J]. Bell Journal of Economics, 1982 (13).

[23] Hulland J. Use of Partial Least Squares (PLS) in Strategic Management Research: a Review of Current Studies[J]. Strategic Management Jounral, 1999 (20).

[24] Itami H, Roehl T W. Mobilizing Invisible Assets[M]. Cambridge: Harvard University Press, 1987.

[25] Jenson M C, Meckling W. Theory of Firm: Managerial Behavior, Agency Costs, and Capital Structure[J]. Journal of Financial Economics, 1976 (3).

[26] Kaplan R S, Norton D P. Using the Balanced Scorecard as A Strategic Management System[J]. Harvard Business Review, 1996, 74 (1).

[27] Katia P. Sycara. Multiagent Systems [J]. AI Magazine, 1998, 19 (2).

[28] Kjell Huasken. Cooperation and Bewteen-group Competition [J]. Journal of Economic Behvaior & Ogranization, 2000 (142).

[29] M. Lubatkin. Merger Strategies and Stockholder Value [J]. Strategic Management Journal, 1987 (8).

[30] Malone T W, CrowstonK. The Interdisciplinary Study of Coordination[J]. ACM Computing Surveys, 1994, 26 (1).

[31] Manne H G. Mergers and the Market for Corporate Control [J]. Journal of Political Economy, 1965 (73).

[32] Maria Bengtsson, Sören Kock. Cooperation and Competition in Relationships Between Competitors in Business Networks [J]. Journal of Business & Industrial Marketing, 1999, 14 (4).

[33] Maria Bengtsson, Sören Kock. "Coopetition" in Business Newtorks to Cooperate and Compete Simultaneously [J]. Industrial Marketing Management, 2000 (29).

[34] Michale C. Jensen. Agency Cost of Free Cash Flow, Corporate Finance and Takeovers[J]. American Economic Review, Papers and Proceedings, 1986, 76 (5).

[35] Michale C. Jensen. Takeovers Folklore and Science [J]. Harvard Business Review, 1984, 62 (11).

[36] Mitchell R K, Agle B R, Wood D J. Toward a Theory of Stakeholder Identification and Salience: Defining the Principle of Who and What Really Counts [J]. Academy of Management Review, 1997, 22 (4).

[37] Nicolis, Prigogine. Self-organization in Non-equibibrium System from Dissipative Structures to Horder through Fluctuations[M]. New York: Wilety, 1977.

[38] Niden C M. An Empirical Examination of White Knight and Corporate Takeover: Synergy and Overbidding[J]. Financial Management, Winter, 1993 (4).

[39] Okumura, Hiroshi. Interfirm Relations in an Enterprise Group: The Case of Mitsubishi [J]. Japanese Economic Studios, 1982 (10): 53-82.

[40] Prahalad C K, Gary Hamel. The Core Competence of the Corporation [J]. Harvard Business Review, 1990, 68 (3).

[41] Richard Jankowski. Preference Aggregation in Firms and Corporatist Organizations: The Enterprise Group as a Cellular Encompassing Organization [J]. American Journal of Political Science, 1989, 33 (4): 973-994.

[42] Rikard Larsson. The Handshake between Invisible and Visible Hands [J]. International Studies of Management & Organization, 1993, 23 (1).

[43] Rohatyn, Felix G. Needed: Restrain on the Takeover Mania [J]. Challenge, 1986 (29).

[44] Roll R. The Hubris Hypothesis of Corporate Takeovers[J]. Journal of Business, 1986, 59.

[45] Ronald R. Yager. Approximate Reasoning and Conflict Resolution[J]. International Journal of Approximate Reasoning, 2000 (25).

[46] Sooyong Park, Vijayan Sugumaran. Designing Multi-agent Systems: a Framework and Applicaition [J]. Expert Systems with Applicaitions, 2005 (28).

[47] Teece D, Pisano G, Shuen A. Dynamic Capabilities and Strategic Management [J]. Strategic Management Journal, 1997, 18 (7).

[48] Wernerfelt B. A Resource-Based View of the Firm [J]. Strategic Management Journal, 1984, 5 (2).

[49] Weston J F, Chung K S, Hoag S E. Mergers, Restructuring and Corporate Control [M]. Prentice Hall, Englewood Cliffs, NJ, 1990.

[50] Williamson Oliver E. Comparative Economic Organization: The Analysis of Discrete Structural Alternatives [J]. Administrative Science Quarterly, 1991, 36 (2).

[51] Williamson, Oliver E. Corporate Financial and Corporate Governance [J]. The Journal of Finance, 1988.

[52] Xu H, Hipel K W, Kilgour D M. Preference Strength and Uncertainty in the Graph Model for Conflict Resolution for two Decision-Makers [J]. In Proceedings of the IEEE international conference on systems, man and cybernetics, 2008 (1).

[53] Yasuo Nishiyama. The Asian Financial Crisis and Investors´ Risk Aversion [J]. Asia-Pacific Finan Markets, 2006 (13).

[54] Zollo M, Winter S G. Deliberate Learning and the Evolution of Dynamic Capabilities [J]. Organization Science, 2002, 13 (3).

[55] Jiawei Han, Micheline Kamber. 数据挖掘概念与技术 [M]. 范明，等译. 北京：机械工业出版社，2008.

[56] 安建民. 论现代企业财务控制方式 [J]. 经济师，2005 (7).

[57] 巴克. 大自然如何工作：有关自组织临界性的科学[M]. 李伟，蔡勋，译. 武汉：华中师范大学出版社，2001.

[58] 白俊红，陈玉和，李婧. 企业内部创新协同及其影响要素研究[J]. 科学学研究，2008 (4).

[59] 白万纲. 集团管控之财务管控[M]. 北京：中国发展出版社，2008.

[60] 保罗·A. 萨缪尔森，威廉·D. 诺德豪斯. 经济学[M]. 北京：中国发展出版社，1992.

[61] 陈月明. 企业集团财务问题研究[M]. 大连：东北财经大学出版社，2007.

[62] 陈月明. 企业集团财务问题研究[M]. 大连：东北财经大学出版社，2007.

[63] 陈月明. 企业集团问题研究[M]. 大连：东北财经大学出版社，2007.

[64] 程宏伟. 利益相关者财务论：财务范畴的新探索 [J]. 四川会计，2001 (1).

[65] 程虹，刘晓霞. 协同管理双层模型与企业应用价值 [J]. 商场现代化，2004 (10).

[66] 迟丽华. ERP 战略下的财务协同 [J]. 企业管理，2008 (7).

[67] 道格拉斯·诺恩，罗伯特·托马斯. 西方世界的兴起[M]. 北京：华夏出版社，1999.

[68] 傅元略. 企业集团财务资源协同管理效应的度量 [J]. 中国工业经济，2003 (9).

[69] 干胜道. 所有者财务：一个全新的领域 [J]. 会计研究，1995 (6).

[70] 干胜道. 所有者财务论 [M]. 成都：西南财经大学出版社，1998.

[71] 高凤丽. 基于风险矩阵方法的风险投资项目风险评估研究 [D]. 南京：南京理工大学经济管理学院，2004.

[72] 高晶，关涛. 基于战略柔性的企业集团协同机制研究[J]. 哈尔滨工业大学学报：社会科学版，2007 (1).

[73] 龚玉荣，刘延平. 多元化经营动机及其价值效应 [J]. 统计研究，2007，24 (10).

[74] 谷奇峰，丁慧平. 企业能力理论研究综述[J]. 北京交通大学学报：社会科学版，2009 (1).

[75] 顾保国. 基于协同视角的企业集团生成理论分析 [J]. 求索，2006 (8).

[76] 顾保国. 企业集团协同经济研究[D]. 上海：复旦大学管理学院，2003.

[77] 郭泽光，戚海峰. 财务战略的管理对象探析 [J]. 财政研究，2002 (7).

[78] 国务院发展研究中心企业研究所，中国企业评价协会，德物华经济信息研究院有限公司. 中国大企业集团年度发展报告（紫皮书）2008：中国大企业集团的可持续发展[M]. 北京：中国发展出版社，2009.

[79] 哈肯. 协同学：理论与应用[M]. 北京：原子能出版社，1989.

[80] 韩明安主编. 新语词大词典[M]. 哈尔滨：黑龙江人民出版社，1991.

[81] 韩鹏. 商业银行财务监控研究[D]. 武汉：武汉理工大学管理学院，2007.

[82] 亨利·法约尔. 工业管理与一般管理 [M]. 迟力耕，张璇，译. L. 北京：机械工业出版社，2007.

[83] 侯杰泰，等. 结构方程模型及其应用 [M]. 北京：教育科学出版社，2004.

[84] 胡柏枝. 论集团企业财务战略协同 [J]. 财政监督，2006 (1).

[85] 胡玄能. 公司财务管理[M]. 北京：北京交通大学出版社，2008.

[86] 荒宪治郎，内田纠夫，等. 经济词典 [M]. 日本讲谈社，1980.

[87] 黄洁莉. 企业科技创新的三维价值财务协同机理研究[D]. 武汉：武汉理工大学管理学院，2007.

[88] 柯荣蒲. 企业集团管理体制研究[M]. 北京：中国经济出版社，2004.

[89] 雷新途. 基于代理成本与财务协同效应的财权配置研究[J]. 华东经济研管理，2007（9）.

[90] 李忱，李颖明. 企业经营战略协同机制的系统分析[J]. 北京工业大学学报：社会科学版，2001（12）.

[91] 李国英. 企业资源配置力与企业竞争力［J］. 理论月刊，2001（11）.

[92] 李宏贵. 中国企业借鉴协同战略理论研究［J］. 现代经济，2007（6）.

[93] 李怀祖. 管理研究方法论[M]. 西安：西安交通大学出版社，2004.

[94] 李敏. 管理经济学[M]. 合肥：安徽人民出版社，2002.

[95] 李士勇，等. 非线性科学与复杂性科学［M］. 哈尔滨：哈尔滨工业大学出版社，2006.

[96] 李曙华. 从系统论到混沌学[M]. 桂林：广西师范大学出版社，2002.

[97] 李维安. 公司治理[M]. 天津：南开大学出版社，2001.

[98] 李心合，赵明，孔凡义. 公司财权：基础、配置与转移[J]. 财经问题研究，2005（10）.

[99] 李心合. 利益相关者财务论［J］. 会计研究，2003（10）.

[100] 李月婷. 基于公司治理结构的多元化经营及其价值效应[D]. 北京：北京交通大学经济管理学院，2008.

[101] 李振华. 基于复杂性的企业协同竞争机制研究[D]. 天津：天津大学管理学院，2005.

[102] 林钟高，王锴. 财务治理：结构、机制与行为研究[M]. 北京：经济管理出版社，2005.

[103] 林仲翀. 企业并购财务协同效应问题研究[D]. 福州：福州大学管理学院，2005.

[104] 刘冠军. 论协同竞争矛盾统一律［J］. 东方论坛，1997（2）.

[105] 刘诗白，邹广严. 新世纪企业家百科全书：第2卷[M]. 北京：中国言实出版社，2000.

[106] 卢家仪. 财务管理[M]. 北京：清华大学出版社，2001.

[107] 罗伯特·卡普兰，戴维·诺顿. 组织协同：运用平衡计分卡创造企业合力[M]. 博意门咨询公司，译. 北京：商务印书馆，2006.

[108] 马克思，恩格斯. 马克思恩格斯全集：第23卷［M］. 北京：人民出版社，1997.

[109] 马云辉，王猛. 传统战略协同理论的主要观点及其评价［J］. 当代经理人，2006（10）.

[110] 迈克尔·波特. 竞争优势[M]. 北京：华夏出版社，1997.

[111] 迈克尔·迪屈奇. 交易成本经济学：关于公司的新的经济意义［M］. 北京：经济科学出版社，1999.

[112] 梅欧. 工业文明的社会问题[M]. 费孝通，译. 北京：商务印书馆，1964.

[113] 加布里埃尔·哈瓦维尼，克劳德·维埃里. 高级经理财务管理：创造价值的过程[M]. 王全喜，等译. 北京：机械工业出版社，2008.

[114] 孟琦. 战略联盟竞争优势获取的协同机制研究[D]. 哈尔滨：哈尔滨工程大学经济管理学院，2007.

[115] 米歇尔·沃尔德罗普. 复杂：诞生于秩序与混沌边缘的科学[M]. 陈玲，译. 北京：三联书店，1997.

[116] 潘开灵，白烈湖. 管理协同[M]. 北京：经济管理出版社，2006.

[117] 彭克宏，马国泉. 社会科学大词典［Z］. 北京：中国国际广播出版社，1989.

[118] 彭韶兵，邢精平. 公司财务危机论[M]. 北京：清华大学出版社，2005.

[119] 彭正新. 中国国有企业集团治理机制研究[D]. 重庆：重庆大学工商管理学院，2003.

[120] 彭正新. 中国国有企业集团治理机制研究[D]. 重庆：重庆大学工商管理学院，2003.

[121] 任玉凤. 协同学理论对非线性相互作用的方法论分析［J］. 内蒙古大学学报：人文社会科学版，1998（6）.

[122] 盛洪. 现代制度经济学（上卷）［M］. 北京：北京大学出版社，2003.

[123] 司马贺. 人工科学：复杂性面面观［M］. 武夷山，译. 上海：上海科技教育出版社，2004.

[124] 宋航，薛爽. 企业集团成因的经济学分析［J］. 商业时代，2006（29）.

[125] 孙班军等. 企业集团管理研究[M]. 北京：中国财政经济出版社，2002.

[126] 孙永利. 企业财务管理信息化协同模式初探[J]. 商场现代化，2005（12）.

[127] 覃秀基. 西方企业集团化发展研探[J]. 改革与战略，2005（2）.

[128] 汤谷良. 企业改组、兼并与资产重组中的财务与会计问题研究[M]. 北京：经济科学出版社，2002.

[129] 丸川知雄. 关于企业集团中间组织生产的理论依据[J]. 中国工业经济，

1992 (9)：49–55.

[130] 王琛，王效俐. 企业战略协同中存在的问题及对策[J]. 商业研究，2005 (10).

[131] 王刚. 协同战略的演变 [J]. 经济师，2002 (6).

[132] 王海林. 集团财务管理信息化模型研究 [J]. 中国管理信息化，2007 (7).

[133] 王浩，卢勃. 企业集团协同经济与文化协同机制分析 [J]. 大众科技，2005 (12).

[134] 王焕梅. 企业集团财务管理协同效应分析 [J]. 合作经济与科技，2007 (7).

[135] 王建民. 战略管理学[M]. 北京：经济科学出版社，2003.

[136] 王昆，宋海洲. 三种客观权重赋权法的比较分析 [J]. 技术经济与管理研究，2003 (6).

[137] 王巍. 中国企业集团治理机制研究 [D]. 阜新：辽宁工程技术大学工商管理学院，2007.

[138] 王重鸣. 心理学研究方法[M]. 北京：人民教育出版社，1990.

[139] 吴明隆. SPSS 统计应用实务：卷分析与应用统计[M]. 北京：科学出版社，2003.

[140] 吴明隆. 结构方程模型：AMOS 的操作与应用[M]. 重庆：重庆大学出版社，2009.

[141] 吴芹. 财务协同效应理论与企业并购的财务整合[J]. 世界经济情况，2006 (21) 3.

[142] 吴树畅. 相机财务论：不确定性条件下的财务行为选择研究 [M]. 北京：中国经济出版社，2005.

[143] 吴树畅. 相机财务理论初探 [J]. 财会月刊，2003 (B3).

[144] 伍中信. 现代财务理论与产权理论的相关性研究[J]. 湖南财政与会计，1999 (12).

[145] 武立东. 企业集团治理机制研究[D]. 天津：南开大学商学院，2003.

[146] 席酉民，尚玉钒. 和谐管理思想与当代和谐管理理论 [J]. 西安交通大学学报：社会科学版，2001 (9).

[147] 小艾弗雷德·钱德勒. 企业规模经济与范围经济 [M]. 北京：中国社会科学出版社，1999.

[148] 谢明亮. 协调与合作视角下的企业集团治理研究[M]. 北京：经济科学出版社，2007.

[149] 谢志华. 出资者财务论 [J]. 会计研究，1997 (5).

[150] 熊武一，周家法（总编）；卓名信，厉新光，徐继昌，等（主编）. 军事大辞海（上）[M]. 北京：长城出版社，2000.

[151] 徐大佑，黎开莉，等. 管理协同与精细化 [M]. 北京：科学出版社，2008.

[152] 徐兆飞. 中西方财务发展过程及展望（下）[J]. 当代经济，2008 (12).

[153] 颜莉. 知识经济时代财务观念的创新与发展 [J]. 科技创业月刊，2006 (12).

[154] 杨安华. 中国上市公司并购价值效应分析[D]. 成都：四川大学工商管理学院，2006.

[155] 杨淑娥. 产权制度与财权配置：兼议公司财务治理中的难点与热点问题 [J]. 当代经济科学，2003 (1).

[156] 杨薇钰. 公司控制的价值效应及其影响因素研究[D]. 天津：天津大学管理学院，2006.

[157] 杨轶. 三维财务竞争力指数评价研究[D]. 武汉：武汉理工大学管理学院，2009.

[158] 姚贞. 分析产业集群的财务协同效应[J]. 商场现代化（下旬刊），2008 (4).

[159] 衣龙新. 财务治理理论研究[D]. 成都：西南财经大学会计学院，2004.

[160] 应可福，薛恒新. 企业集团管理的协同效应研究 [J]. 华东经济管理，2004 (10).

[161] 应可福，薛恒新. 企业集团管理中的协同效应研究[J]. 华东经济管理，2004 (10).

[162] 安德鲁·坎贝尔，凯瑟琳·萨姆斯·卢克斯. 战略协同 [M]. 任通海，龙大伟，译. 北京：机械工业出版，2000.

[163] 袁宁. 企业集团的成因研究：基于分工与专业化角度的分析 [D]. 西安：西北大学经济管理学院，2003.

[164] 苑雅文. 中国国有企业集团财务治理研究[D]. 哈尔滨：东北林业大学经济管理学院，2005.

[165] 韵江，刘立，高杰. 企业集团的价值创造与协同效应的实现机制 [J]. 财经问题研究，2006 (4).

[166] 曾晓洋. 协同经济与企业运营战略研究 [J]. 华中师范大学学报：人文社会科学版，1997 (7).

[167] 詹姆斯·海斯. 自适应软件开发[M]. 钱岭，等译. 北京：清华大学出版

社，2003.

[168] 张方方. 中国上市公司并购的价值效应的 EVA 分析 [J]. 武汉大学学报：哲学社会科学版，2007（11）.

[169] 张辉美，王康乐. 社会学方法与调查研究[M]. 长沙：国防科技大学出版社，2001.

[170] 张青山，等. 企业动态联盟风险的管理机制和防范体系[M]. 北京：中国经济出版社，2006.

[171] 张荣武. 财务治理效率论[D]. 长沙：湖南大学会计学院，2007.

[172] 张瑞君，朱以明，夏坤.集团财务战略执行力：纵向价值链的优化与信息集成策略 [J]. 管理世界，2007（4）.

[173] 张仕明. 略论企业购并的财务协同效应 [J]. 湖南财经高等专科学校学报，2001（4）.

[174] 张双才，于增彪，刘强. 企业集团财务控制系统研究[M]. 北京：中国财政经济出版社，2006.

[175] 张维迎. 所有制、治理结构及委托代理关系：兼评崔之元和周其仁的一些观点 [J]. 经济研究，1996（9）.

[176] 张喜柱. 企业并购中财务协同效应的确认和计量 [J]. 经济与管理，2005（12）.

[177] 张友棠. 财务预警系统管理研究[M]. 北京：中国人民大学出版社，2004.

[178] 张玉堂. 利益论：关于利益冲突与协调问题的研究[M]. 武汉：武汉大学出版社，2001.

[179] 赵全超，汪波. 企业集团战略并购双层协同价值创造与测度 [J]. 西安电子科技大学学报：社会科学版，2007（5）.

[180] 赵全超. 国有企业集团财务治理与协同机制研究[D]. 天津：天津大学管理学院，2007.

[181] 赵文龙，侯义斌. 多 Agent 系统的组织结构与协同计算机工程与应用 [J]. 计算机工程与应用，2000（10）.

[182] 赵增耀等. 企业集团治理[M]. 北京：机械工业出版社，2002.

[183] 周城. 企业价值、企业能力体系和企业演化整合模型初探 [J]. 决策与信息（下半月刊），2008（9）.

[184] 朱明秀. 三维价值驱动型财务模式研究[M]. 北京：经济科学出版社，2007.

[185] 朱沁夫，张萍，周再福. 生产要素协同作用与企业效率初探 [J]. 湖南大学学报：社会科学版，2000（9）.